YUZHONGBUTONG
DE
XUESHENG

与众不同的学生

学习障碍等特殊需要学生的评量与干预案例精选

XUEXI ZHANGAI DENG
TESHU XUYAO
XUESHENG DE
PINGLIANG
YU GANYU ANLI
JINGXUAN

北京市西城区融合教育中心学习特殊需要教研组　编著

北京师范大学出版集团
BEIJING NORMAL UNIVERSITY PUBLISHING GROUP
北京师范大学出版社

图书在版编目(CIP)数据

与众不同的学生：学习障碍等特殊需要学生的评量与干预案例精选/北京市西城区融合教育中心学习特殊需要教研组编著. —北京：北京师范大学出版社，2022.12(2024.5 重印)
(儿童与青少年心理学丛书)
ISBN 978-7-303-28181-7

Ⅰ.①与… Ⅱ.①北… Ⅲ.①特殊教育—教案(教育) Ⅳ.①G76

中国版本图书馆 CIP 数据核字(2022)第 188693 号

图书意见反馈　gaozhifk@bnupg.com　010-58805079

YUZHONG BUTONG DE XUESHENG:XUEXI ZHANGAI DENG TESHU XUYAO XUESHENG DE PINGLIANG YU GANYU ANLI JINGXUAN

出版发行：北京师范大学出版社　www.bnupg.com
北京市西城区新街口外大街 12-3 号
邮政编码：100088

印　刷：三河兴达印务有限公司
经　销：全国新华书店
开　本：710 mm×1000 mm　1/16
印　张：23
字　数：342 千字
版　次：2022 年 12 月第 1 版
印　次：2024 年 5 月第 2 次印刷
定　价：88.00 元

策划编辑：沈英伦　责任编辑：王思琪
美术编辑：李向昕　装帧设计：李向昕
责任校对：陈　民　责任印制：马　洁

顾　问： 张　旭　张树东　李　虹

主　编： 王玉玲　姚　兰　张　红

副主编： 尹宝霞　马立梅　高　华　王莉萍
桑海燕

编　委：（以姓氏拼音为序）
毕颖男　陈甜天　方　玲　郭春辉
李玎玲　李　璐　李　焱　李若南
李雪杰　李　妍　李艳杰　卢雪飞
吕　静　罗勤芳　史天慧　孙晓岑
唐　立　王　娜　王　楠　王小磊
王　颖　王玉玲　席侨婉　谢雅娇
杨　飒　杨　燕　张　梦　张晓倩
张　旸　赵金鑫　赵莉莉　赵　昕
郑　敏　周　浩

序　一

我怀着十分兴奋的心情拜读了《与众不同的学生——学习障碍等特殊需要学生的评量与干预案例精选》这本书。这本书每一篇都是一幅令人兴奋的生动画卷，引起我对教育的深思和对这些教师作者的深深敬意。我感受到了我们的教师还在努力落实党的十九届四中全会的精神，正在实现新时代中国特色社会主义提高教育质量、实现教育现代化的任务。

义务教育阶段的全体学生，是未来社会的建设者和接班人，在生理、心理、教育、社会等方面有基本的共性，有享受平等、高质量、均衡教育的权利。但每个学生又在其生理、心理、教育等方面的发展上有其个性。我们知道，按不同标准把学生分成不同群体，群体间有差异；学生与学生之间又有个体差异；学生个体的各个方面的发展也有差异。每个孩子成长为社会需要的人的过程中有共同的途径和规律，但又有其个体与其他个体不同的特殊性，在其认识活动、心理发展和教育成长过程中，在速度、数量、质量、顺序等方面有自己的特点和差异。

人类社会发展历史中孩子成长的差异逐渐被发现和认识，对待这些差异的态度也逐渐变化。比较明显的器官差异(如盲、体残、聋等)较早被发现、认识(开始时有迷信、不科学的认识)，并把他们与多数无器官损害的孩子区别开来，隔离开来，逐渐形成了残疾孩子的特殊教育。随着社会的发展进步，20 世纪以来各国逐渐推行了残疾人的正常化、非机构化、回归主流、一体化到融合(全纳)教育。对孩子们的明显器官差异外的其他差异，如语言和言语发展、情感发展、动作发展、学习发展等方面也开始发现并关注。20 世纪 60 年代美国的柯克(S. Kirk)首先提出了学习障碍(Learning Disability)，后来俄罗斯的鲁鲍夫斯基对类似的现象提出了心理发展迟缓，表示学习上的各种困难。于是，美国、俄罗斯均把这类学生列为与盲、聋、肢残等同的特殊教育对象，随后各国也把阅读、书写、计算障碍患者及多动症患者等列为特殊教育的对象。

从我们的这本文集中我觉得有几个新的启示：

第一，观念新。教师不把有阅读、书写、数学、多动等学习和行动上有差异的学生列为另类，不因差异将其隔离，而是把所有孩子的共性放在首位，把他们看成与普通学生一样的学生，充分发挥普通教育本身的作用，充分发挥学生自身的优势。

第二，做法新。根据学生的主流特征把学生安排在原班级中，不把其推到特殊教育班级中去，在原班级普通教育教学中教师科学地、客观地分析、认识其差异的表现、原因、程度，采取个别化的适当办法缩小差异，促进特殊需要学生的持续成长。

第三，教法新。教师与专家一起根据客观科学分析的结果采取实际有效的方法，尊重学生、调查学生积极性和周围环境因素，“补偿”与“适应”并行，改善学生学习环境，调整学生个体内差异，减少个体间差异，使其达到最佳发展水平。这样不脱离原班集体又照顾学生差异的教学极其成功。这是热爱学生、尊重学生、以学生为本的指导思想，是马克思主义事物共性、特性相统一的观点在针对有差异的学生的教学中的运用。

在融合教育环境中使每一个学生得到适合其特点的身心全面发展，其意义不仅使有差异学生本身不被歧视、孤立、隔离，并平等进入社会；同时对同伴同学和学校集体也是一个极其正面的教育，小教室、小学校即大社会，为所有同学在未进入大社会时就学习与有各种差异的人友好相处、融合共赢打下基础。

文集中的文章为有中国特色社会主义的教育学、心理学、教学论的丰富和发展提供了真实、有说服力的实例，为有中国特色教育的理论的发展提供了实践基础。

我十分感谢主编和各位作者的辛勤劳动和贡献。我祝福他们在新时代中国特色社会主义的教育事业和学科发展中做出新的贡献！

朴永馨

2019 年 12 月 6 日

序　二

我很荣幸受玉玲老师的邀约为本书写序，读着书稿，一幅幅画面涌入脑海，太多的话想说，很长一段时间都无从下笔。因为与西城区融合教育中心学习特殊需要教研组的老师们一起走过的六年，是我生命中最值得珍视的“重要时光”，其间有寻求问题解决之道的苦苦探索，有面对某些现实掣肘的无奈和困惑，更有和大家一起经历过的鲜活记忆给生命深处带来的欣悦、感动和成长。

西城区融合教育中心成立伊始，就关注到普通学校中的学习障碍儿童，并成立了专门的教研组，计划开展系统的专题研究和实践探索。虽然学龄人口中受到学习障碍影响的儿童比例高达10%左右，但我国现阶段还未将这类儿童列入法定的特殊教育范畴，缺乏相应的政策保障支持。因此，国内对学习障碍儿童的研究主要集中在心理与认知特点等纯学术研究领域，而在普通学校融合教育的情境中，对这一人数众多群体的关注和教育实践研究几乎是一片空白。一线教师在面对几乎每个普通班级中都存在的具有各种学习和行为问题的学生时，往往因缺乏专业训练，没有有效的、基于学校情境的评量和干预方法而备受困扰。教研组的设立十分具有前瞻性，但也面临着缺乏可借鉴经验的严峻挑战。

学习障碍具有高度异质性和复杂性。在真实的教育情境中，较少见到单一领域受损的学习障碍个体，他们往往更可能在阅读、书写、数学等多个学术领域都有程度不一的认知缺陷，也有很大概率同时并存注意力或情绪行为等方面的障碍。从评量的角度看，学习障碍、学习能力较弱和正常之间并没有显著区分，而是呈现出多种认知成分从弱到强的连续分布特点。如果尽早对学习和行为问题风险学生加以识别和支持，后期可能会减少他们的学习困难风险或严重程度。这意味着在教育实践层面，对学习障碍群体的关注不能简单地照搬已有的学术研究成果，而是需要依靠教师的实践智慧，创造性地将专业知识运用到复杂多变的真实教育场景中。

出于这样的认知和考虑，教研组的关注对象从一开始就没有囿于“纯粹”的学习障碍学生，而是将研究视野放在了以学习障碍群体为代表的更广义的学习特殊需要学生身上。本书奉献给读者的教育案例故事中，不仅有存在阅读障碍、书写障碍和数学障碍等典型的学习障碍学生，还包括了共患注意缺陷多动障碍和情绪行为问题，甚至轻度智力障碍和智力超常的学生，基本涵盖了普通班级中可能遇到的各类常见学习与行为问题学生，为教师们理解和应对真实教育情境中不同特点的学生提供了难得的一手资料。

此外，学习是极其复杂的社会文化和生物现象，不仅与文化、社会和家庭环境因素密切相关，更受到基因、神经结构及功能等生物因素的影响和作用，因此引起学习和行为问题的原因也是错综复杂和相互交织的。识别与理解学生学习与行为问题背后的真实原因，给予这些学生有针对性的支持与帮助，无法靠单一的测试评量或标准化的干预流程实现。

本书的44个教育案例故事，就是面对挑战、迎难而上的34位教师的实践研究成果，他们既有来自普通学校的学科教师、班主任和资源教师，也有来自特殊学校的融合教育巡回教师、支持教师，还有区融合教育中心的教研员和专业研究人员。在真实的教育情境中，教师们通过持续学习、反思、合作和行动，从不同视角积累了应对学习特殊需要学生行之有效的校本实践知识。将标准化测量与动、静态观察，学生作品分析等表现性评估相结合，从对个别学生的小组干预到理解全体学生认知差异基础上的全班教学调整，本文集以生动的案例故事形式呈现了教研组教师们的本土化探索之路。从对学生们“问题”行为的匪夷所思到恍然大悟，从对学生学习和行为问题的茫然无措到诸多方法了然于胸，我们看到了教师成为研究者的魅力和潜力，也看到穿越蹒跚难行之处，走进生命，遇见孩子，以及孩子们被重新“看到”后发展的无限可能。

感谢所有的合作伙伴们——忘我投入、倾尽心力带领、激励、感动着大家的教研员王玉玲老师，温暖善良的卢雪飞老师，执着坚定的李艳杰老师，敏锐善思的陈甜天老师，有着32年教龄仍孜孜以求的李焱老师……太多的名字无法在此一一列举，万有相互育成，有你、有我、有故事，才有了生命的意义和喜悦。

感谢六年中遇到的所有孩子们，“因被看见，所以存在”，懂得孩子，成就孩子，也成就了我们自己的成长。

是以为序。

张旭

2022 年 2 月 17 日

目　　录

第一部分　看与看见之间，无声的诉说[①]

——特殊需要学生的识别与理解

每次培训，教师最急切的是想得到帮助学生的办法。但其实，教师非常富有实践智慧，并不缺少方法。我所接触的教师，几乎都能在正确理解学生后，主动创造各种方法来有效地帮助学生。

然而教师对特殊学生的分析往往存在困难，完全没有头绪，甚至存在严重的误解。相对方法，教师更缺少关于学生的知识和对学生的正确理解。

方法如同药店里的药，数量众多，但关键还需对症下药。专家型教师正如名医，能够诊断疑难杂症，而不是看到发烧就直接开感冒药；教师也不应该看到学生学习效果不理想就让学生多练习。

教育始于理解学生。不能越过对学生的理解，直接实施“万能的方法”。

而且，并没有“万能的方法”，学生是有差异的，教育方法不能一刀切。因材施教，这是身为教师独特的难题，也是独特的幸福来源。

在本部分中，您将看到各种各样有特殊需要的孩子。

也许，您原本以为特殊需要的学生距离您很远，其实不然。他们中有不少人看上去与众人无异。正是这些看起来普通的学生，用普通的尺子去衡量时，学业表现却与众人差异巨大。于是，按照常理，教师归因于学生学习态度不端正、努力不足、习惯不好……

然而，很有可能，教师只看到了学生的行为，没有看到行为背后的真正的原因。这些学生很可能有不为人知的特殊需要。正是因为这种特殊需

---

① 作者：王玉玲，北京市西城区教育学院教师。

要没有被我们“看见”，甚至学生本人也并不理解这种需要，所以它严重困扰教师，也困扰学生本人。学生表现出的种种令人头疼的“问题”行为，是他在以一种特殊的方式“诉说”自己的需要。

但是，有时我们却视而不见。

很多时候，我们虽然“看”了，却没有“看见”孩子。

这是因为我们对特殊需要还知之甚少。身为教师，我们可能接受过很多有关教学的培训，却很少接受过关于学生的培训。因为不理解，可能会采用不恰当的方法，结果不但不理想，甚至可能引发悲剧。有时，我们越是努力帮助学生，学生的状况反而越糟糕。

您可能会以为有特殊需要的学生只是极少数，那您就错了。“特殊”并非少数人的标签，每个人都是独一无二的个体，都有成长为更好的自己的独特的需求。只有当每个人都作为“自己”被看见，成为一个个鲜活的个体，才有温度和色彩。

教师要懂得特殊需要，看见特殊需要，形成应对特殊需要的技能，这不只是帮助个别学生的需要，也是教师专业成长的需要。

“看见”，需要教师的耐心细致，还需要必需的常识，以及专业的视角。

在本部分中，您将读到这样一些文章——

有一类学生是令教师最为困惑的，他们的智力正常但可能学习非常困难，这类学生可能存在尚不被教师广泛理解的“学习障碍”。《匪夷所思的存在》《有一种“偏科”叫数学学习障碍》分别从语文教师和数学教师的视角，介绍了阅读障碍、数学障碍的表现与特点。

智力水平对学习效果影响较大。《管不住自己有隐情》《“原”与“源”的深处》分别呈现了教师如何通过日常观察与错误类型分析识别班级中的轻度智力落后学生，并且看到他们的潜力的过程。《看见“捣蛋鬼”的好》则是展现了智力水平较高、接近或达到超常水平的一部分学生容易出现的行为问题，并呈现了识别与发现的分析与思路。

《“马虎”不是你的错》从注意缺陷多动障碍的视角看待“马虎”行为。

同样表现，可能有不同的原因。《“看”与“看见”之间，无声的诉说》侧重于课堂观察这个视角，充分展现了教师在已了解各类特殊需要学生后，如何在复杂情境中分析聚焦核心的问题。

在本部分中，请您关注这样一些关键词——

阅读障碍，数学障碍，学习障碍

感觉统合，听知觉

错误类型分析

智力测验，学业成就测验

注意缺陷多动障碍，分心，冲动，多动

智力障碍，超常

匪夷所思的存在

——理解阅读障碍[①]

一、小山的情况

在我的班级中有这样一名学生，他叫小山(化名)，是一个性格温和的小男生。他对老师、同学都很有礼貌，一双明亮的大眼睛闪烁着机灵的光芒，很招人喜爱。但是，距离学生入学已经一个学期了，他依然没有进入学习状态，不良行为也接二连三地出现。作为他的班主任兼语文教师，我非常苦恼。

数学老师曾拿着小山的单元测试卷子来找我，怀疑他有智力问题。做数学应用题时，他根本没办法读懂题目要求，写出的答案跟题目一点关系都没有，完全是瞎猜、瞎写。

其实，小山在语文课上表现也令人担忧，尤其是在识读拼音、生字环节，他既不认也不读。进入到课文学习时，由于他读句子不连贯，不能正确地断句停顿，阅读速度明显低于其他孩子，所以他也不喜欢读课文。课堂上，我从未看到过他主动举手读课文，有时连语文书都不愿意打开。小山的课堂学习效率很低。

英语老师皱着眉头说，小山上英语课的时候就像一个“小木头”，不听讲，也不跟着老师读单词，甚至连英语书都懒得打开。他抄写的单词没有一个是正确的，让他改错也不改，实在是让人头疼。我问小山为什么不听讲，他说：“我听不清楚单词的发音，我很努力地听，我很想读出来，可是就是不会读。”“怎么会听不清楚单词？是耳朵听不见吗？”“耳朵听得见，是一片声音，不知道怎么读。”有这种事吗？简直太令人匪夷所思了！

---

① 本文发表于《教育家》2022年第6期，第17页，原题为《探寻真相是“治愈”的前提——理解阅读障碍学困生个案》，内容有改动。作者：李焱，北京市展览路第一小学教师。

体育老师反映，小山在体育课上精神涣散，身体站不直，做动作也不认真。体育测试还装肚子疼、头疼，逃避体育测试，全班就剩他没有测试了。小山说自己头疼、肚子疼已经几天了，家长带他去医院检查过，没有毛病，家长认为小山在逃避学习，坚持让他来上学。问小山时，他脸色苍白，说："在学校疼，回家以后就不疼了。"在学校又是头疼又是肚子疼，回到家里就不疼了。真是太离奇了！老师和家长都认为这不像是真的，更像是逃避学习的借口。我发现小山这一段时间经常发脾气，还抓自己的胳膊，看着他胳膊上一道道抓痕，我十分心疼。

二、探寻真相

(一)他笨吗?

看着小山的课堂表现，多门学科教师都怀疑，这孩子是不是智力有问题。但是，我在课下与他交谈的时候，他却表述准确、逻辑清晰，不像有智力障碍的孩子。课上，我通过观察与访谈，发现小山对书写没有抵触情绪，能够按时完成课上抄写练习任务。虽然他的书写不够工整美观，但是抄写的准确率却比较高。在听写生字词中，只要是小山已经掌握的词语，就不容易写错。在数学课上，如果老师将练习题中的文字读一遍，小山也可以理解题意，而且做题速度较高，正确率也非常高。从这些现象看，他在口语理解、书写等阅读以外的事情上没有太大的困难，问题主要集中在阅读上。

瑞文智力测试结果显示小山的智力百分等级接近 90，智力水平非但不低，甚至已接近优秀水平。但是他的识字量却很少，阅读困难很大，远远低于这个年龄同等智力水平的学生，这真是令人感到困惑！

随后，采用北京师范大学舒华课题组研制的阅读障碍评估工具对小山进行了测试，测试结果显示：小山在汉字识别、词表朗读、阅读理解三项阅读能力测试结果均低于同龄学生一个标准差以上，四项阅读相关认知能力中，有三项低于同龄学生一个标准差以上(见表 1)。根据舒华课题组阅读障碍评估标准(三项阅读能力均低于同龄学生一个标准差以上，阅读相关认知能力中至少有一项低于同龄学生一个标准差)，小山为阅读障碍学生。

表 1　小山阅读障碍评估结果

测试能力	测试任务	标准分
阅读能力	汉字识别测验	−1.3
	词表快速朗读	−1.6
	三分钟阅读理解	−1.4
阅读相关认知能力	数字快速命名	−2.4
	语音意识测验	−1.2
	语素意识测验	−1.3
	正字法测试	−0.4

原来，小山在阅读方面存在特定的困难，难怪他在语文课上书写尚可，阅读却难以进行，数学应用题也难以独立读出题目。在小山的眼中，汉字似乎是一些毫无规律的笔画杂乱堆在一起，他没有办法找到规律把它们记住。小山识字速度慢、记住难、忘记快，导致他识字量少。

(二)他听不见吗?

小山说他英语听不清，可是平时大家与他交流没问题，他的听力检查也没发现异常。是他在说谎吗?

采用张树东等人修订的《听知觉发展测验》对小山进行测试，结果显示，小山的节奏辨别低于同龄儿童 1.84 个标准差，押韵辨别也低于 0.76 个标准差(见表 2)。经专家解释我才理解，听力好并不意味着语音都能听清。小山音韵辨别有困难，很难听清相似的音。比如，“tài”与“tàn”，常人分得很清楚，但是听知觉有困难的人却可能分不清。因此，小山拼音和英语学习都非常困难。难怪他听英语时，知道自己听到了，但听起来却是一片模糊，难以清晰地知道说的是什么，甚至每天英语课上都会说的“Stand up”(起立)都要靠猜测才能明白。

表 2　小山听知觉发展测验评估结果

测试任务	音素辨别	环境声音	同音字辨别	节奏辨别	押韵辨别	总分
标准分	0.61	0.26	0.23	−1.84	−0.76	−0.67

(三)他是在装病吗?

多名学科教师认为小山跟不上学习进度，主要是他上课不认真听讲。只要他上课积极参与，多加练习就可以完成学习任务。但小山认为自己已经很努力地在学习了，依然不能达到老师的要求。由于小山的阅读障碍长期不被人理解，老师对他的学习成绩期望值过高，引发了小山的焦虑情绪。对儿童来说，心理的焦虑更容易伴随多种外在的生理表现，小山之前查不出实质病因的肚子疼很可能就是他焦虑情绪的一种表现。

通过对小山进行感觉统合测评，我发现小山在这方面的问题也很突出。感觉统合主要包括前庭觉、本体觉和触觉三大系统。他前庭觉问题突出，平衡感不良，其他同学能够轻松完成的大运动对他来说困难较大，难怪体育课他总是往后躲。他触觉功能失调，触觉的敏锐度会影响大脑辨识能力、身体的灵活及情绪的好坏，难怪他经常发脾气、抓胳膊。

三、理解与支持

(一)学科教师间的沟通

我把小山的行为分析情况反馈给各学科教师，赢得了他们的理解与支持。各学科教师制定了适合小山的学习方案，适当减轻他的学习压力。例如，英语课要求全班背诵的作业，小山读下来即可；数学课做应用题，小山遇到不认识的字老师及时告诉他；小山读题困难大的时候，老师可以帮他读题目。课堂上，在小山主动举手发言时，老师会及时予以表扬，并多给小山表现的机会，增强他的自信心。

下课后，老师们经常和小山聊天，鼓励他主动表达，主动和老师、同学们交流，让他感受到老师和同学都是他的朋友，以此来减轻的心理压力。

(二)家长沟通

一直以来，家长认为小山的种种问题都是学前教育欠缺、家里老人溺爱造成的。他只是暂时不适应学校生活，只要家长加强管理，通过一段时间的努力，他就会转变的。老师在与家长的沟通中对小山行为进行分析，家长终于明白小山的种种表现都是有生理和心理原因的。家长愿意接受老师的指导，在家里带领小山做感觉统合和阅读方面的锻炼。

(1)家长每天带领小山进行一小时体育锻炼，多做接抛球、前后荡秋千、走平衡木等游戏。

(2)每日亲子阅读半小时，注重阅读趣味性，激发阅读动机。

(3)家长多抚摸、拥抱小山，通过触压的方式改善他的触觉，缓解情绪问题。

(三)建立学生的阅读自信

阅读障碍学生并不是不能阅读，只是字词解码困难，读得慢。但这种阅读困难多会影响学生的自信。进入二年级，小山在练习、单元测试中错误率最高的就是阅读短文回答问题。通过观察，我认为他的阅读水平是可以达到独立读懂短文、准确回答问题的。在与小山的交谈中，我了解到他对篇幅较长的文字有恐惧心理，在语文单元测试中认为自己不会读、读不懂，经常采取逃避的方式放弃做题或者不去阅读、猜答案，最终导致错误率高。

在一次阅读练习的改错过程中，我发现小山阅读短文回答问题基本正确，虽然速度很慢但回答问题正确率高。

我试探着抛出问题："你怎么一下子就改对了？必须得告诉我，怎么这么神奇？"

小山："我也不知道。"

我："你是读不懂，还是害怕读？"

小山："读不懂，我肯定不害怕。我真的不会做。"

我："今天的两道题都是你自己做出来的？为什么上次错那么多，这次一下就做对了？”

小山：“不可能，我就是不会读。”

我：“可是我什么都没有教你，都是你自己读、自己做的呀。”

这时小山非常惊讶，兴奋得声调都变了：“是吗！”

最后，他承认自己是害怕读。我趁热打铁问：“你其实会读对吗？”小山斩钉截铁地回答：“会。”“那以后再做短文阅读能读吗？”“能！”

这次谈话让小山逐渐意识到：自己是怕读，其实慢慢读自己不仅会读，而且读得很好。第二天的课后练习中，又出现短文阅读，小山真的独立完成了练习，回答问题完全正确。从此，小山不再恐惧阅读，阅读理解的练习测试正确率大大提高。

四、干预效果及反思

在学校和家庭全力配合下，小山不再恐惧读书，甚至在阅读中体会到了乐趣，阅读的信心和兴趣增加了。小山逐渐生成了阅读学习策略，通过慢速阅读，能够准确理解阅读内容。小山在练习朗读中找到了乐趣，他那绘声绘色的读书声与之前的小山判若两人，小山的妈妈听了十分惊讶。

学校里，小山身体不舒服的生理反应逐渐减少。小山不再担忧来到学校，反而慢慢在学校感受到了快乐，更加自信了，愿意表达和交流了。在和老师、同学交流的过程中，小山的声音能够慢慢放出来，不再腼腆羞涩。课堂上小山也能够主动举手发言了，参与到课堂当中来。老师们都说，小山像变了一个人。

改变的不只是小山，还有我。遇到小山时，我是一名工作了 32 年的老教师。自认为什么样的学生都见过，什么样的学生都能摆平。而小山颠覆了我的这个自信，他给我打开了一个全新的世界。阅读障碍，听知觉、感觉统合这些概念对我来说有些陌生。然而正是这些陌生的知识引导着我走进了小山的世界——这个并不笨、不懒，却依然有着学习困难的不可思议的孩子。在学习特殊需要教研组里，老师们经常分享自己身边各类学习特殊需要学生的故事，从老师分享的案例当中我了解到，即使是同属阅读障碍的学生，他们的认知方式也不相同，识别他们的障碍原因需要教师专业的知识与敏锐的观察力。

小山让我意识到作为教师，还有一个非常辽阔的空间是我还不曾到达的，那就是学习障碍学生的世界。我们一直在研究教材、教学、教法，讨论如何教会学生、教好学生，但很少从学生视角来研究他们是怎样学习的。每个学生有哪些学习特点，有哪些学生是比较特殊的，这些特殊的学生学习过程又有什么不同……这些对教师来说是最新鲜的给养。在接受给养的过程中，我的教育教学生涯似乎获得了新的生命。

参考文献

[1]让娜·西奥-法金．如何养育有学习障碍的孩子[M]．张之简，译．北京：生活·读书·新知三联书店，2017.

[2]施威茨．战胜读写障碍[J]．吕翠华，译．台北：心理出版社，2014.

有一种“偏科”叫数学学习障碍

——数学学习障碍学生学业表现分析①

一、“偏科”背后会是什么？

“怎么这么马虎”“怎么这么懒”……生活中，你一定听到过这样的埋怨。面对简单基础的数学计算题，学生的错误答案可谓是百花齐放，让家长和老师百思不得其解。也因此给学生带来上述负面的批评，甚至觉得有些学生已经不是“马虎”和“不认真”层面的问题，而是对数学“不开窍”，怎么学也学不会。

不知您是否有过这样的思考：这些“差”学生到底差在哪里了？从生理角度看，他们的身体发育没有任何缺陷，智力也不差；从为人处世的角度看，他们的表现甚至比成绩优异的学生还优秀，唯独就是学习成绩不太好。当学生只有数学成绩不太好，我们习惯了用“偏科”来解释。但偏科的背后是什么呢？有很大一部分学生不是不想学，也不是马虎大意，但就是数学学科上学业表现不佳，远远落后于同班学生，也落后于他本人的智力水平。这样的学生很有可能存在数学学习障碍。

我说的“数学学习障碍”和平常老师口中说的也许有很大的不同。数学学习障碍属于学习障碍，是指由于数学能力的缺损而导致数学学习上的落后，即明显落后于同年龄或同年级水平的现象。[1]数学学习障碍是学习障碍的一种亚类型，有数学学习障碍的学生智力正常。对于数学学习障碍国内外做了多方面的研究，对于它的形成和类型也有很多说法。据调查，我国至少有3%～6%的中小学生存在不同程度的数学学习障碍。[2]

---

① 本文发表于《教育家》2022年第6期，第20页，原题为《有一种“偏科”叫做数学障碍》，内容有所改动。作者：张晓倩，北京小学广内分校教师。

二、小雅的基本情况

小雅(化名)是一名小学五年级学生，她语文成绩在八十分左右，英语成绩五六十分，虽然不算高，但也不是很低，然而数学成绩常常不太理想(见表 1)。班主任老师是本学期新接班的，她反映小雅在班内偏内向，安安静静不易引起老师的注意。但她学期初数学阶段测试成绩仅 38.5 分，一下子就引起了班主任的注意。班主任观察发现小雅数学基础较弱，作业不会做，存在抄同学作业等情况。

小雅母亲反映她说话和走路都比较早，一岁半时就可以背古诗，11 个月会走路。在家里也非常听话，动手能力强。家人基本能够满足她的要求，平时给她买了很多书，但买完之后就不怎么看了。家长对孩子也比较关心，回家后能及时帮助辅导功课。班主任找到家长，与家长进行了沟通。家长态度非常好，也愿意配合老师工作，共同帮助其成长。新学期开学，老师感觉小雅精神状态和学习态度好转了很多，但数学学习依然非常吃力。

表 1　五年级上学期数学阶段及期末全班及小雅成绩百分比

	9 月	10 月	11 月	12 月	期末测试
优秀	62.79%	60.47%	41.86%	58.14%	58.14%
良好	32.56%	25.58%	39.53%	30.23%	32.56%
达标	4.65%	9.30%	9.30%	11.63%	4.65%
待达标		4.65%	9.30%		4.65%
小雅	达标	达标	待达标	达标	待达标

三、正式评量

小雅是一个很乖的女孩，教师布置的任务都愿意努力完成，学习动机强烈，不存在学习态度的问题，家长也比较配合，也不存在家庭环境的问题。那到底是什么原因导致她数学成绩难以提升呢？

首先我们对小雅进行了智力测试。韦氏智力测量结果显示，小雅总智商 100，智力水平正常。但分量表测验显示其言语理解能力相对最低（百分等级 23）（见表 2）。

表 2　小雅韦氏智力测试结果

量表	合成分数	百分等级
言语理解	89	23
知觉推理	108	70
工作记忆	103	58
加工速度	102	55
全量表	100	50

我们对小雅进行了注意力评估，采用”记忆和学习的广泛评估”（Wide Range Assessment of Memory and Learning）中的注意力部分，测试结果显示百分等级为 73，属于中等偏上水平。但需考虑该常模并非中国学生，且常模时间较早。所以学生实际情况可能低于这一结果。

我们采用北京师范大学教育学部张树东教授测试工具对小雅进行学业成就测验。结果显示她的语文学业成就总分及分测验基本正常，仅听力理解低于平均数 0.51 个标准差（见表 3）。与她韦氏测验中言语理解水平低相一致。

表 3　语文学业成就测验结果

听写选字	认读	组词	听力理解	阅读理解	组词	语文总分
0.88	0.27	1.02	−0.51	0.30	1.02	0.75

数学学业成就测验结果显示：小雅数学总分低于平均分，数学学业成就测验的 7 项分测验中，相对数量和数字线表现最差，低于同龄学生 1～2 个标准差（见表 4）。由于相对数量与数字线均和学生的数感发展有密切的关系，可以推测小雅在数感上存在一定的问题。《义务教育数学课程标准（2011 年版）》指出：数感是学生应具备的一种基本素养，是对数与数量、数量关系、运算结果估计等方面的感悟。数感不良也是数学学习学习障碍

学生的一种突出表现。

表 4　数学学业成就测验结果

正着数数	倒着数数	数点	点数比较	口头比较	书面比较	读数	相对数量	数字线	感知估计	书面计算	书面应用	口头计算	口头应用	数学总分
−0.62	−0.62	−0.89	0.54	0.36	0.10	0.27	−2.51	−1.74	0.60	0.04	−0.73	0.99	−0.21	−0.62

四、错误类型分析

为了进一步了解小雅的情况，我们对小雅的数学试卷进行错误类型分析，发现她的困难主要体现在难以掌握数字意义、数字事实、计算以及数学推理困难上，具体主要表现在以下几个方面，分别举例说明。

1. 运算程序与规则方面

在计算方面，小雅表现出以下三种错误类型。

(1)加法乘法混用。

105×62=6620

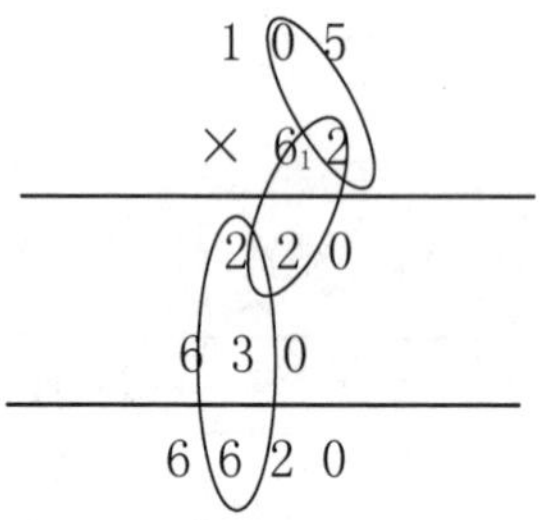

小雅在这道题的计算过程中出现三处错误。第一处是忽略十位“0”的存在，将“0×2”错误算为“0+2”；第二处是进位“1”的处理，将“0×2+1”变错误算为“(0+2)×1”；第三处是将“2+3=5”，错误算为“2×3=6”。

0.5×42=23

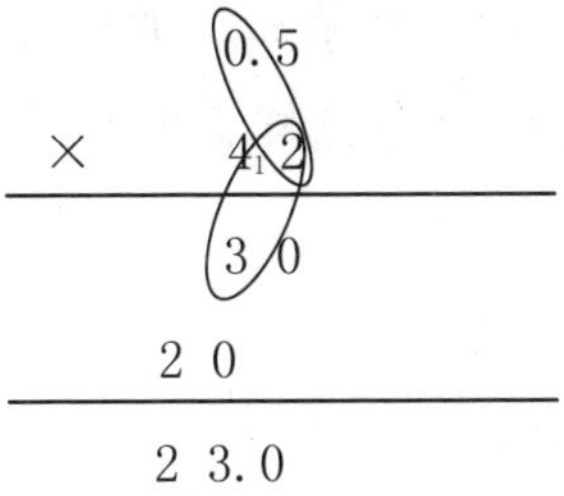

这道题看似和上一题一样，但小雅的计算过程又发生了变化。第一处的错误问题和上一题一样，也是将“0×2”错误算为“0+2”。第二步是进位“1”的处理，这一步使用的加法运算是正确的，但因为上一步的错误，导致这一步的结果由“1”变成错误的“3”。

0.31×102=1.62

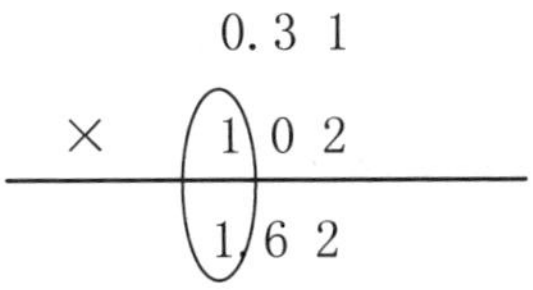

60×2.5=50

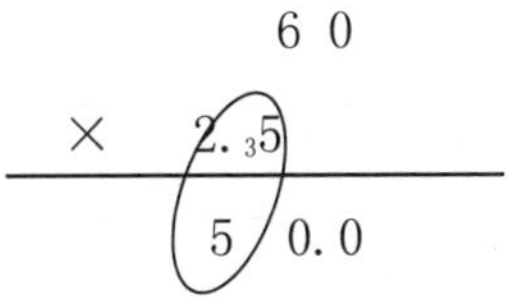

上面两道题小雅只按乘法法则计算了个位，百位和十位没有依次进行相乘。第一题她直接将百位“1”抄写下来，第二题直接用十位“2”加进位的“3”。这说明她在计算过程中，开始记得是用乘法，后来变为直接用加法去做。

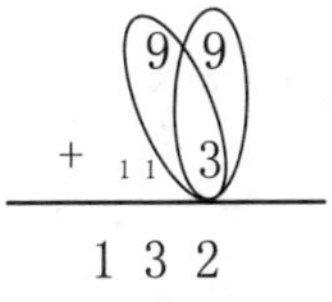

这道加法计算题小雅再次将加法与乘法相混淆，即将 99 分别与 3 相加，相加的方法是乘法的算法，即第二个加数与第一个加数的个位与十位依次分别相加，于是就出现了 132 这样意想不到的答案。

(2)乘除法混淆。

比如，6÷0.01=0.06，1÷0.01=0.01，这类口算中较简单常见的除法运算，小雅会直接当乘法来做。

(3)就近相加。

在一些加法计算题中，小雅不考虑任何算法算理的因素，而是直接将相邻的两个数相加。比如，6+26=86，7+31=101，6.5+5=7，3.5+5=4。

2. 数学问题解决方面

从韦氏智力测量的结果看出，小雅在言语理解方面存在问题，这在某种程度上可能也阻碍了她将数学题目中的文字表述转换成适当的数学问题表征形式，体现出数学推理的困难。

例如，下面这类数学应用题，她对于题目中出现的“还剩”“多少”等词语的数学含义理解不到位，在此类题中她分别使用过加法、乘法和除法来解决。

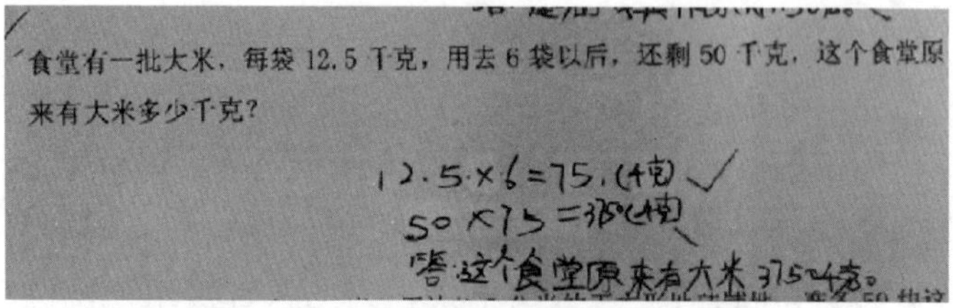

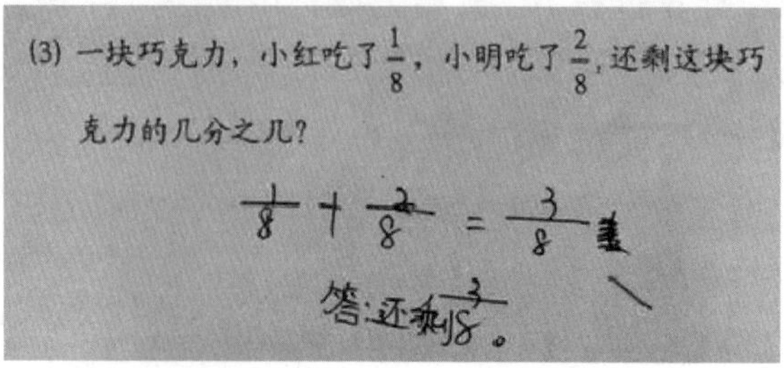

“苹果3元一斤，西瓜比苹果贵0.5元，问西瓜多少钱一斤。”小雅的算式是“3×0.5”。

“16元买2个铅笔盒，买12个这样的铅笔盒需要多少元。”她的算式是“12×16”。

在下题中，“单价×数量＝总价”的数学模型被小雅运用成了“价格×价格＝价格”。

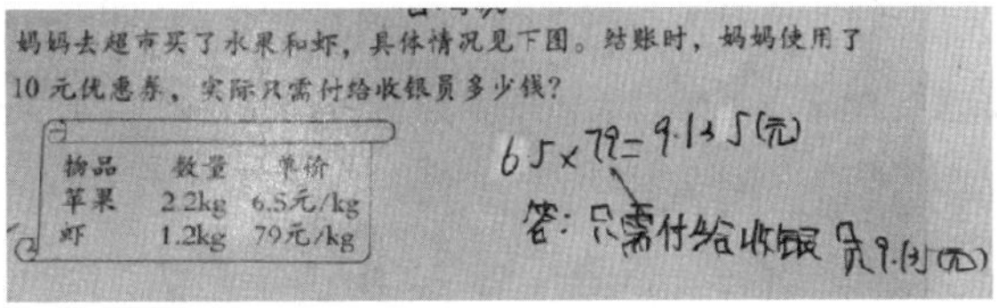

可见，小雅难以把握生活经验背后的抽象数学模型，对“贵”“便宜”“多”这样的词汇无法掌握其在数学表征中的含义，并进行数学推理。即使是“单价×数量＝总价”这类小学数学中最常见的数学模型掌握也成为她在数学学习方面的障碍。

3. 小数掌握方面

相对整数来说，小数的概念对小学生而言更抽象、更难以掌握，数感对准确理解小数的概念和小数运算有非常重要的作用。

(1)难以建立清晰的小数和小数运算概念。

小雅对小数缺乏清晰的理解，在简便运算中会出现“8.8＝8×0.8”“4.8＝8＋0.6”“31.5×20.5＝(31×0.5)×(20×0.5)”等错误情况。对0.4＝0.4×1，1.5＝1＋0.5，这样的小数构成觉得难以理解。访谈得知，小雅会认为0.4就是0.4，与0.4×1没有什么等量关系。

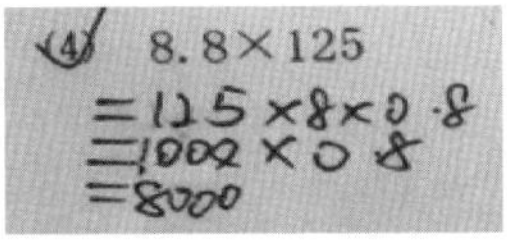

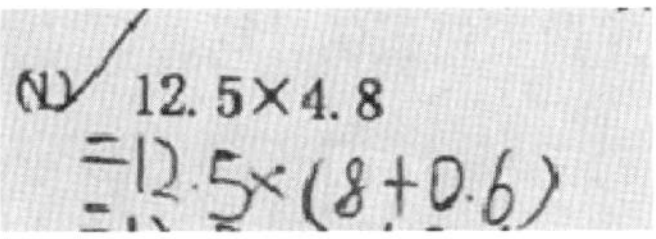

小雅也无法准确作答小数类的“比大小”试题。如274×3.8与274×3.5哪个积大，0.4×1.5的积与0.4哪个大，0.45与0.455哪个大等类型的题目，她都无法作出判断。

此外，在面对算式“0.5－0.25”时，小雅有可能按照步骤准确计算出结果。但若将算式转换成文字叙述，“0.5 比 0.25 多多少”，或者说“大多少”时，她就不知道应该怎么计算。但如果把文中的小数转换成整数“50 比 25 大多少”，小雅同学又可以计算。由此可以看出小雅在言语理解上的问题和对小数概念掌握的双重困难。

(2)复杂小数口算困难。

小数位数并不多的算式，小雅可以准确计算。但如果算式中的小数较大，或者小数位数较多，她就无法准确进行口算。甚至有些非常明显的小数计算错误，她也难以及时发现。

例如，2.4÷0.06＝4，0.3÷1.5＝0.02，1÷125＝0.08，7÷14＝5

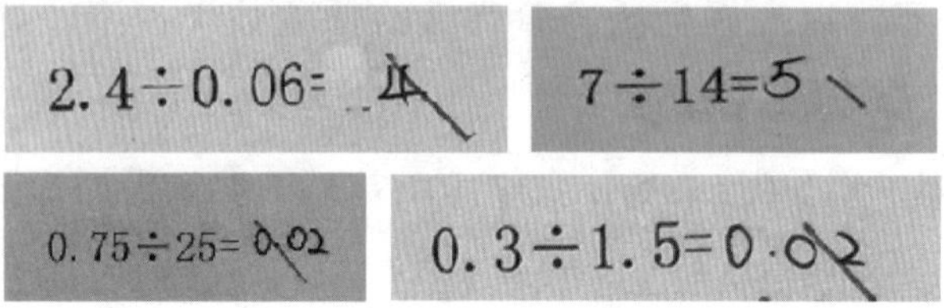

4. 分数概念掌握方面

小雅不能从分数的角度理解单位“1”的概念，在分数计算中不会灵活运用单位“1”。例如，难以理解在分数运算中 1 可以等于$\frac{5}{5}$，口算题 $1-\frac{1}{5}$可以转化为$\frac{5}{5}-\frac{1}{5}=\frac{4}{5}$ 。在应用题中，如下例所示，她无法提取并使用单位“1”的概念进行正确的问题表征，加上对四则运算意义不了解，将 $8\times\frac{3}{4}$表征为 $8-\frac{3}{4}$，并做了错误的计算。

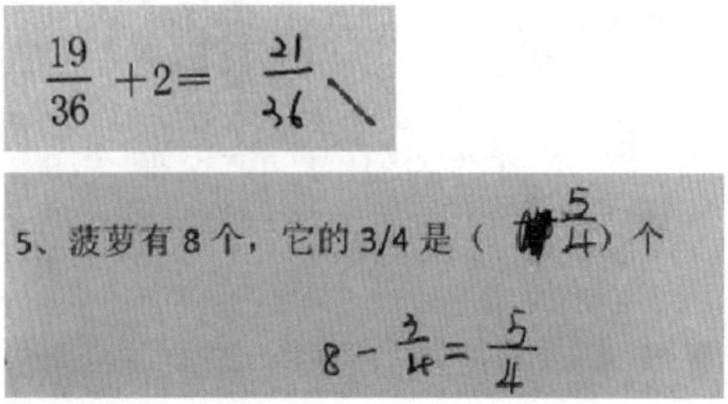

5. 单位换算与面积公式运用方面

对单位换算和面积公式等难以理解和掌握。如下图中第二题，她给出的第一份答案是1元=10角=1分，经过讲解才进行改正。

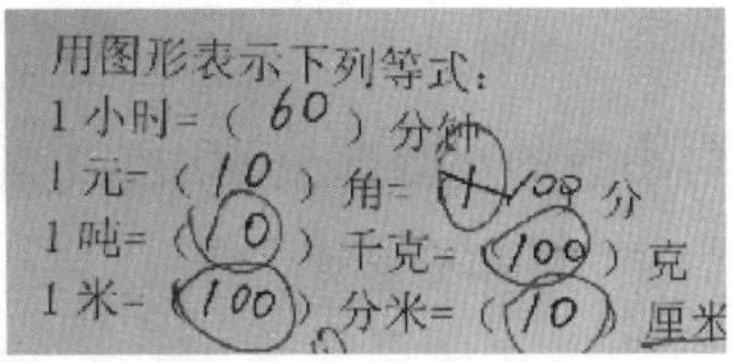

对面积、体积这类公式使用也很混乱，不能理解公式的数学本质含义，如下题：

经访谈发现，小雅并不理解正方形周长和面积的定义，只知道正方形有四条边，周长用加法，面积用乘法。于是她用“边长+4”计算周长，“边长×4”计算面积的方法作答。

五、学生访谈及总体分析

通过对小雅的访谈我发现，小雅做题的方法是靠直觉，问她为什么这么做时，她经常说的话是，“我觉得是这么做”“我感觉应该这么做”。直觉成为她做题的方法，而不是按照数学法则或原理。一道试题她可以凭感觉使用多种方法解决，并分别得出不同的答案。小雅说她的苦恼在于，经常觉得各种方法都对，又知道其中只有一个答案是正确的，却不知道是哪个，从而导致同类型的题目有时答对有时答错，答对也并不说明她真正理解了问题，而是在诸多选择中正好选对了而已。

比如，3.5+5这道看来非常简单的小数加法题，小雅在脑海中进行了多次复杂的运算，每次都使用不同的计算方法得出了不同的答案。都如下题，在短时间内，小雅讲出了算理算法复杂的多种算法，表现出她头脑中数和运算概念的混乱。

$$\begin{array}{r} 3.5 \\ +\quad 5 \\ \hline 4.0 \end{array}$$

其一，小雅将整数与小数的小数部分相加。不理解 5 与 5.0 和 0.5 的区别。

$$\begin{array}{r} 3.5 \\ +\quad 5 \\ \hline 1\ 0 \\ 8 \\ \hline 1\ 8 \end{array}$$

其二，5＋5＝10，3＋5＝8，10＋8＝18，小雅将小数与整数相加，加法与乘法相混淆。

$$\begin{array}{r} 3.5 \\ +\quad {}_{1}5 \\ \hline 9.0 \end{array}$$

其三，小雅将“5＋5”的进位“1”与“3＋5”的和相加，得到的结果是 90，再去掉小数点末尾的“0”，得到“9”。小数与整数相加，加法与乘法相混淆。

小雅访谈时谈道，她做口算题时会着急、心乱，在情绪压力下，更是不时出现匪夷所思的错误。在小数学习一学期后，同年级的学生基本已经完全掌握小数口算的情况下，在新学期的阶段测试里，她还是存在或多或少的问题。值得注意的是，上述所呈现的“3.5＋5＝18”与“99＋3＝132”这两道题分别出现在五年级的上学期和下学期，虽然题目不同，但错误类型却是相同的。这说明经过半年的学习与练习，虽然整体看，小雅的计算正确率有所提高，但错误的计算方法和思维方式依旧存在并困扰着她。像要求其他学生那样，要求她的计算正确率为百分之百，对她来说是不可能完成的“高要求”学习任务。学习障碍存在，所谓的“马虎”现象必将一直相伴左右。

美国《精神疾病诊断与统计手册(第五版)》(*The Diagnostic and Statistical Manual of Mental Disorders*，DSM-V)提出学习障碍在数学上的表现是：①难以掌握数字意义，数字事实或计算。例如，对数字，数量和关系的理解不足；在算术计算过程中丢三落四或瞎算等。②数学推理困难。例如，在应用数学概念，事实或程序以解决数量问题方面存在严重困难。通过正式评量、非正式评量可见小雅基本符合学习障碍的数学表现。

但并不是说小雅身上的特点是所有数学学习障碍学生都具有的，她也有自己的特殊性，如言语理解水平较低，这对小雅应用题解决方面产生了负面影响。另外，数学偏科的学生更有可能是数学学习障碍，但并不代表不偏科的学生就不会是数学学习障碍。实际上，也有既存在数学学习障碍又存在阅读及书写障碍的学生，或数学、语文、英语各科都很差，但智力正常甚至优秀的学生。

六、反思

造成学生学习成绩差的原因有很多，可能是教师的教学方法不当、学生情绪行为因素和家庭环境不利等一般性原因，也可能是学生存在数感、数学推理能力等数学学习障碍的特定原因。教学实践中，数学学习障碍学生可能同时存在上述多种原因。但是教师往往容易忽视学生自身的障碍，而归因于态度、习惯、情绪等因素。这种简单的归因不利于有效支持数学学习障碍学生，还容易导致学生更加缺乏自信，甚至产生对数学学科的抵触，严重者可能会产生数学焦虑。

现在对于数学学习障碍方面的研究尚少，教师和家长对于数学学习障碍的认识更是少之甚少。通过上述正式评量和非正式评量，我们能够看到小雅同学相对偏科的背后，很可能存在学习障碍。教师对学生的误解和简单归因，主要因为专业领域知识的缺乏，并且不知道数学学习障碍的存在。

现在数学学习障碍正式评量还没有普及，甚至并未完善。但在了解数学学习障碍基本特征的前提下，教师采用错误类型分析和学生观察、访谈等非正式评量方法，也能够及早识别数学学习障碍，减少对学生“偏科”“马虎”的误判。多给他们一些时间和空间，给予足够的耐心和关心，维持他们的稳定情绪、健康心理，继而采取有针对性的策略。

参考文献

[1]宋文霞，张福娟．国外数学学习障碍儿童数概念研究进展[J]．出国与就业(就业版)，2011(8)：152—154.

[2]曾宏建．数学学习障碍学生的教学策略[J]．中学数学教学参考，2015(30)：91—92.

“马虎”不是你的错

——被误解的注意缺陷多动障碍①

真正的教育需要深邃无比的洞察力、难以想象的耐心、上善若水的包容和处乱不惊的修为，需要从人性最本质的层面上了解人。即便如此，也不是每个孩子都能教好，但……

西城区学习特殊需要教研组张旭教授的话一直回荡在我的耳畔，由此想到，我能为班里的学生亮(化名)做些什么，他是那么急切地需要我的关注和帮助。

一、过去的亮

亮常常是这样的：课桌下碎纸一地，午餐后勺子、汤碗从不主动收起，散落在地上。放学前，书本满地，带来的铅笔写不了几个字就会全部断掉(见图 1)，课桌上的水杯经常会把裤子弄湿。班里的同学路过他的座位时，都会刻意保持距离。

图 1　亮的课桌总有碎纸、铅笔经常折断

亮在数学课上可以听懂老师所讲内容，对于一些简单问题能积极地参

---

① 作者：唐立，北京市西城区奋斗小学教师。

与，对于老师留的书面作业也能完成，但错误百出，基本上是对的少，错的占大多数，改错通常会占去他的大部分时间，还改不完。语文学习的问题主要表现在：字不能写进格子，大部分写出格的字都不完整、缺笔画，做完的语文作业，每道题都需要不断修改才行。

对于行为问题，老师不断地提醒他捡起文具、清扫干净碎纸，或请周围的同学来帮忙。对于作业中的错题，老师会请亮利用中午时间自己独立改正，对于反复出错的地方，也会帮他指出，但他好像依旧很茫然，直到放学，错的题也改不完。老师与家长进行沟通，希望亮能在家继续把错题弄懂弄会，亮有时候在妈妈的指导下尽量去修改这些错题，但大部分还会原样返回给老师，有时候脸上还会出现一些痕迹，询问后是在家学习时被爸爸打的。

有的学生私下说：“亮是全班最笨的学生。”家长和亮本人似乎也这样认为，甚至家长出现难以坚持、想要放弃的想法。

二、真实的亮

为了帮助亮，教师需了解真实的他。为此，我进行了课堂观察。

语文课观察发现，他能准确概括课文情节，能说出课文深层含义；能流畅阅读，但常出现漏词漏句的小错误，比如把“溪流”读成“流溪”；抄写时会有错字出现，甚至有漏行的现象；最严重的问题是书写，凡是书写作业，亮或是空着不写，或是写出来的字空间布局不合理、辨认困难，而且书写时过于用力(见图 2)。

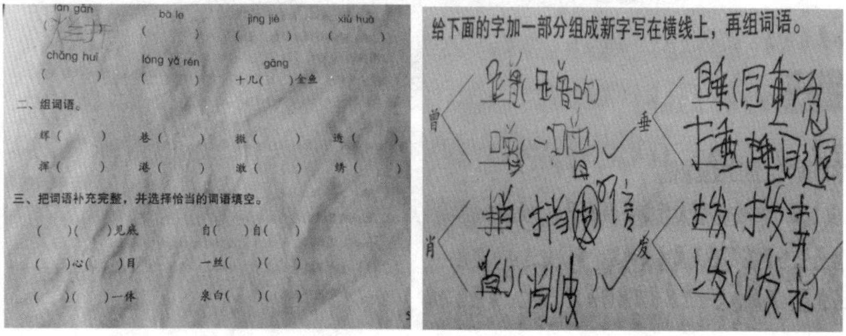

图 2　亮的书写

我通过数学课观察发现，朗读文字题目，当读到数字 59 厘米时，亮先读出“9”，自己马上发现有误，纠正成了“59 厘米”；做练习时，他把 2.56 颠倒写成 2.65；课堂上，他能很快明白教师所讲的内容，但一到具体计算时就容易出错。同一道题，他还有可能出现不同的错误，像简单算法题 123＋1049＋777＋151，他知道如何简便运算：(123＋777)＋(1049＋151)，但是计算时，123＋777 忘记进位，算成 800 而写错最终结果。让他检查时，他知道了进位，但由于书写不规范，数字和括号混到一起，把(1049＋151)中的“1)”误看为“0”，导致最终结果错误(见图 3)。

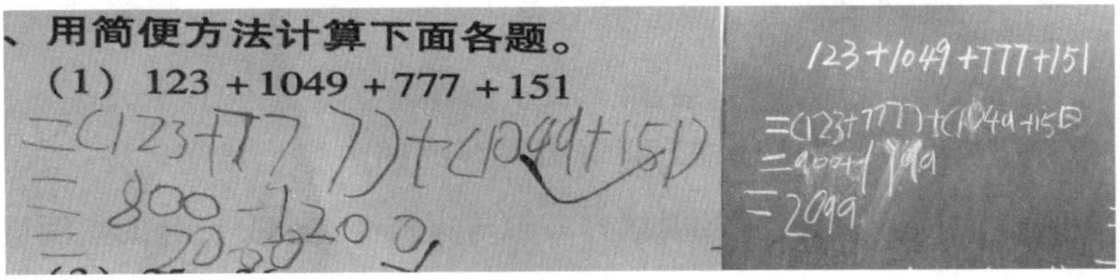

图 3　亮两次不同的错法

通过上面的观察，可以很清楚地看到，亮并不笨，甚至他的理解能力很好：语文不仅能清楚叙述，还能理解深层含义；数学的简便运算和理解题意也基本准确。但是无论是语文，还是数学，他都容易犯马虎的毛病。但这看似很小的马虎，对他的影响却很大。他似乎很难克服。

原来，他的马虎、古怪的行为是有客观生理原因的。

他患有注意缺陷多动障碍(ADHD)，也就是我们常说的“多动症”。ADHD 是儿童最常见的神经发育障碍之一，影响 4%～12%的学龄儿童。它的核心特征有分心、冲动、多动。撕纸不是他故意捣乱，一方面他可能想通过撕纸缓解焦虑情绪；另一方面因为注意力缺陷的孩子唤醒水平低，所以他用不经意的小动作帮助注意力集中和保持。这与常人正好相反，常人身体多以“静”来集中注意力，而患有 ADHD 的孩子则要通过“动”来抵制分心、集中注意力。分心、冲动使得他容易犯各种马虎的错误，很难关注到细节，很难做到完全正确。

从亮的书写表现来看，他同时是一名疑似书写障碍学生。影响他正常书写的其中一个原因是感觉统合问题。他喝水容易洒，握笔过于用力，以至于常把铅笔折断，都提示他感觉统合可能存在问题。

三、现在的亮

有了这样的认识，我与家长和任课教师沟通，使他们重新燃起对亮的希望，抓住他注意力和书写核心问题进行有针对性的观察与支持。字写不进格里，就让他在黑板上更大的地方写；抄错数字或符号，就带着他用手指着检查。每当找到错因时，亮经常会可爱地挠挠头，嘴巴张大，充满了发现问题后的恍然大悟和惊喜，亮在学习上收获了自信，慢慢地发生了变化。

由于中年级学习难度增加，每天要写要改的内容也增多，亮家长天天如一日地辅导，也会有疲倦的时候，教师与家长经常会交流亮的点滴进步，也在互相鼓励中支持着彼此前行的脚步。

今年的学校体育节，天气暴晒，班里的很多男孩子在操场上都被晒得叫苦叫累，亮在队列中站得最直，一动不动，那时的亮让我充满了感动。通常，计算题是亮的弱项，但当专家坐在他旁边时，他竟全做对了，让我惊讶他的潜能！每当有外来老师来听课时，亮总坐在最前面，回答问题时他总是把手举得高高的，争着回答问题；学期末，发现他的本上还有些作业没写完时，我让他坐在我旁边，安静地写着字，我又一次惊讶地发现，他的字工整了很多。

是啊，深邃无比的洞察力、上善若水的包容和处乱不惊的修为帮助亮在我们身边慢慢地发生着改变，也让我感受到了特殊需要孩子在学校成长中的希望和教师专业成长带来的成就感。

看见“捣蛋鬼”的好

——疑似超常学生的理解与支持[①]

一、问题出现苦恼多

一说到学习问题，我脑海中第一个浮现的就是小帅(化名)——

一个小男孩低头坐在椅子上，桌子歪着，桌面上散落着乱七八糟的书本，地上静静躺着几本书、作业纸和书包。小男孩低头不语，但又忍着笑。

经常出现的还有另一些画面：到处散落的书本纸张，铅笔屑满桌子、满地，水杯开着，书包敞着，再找找小帅，在地上要么爬、要么趴着(见图1)，走到他身边他会很无辜地看着老师，然后立刻坐到座位上，手忙脚乱地收拾东西，老师转身离开后他就会继续做自己想做的事。上课不听讲，用花盆的土和泥巴制成小球当子弹；一下课就找不到踪影，上课也不回来，经常得满校园地找，直到其他学生带老师到小帅的“秘密基地”；他三天两头捅娄子，做危险动作，要不就是和同学发生冲突……

这就是我们班，不，应该说全校鼎鼎大名的人物——小帅。

图 1　在地上爬的男孩小帅

① 作者：李雪杰，北京市西城区奋斗小学教师。

他三年级了，学习谈不上好不好，他根本就不学习，并且每天捣蛋惹祸，让从教近15年的我，天天为他提心吊胆，紧张焦虑。

二、专家引领心释怀

最初我想，他会不会是"多动症"？所以要一直不停地动。又或者就是习惯差，管不住自己？

在教研组学习中，我了解到"多动症"的学名为"注意缺陷多动障碍"，核心特征是注意缺陷，而不是"多动"这个行为，需要透过看得见的"多动"去分析看不见的"注意缺陷"。我也懂得了习惯只是表象，它背后可能有不同的原因。同样是上课时动作过多，原因却可能不同：有的学生是因为患有注意缺陷多动障碍，难以集中注意力，"不能听"；有的学生可能是认识水平较低，"听不懂"；还有的学生相反，可能是认知水平较高、普通课堂教学难以满足他而"不想听"。

小帅为什么上课不能安坐，课后不能守规矩，动个不停呢？带着这个疑问，我对他的注意从外显的行为转到内隐的能力，而之后的观察让我对他有了全新的认识。

我发现他语文考试虽然很少得满分，但分数并不低，尤其基础知识部分失分率极低；他阅读理解虽然要点总是答不全，但无论是考试还是偶尔的课堂回答，他用极少的语言描述就能抓住要点；他平时上课虽然不听讲、不回答问题，但需要用自己语言概括的创造性的内容他会主动参与；他识字量大、爱阅读，在家能连续阅读1小时，在学校有时可以两节课都不挪地方地看书；读课文时，即使是第一遍读也很少出错，对于同学读的错误还能及时地提出来。

比如，语文课上出现了这样的情境——

其他同学："累"字是上面一个"田"，下面一个关系的"系"。

小帅(立刻大声地纠正)："不是关系的'系'，是关系的'系'底下的那个。"

其他同学读课文(内容略)。

小帅(马上大声纠正)："凝成了。"(提示同学少读了一个"了"字)

教师："你特别认真，马上就纠正了，如果下次能注意等他读完再说就更好了。"

小帅站起来读课文。

教师："读得准确，而且特别好听。"

这个细节可以得出，小帅对当前任务的关注质量很高。

综合上述种种表现，可以说他的学习能力不但不弱，甚至超过同龄学生。专家说他有可能是超常儿童。

"超常"？这样一个根本就不学习的"捣蛋鬼"竟然是超常儿童？是的，我反应就是如此惊愕。我十多年的工作经验告诉我超常儿童应该成绩优异，各方面都遥遥领先，他这样怎么可能是超常儿童呢？

后来我才了解，超常学生学习速度快、知识面广、内心敏感，他们和学习困难学生一样，也是有着特殊学习需要的学生，但全班集体教学很难兼顾到他们。所以他们大多会觉得学习进度太慢、内容过于简单而感到无聊，不肯努力，甚至不愿意遵守常规，因此常受到教师和家长的批评。久而久之，他们不但学习方面不能突出，甚至还会滋生较多的情绪行为、同伴交往问题。

加之超常学生也可能同时存在特殊问题，会加剧行为问题。比如，小帅就有感觉统合失调的问题，所以喜欢趴在地上，喜欢做一些我们看起来冒险的事情，寻求感觉刺激。

三、闭上眼睛心相通

小帅并没有做过智力测验，我也不知道他是否真的超常。但对小帅的重新认识对我的教学生涯产生了非常大的影响，成为我教学生涯的转折点。我和他之间也悄然发生着一些改变。

(1)放松心情，与学生建立亲密平等的关系。之前我每天都在焦虑怎么"对付"学生，怎么让学生听话。现在我放松心情，心里想的首先是如何走近学生，这对任何学生来说都是非常重要的，对超常学生尤其如此，如果他们不接受你，也就不会接受你给他的教育。

(2)不只看到问题行为，同时看到学生本身。了解问题行为背后的原因，换个角度看待他、理解他；眼里不再只有他带来的麻烦，而是心里有了他这个人。我让小帅带我去他的“秘密基地”，与他聊属于我俩的秘密，约定好去“秘密基地”的时间，并按规定回来。虽然这会很累，很辛苦，当我看到孩子的笑脸如此灿烂时，我是幸福的。

(3)看到学生特殊的学习需求，为其量身定制个性化的学习计划。大班教学的情况下，兼顾到个别超常学生需要打破一些固有的定式思维，如全班必须整齐划一。为小帅提供个性化、创造性、探索性强的教育教学支持和展示的机会与空间，让他能够有机会展示才能、深入钻研，把捣蛋的破坏力转化为学习的精力。

再次修改这篇文字时，小帅也已经是一名初中生了，这个“小捣蛋鬼”不仅给我留下深刻的印象，更加让我明白教师应该从经验、认知中跳出来；从看成绩、看管理转变到看见学生本身；从因捣蛋而恼怒，因成功而喜悦的情绪中变得更加平和。因为每一个学生都值得爱，每一个学生都能带给教师不同的体验，带给教师独特的职业幸福感。

以我在一本书上看到的小诗表达我的感受——

当我们只注意孩子的行为时，是没有看见真正的孩子的；

而当关注孩子行为后面的意图时，才开始看见孩子；

只有当真正关心孩子意图背面的需要和感受时，才是真的看见孩子。

让我们透过自己的心看见孩子的心，用自己的生命和孩子的生命相遇。

管不住自己有隐情

——轻度智力障碍学生数学学习观察分析①

一、管不住自己的庆庆

庆庆(化名)是一名三年级的小男孩，接班之前，我就听说过他的大名。前任数学老师叮嘱我一定要多注意他，说他的成绩和习惯都不是很好。庆庆平时自控能力差，注意力不集中，情绪不稳定，刚入学时经常上课坐立难安，不是东张西望就是东摸西摸。别的孩子能按教师的要求遵守课堂纪律，专心听讲，积极回答问题，而庆庆课上稍不注意就钻到桌下，或在桌面上乱画。写作业时，别的孩子专心致志地写自己的作业，而庆庆在老师给别的孩子指导时，满教室溜达，给别人捣乱，拿手里的文具玩，自己的作业不写(除非老师眼睛一直盯着他，他才磨磨蹭蹭地写，好像这作业是为老师写的)，老师和家长沟通过，家长也认识到庆庆的问题，通过老师和家长的配合，庆庆能够做到基本掌握数学需要背诵的内容，如简单的加减法和乘法口诀，能够保证数学达到及格线，但是对于稍有情境的问题解决他就不知所措了。

之后的日常教学中，我发现庆庆身上确实存在着一些问题：课堂上一般都是慢慢吞吞的，老师布置的任务经常要提醒数次才能够执行，还时不时地做出一些夸张的表情，课上几乎不听讲，偶尔也玩玩纸笔，逗逗同学。课下他也不会和他人主动交流，只是自己玩，偶尔做出一些夸张的动作和声音；三年级数学难度的大幅度增加，庆庆学习更加吃力，语文老师和我经常轮流给他补课，但是他总是似懂非懂。他的作业本经常是杂乱无章的，由于字写得大，格子不够，看起来总是东一笔西一笔。起初我在想，

① 作者：周浩，北京市西城区奋斗小学教师。

他管不住自己，是不是存在注意力上的一些问题呢？

二、从错题分析入手

为了探究他行为背后的原因，我首先仔细分析了他的错题(见图 1)。题目中说每筒羽毛球有 12 个，每筒卖 28 元(题目前面告知了共 18 筒)，并配图 18 筒羽毛球，求羽毛球一共有多少个。庆庆的列式为 12×28＝456，而正确列式应该是 18×12。从庆庆的列式解答可以看出，他可能只是利用了题目中的数字信息列出算式，而没有结合题意从图中找寻解题线索。

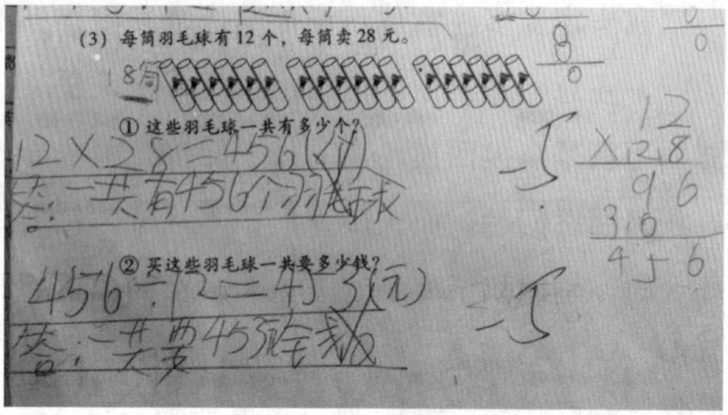

图 1　庆庆的数学题

此外，他的竖式计算也是错误的。由图 1 可以发现，他在完成两位数乘一位数计算时是完全正确的，但两位数乘两位数还没有熟练掌握，在计算过程中没有分清什么时候该加进位。第一步 12×8 计算中的进位影响了第二步 12×20 的结果，他先用 20 中的 2 加进位 1，然后再乘 12。这表明他还没有完全掌握两位数乘法的计算法则。

三、课堂学习观察

为了进一步探究他学习的特点，我准备了一节关于“年、月、日”的数学课，请专家及区教研员一起观察。课堂前 20 分钟，庆庆基本没有看老师，自顾自地玩。大家一起大笑的时候，他也跟着笑，但笑什么似乎并不太清楚。课堂提问：“1998 年是闰年还是平年？”庆庆说“是闰年”，问为什么是闰年呢？他又说“是平年”。好像只是在根据老师的表情线索猜测。经过追问发现，虽然我刚讲过能被 4 整除的年份是闰年，但庆庆认为 1998 末尾的 8 能被 4 整除，所以是闰年，而没有用整个年份数目 1998 除以 4。

由此可以推断，庆庆在听课时对老师讲解的理解是片面的，他只注意到了“除以 4”，但没有注意必须整个数都能被 4 整除才行，没有完全明白判断闰年、平年的推算方法。

四、理解后的教学调整

通过这一系列的观察研究，我明白了庆庆的不注意听讲与认知上难以全面深入理解有一定的关系。理解接受能力的迟缓，使得他掌握整体概念有难度，需要较长的反应时间，因而难以跟上课堂教学节奏，导致他听不懂，所以难以维持注意力认真听讲。后来确认他在医院被诊断为轻度智力障碍。因为程度较轻，因此在日常生活中表现尚可，但在抽象词汇、概念的理解、综合及分析能力上就较其他孩子慢一些。同时，他也存在一定的注意力问题，听取信息存在片段化的问题。因为认知与注意力上的不足，庆庆在知识学习上产生较大的困难，而学校的课程绝大多数时间都需要集中注意力。

之后的教学中，我根据庆庆目前的状况和专家的建议，在教学设计中注意根据学生的特点进行有针对性的教学，具体如下。

(1)知识呈现更加具体，增加直观体验的机会。比如，闰年闰月的问题还是和生活距离有些远，可以用图示的方法一年年呈现出来，让学生 4 年 4 年地感受，在具备感性经验的基础上再呈现规律。不只是口头说一说，而是让学生用整个年份都要除以 4 的方法算一算。重点知识除了老师讲解以外还让学生讲解，让同桌讨论，让学生动手实验，充分给学生时间理解消化。如此，不仅是对庆庆有帮助，对全班学生都有帮助。

(2)发出指令时注意严谨到位。例如，我说“你们可以动动笔”，有的学生听到“可以”两个字的感受是可以动笔，也可以不动笔。如果要求全班都动笔，指令应改为“请每个人拿起笔在你的本子上练一下”。

(3)在练习课上按难度设计题目，给学生布置力所能及的小任务。一方面，可以培养学生的责任心、价值感；另一方面，也让其他同学看到，每个人都有自己的价值，都是集体中平等的一员。课堂中我会注意给庆庆展示讲解的机会，让其他同学能够看到他每一次的进步与成就。

(4)同伴互助，个别性化辅导。让庆庆和班里的同学组成对子，相互学习指导。我尽可能地耐下心来，用他能够理解的方式讲解，如画图、讲故事、举例子等，同时我也让他给我讲讲在题目中都知道了什么，这些信息间有什么关系。我也在不断地学习怎样能够读懂他的内心、读懂他看到题目的想法，以及他的困惑。

(5)家校协作，共同探讨适合孩子的教育方式。多与家长沟通，把老师在学校对孩子的观察和可行的教学经验告诉家长。庆庆的家长也非常配合学校的工作，除了老师利用课下时间给庆庆讲解，家长到家后也会按照老师的方法，在家利用更多的学具帮助庆庆理解和学习。老师和家长及时沟通庆庆的每一个困惑及每一次进步。同时，我们也总结了什么样的方法更有助于庆庆的理解。

五、教学效果与展望

我和庆庆都在学习着，学习着怎样变成更好的我们。渐渐地，庆庆偶尔能够坐在座位上说出正确答案，我听到后从最开始的惊喜慢慢变成了欣赏。当我听到他的正确答案后我会点名叫他回答，后面庆庆竟然开始主动举手回答问题了，虽然次数不多，也都是一些基础题，但是能看到他在一点一点地进步。

在后面的测试中，虽然庆庆的成绩依然不是很理想，但是我相信对于他自己而言是有收获的。至少卷面上能够看出他在思考，他不再只是把题目中给的数字随便加一个运算符号就去算。他开始逐渐关注到更多的信息，如文字信息、图中的信息、表格中的信息。他尝试着理解数与数之间的关系，哪些有关联，哪些是多余信息。

直到现在我不再教他，我依然记得那个寒假回来，庆庆和我在楼道里遇到，他说了一句“我想你了”，还没等我反应过来，他就害羞地跑开了。

我想这会成为我教师生涯中每每想起都会热泪盈眶的画面吧。

实际上，每个孩子都是独一无二的个体，我们不能用自己头脑中已有的简单归因去判定孩子行为背后的原因，要更加细致地观察和分析，才能找到问题症结，给他们真正的帮助和支持。

“原”与“源”的深处
——轻度智力障碍学生语文学习观察分析[①]

明明(化名)是作为语文教师的我最为头疼的学生。妈妈告诉老师，他在幼儿园就坐不住，一年级刚上学时，上课前十分钟内能进入状态，还能主动参与学习，之后就不再看老师和黑板，不间断地玩耍，玩笔袋、铅笔、橡皮等东西。他有时会打断老师讲课思路，举手很积极，但经常被叫起来后答非所问。

明明在医院的韦氏智力测试结果为69，属于轻度智力障碍学生，伴随较为严重的注意力问题。学校大量的时间都在教授文化知识，明明很难跟上全班的节奏，自然难以专注听讲。一年级上学期他只是自己难以听讲，一年级下学期他已经开始影响别人了——钻桌子，地上爬。

学习效果可想而知。每次练习同学们的课堂练习册都密密麻麻地写满，只有他的练习题册红学“干干净净”，一次又一次上交“白卷”。

这样轻度智力障碍的学生是否还有学习的潜力可以挖掘？是否还有可能给他提供切实的教学支持？带着这样的想法，我从看拼音写词语这个他最经常出错的题型入手，探寻他学习困难的原因与源头。

一、触摸探寻蛛丝马迹

明明在“看拼音写词语”这样的题型上几乎每次都写不出汉字来。仔细查看他写的内容，可以发现，第一个拼音应该写“明亮”，他写成了“行李”(见图1)。

---

① 作者：郑敏，北京市西城区奋斗小学教师。

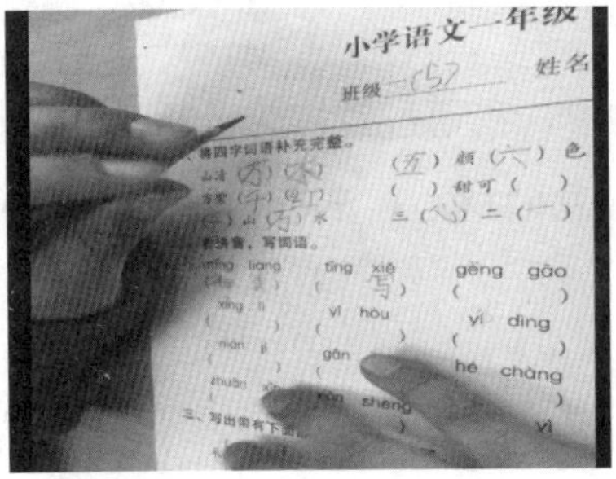

图 1 明明看拼音写词语

图 2 观察明明拼读情况

只看结果，我们的第一感觉通常是明明根本没有掌握词语。但是，真的是这样吗？

我尝试着给明明听写“明亮”一词，他正确地写了出来，这是怎么回事呀？听写时，书写正确，说明明明已经学会了词语的音与形。那么，答题时的张冠李戴就更有可能是明明拼音认读问题造成的。

二、抽丝剥茧，渐近本源

不过，要想有效干预，还需要更细致地分析。明明同学拼音认读有问题，是声母、韵母全不会？是声调有问题？还是拼读过程有困难？

接下来，我们顺藤摸瓜具体观察，继续探寻蛛丝马迹。我对明明同学试卷中没有写出来的几个词语进行了口述听写，他写出了“行李”“听写”“干净”“和唱(应该是‘合唱’)”，可以说口头听写时，明明同学字音和字形联结还是较好的。接下来，我又对明明同学看拼音写汉字的全过程进行了分析。

我手指着“gāo xìng”让明明同学拼读，他拼的是“g—āo —gāo，x—īng—xīng，x—ìng—xìng”。手指着“xiào shēng”，他拼的是“x—i—ān—xiān，sh—ēng—shēng”。同样的一个“ao”，在“gāo”中拼对了，“xiào”中却拼错了，这一迹象表示他可能单韵母掌握尚可，但复韵母学习还不牢固，在复韵母中，“ao”与“an”容易混淆。“xìng”他先拼成了“xīng”说明声调的掌握也不熟练。

接着，我又对明明同学的拼音进行了整体检测，印证了之前的推断，发现他已经掌握了声母、单韵母，复韵母却容易混淆。四个声调不熟悉，带调拼读也存在问题。

如此，在对“看拼音写词语”题型的观察中，我通过观察、分析、推断、验证，一步步抽丝剥茧，最终找出了学生问题的核心，渐近本源，为干预指明了具体方向。

三、寻踪觅源，拂尘见金

通过明明同学个案的观察与研究，我深刻感悟到，学生的学习过程是复杂的，影响学习效率的原因也是多方面的。教师需要仔细观察，找到线索，深层探究……很多时候，学生在学习中出现的问题表象看似是A(词语问题)，但进一步观察和分析后，或许更可能是B(拼音问题)。寻踪觅源的观察与研究才会拂尘见金!

如果是在观察前与家长反馈，我会对家长说：“明明同学的词语不会的情况太多，在家要多加练习。”观察到看拼音写词语与默写词语的区别后，我会这样说：“明明同学的词语掌握情况还是不错的，给您与孩子的努力点赞；但拼音还有待加强，在家要多加练习。”

分析了明明同学拼音掌握的具体情况后，我还能够给家长提供具体可行的建议：“明明同学的声母和单韵母掌握较好，但复韵母还需要进一步学习识认；带声调拼读需要多加练习。”事实上，我直接做好了带音调的拼音卡片请家长带回家，给明明做练习用。这样具体明确的任务对家长来说更容易操作，家长配合的积极度更高。一直在学习上困难重重的明明在拼音的识别和拼读上进步相当明显，这直接提升了他与家长的自信。

因为不满足于看到表面，我继续观察去探寻“原”与“源”的深处，寻踪觅源，最终拂尘见金，找到问题所在。并据此给出具体可行的建议，找到开启学生学习之路的“金钥匙”。

“看”与“看见”之间，无声的诉说

——课堂学习行为观察分析①

“要想看见，就要从蒙昧中睁开眼来。”这是柴静在《看见》中一句引人深思的话。在与学生的日常接触中，教师同样需要不仅“看”到表象，更要透过“看”而了解和觉察，真正地“看见”。

课堂是学生学习知识、获得能力发展的重要场所，然而总有些学生在课堂活动中收效甚低，不能与其他同学一样完成课堂任务。他们是游离了课堂活动吗？是未理解课堂活动的指示吗？还是存在特殊的、鲜为人知的需求呢？“看”似乎人人都会，但“看见”却并不容易，“看见”始于细致的观察，还需要专业的分析。

有这样一名叫小雄（化名）的孩子，小学一年级，7岁。最突出的问题就是“慢”。班主任语文老师反映，他在学校很难专注于课堂活动，完成课堂任务的速度比其他同学慢很多。老师将他安排坐在最后一个，并安排了助学小伙伴进行课堂活动辅助。课上，他几乎不举手，课堂练习无法完成全部内容。课间，小雄会很主动地擦黑板，但和同学没有过多交流。课后，小雄几乎每天都完不成作业。

小雄生长在高知家庭，祖孙三代住一起，而且爷爷对孩子要求很高，爸爸教育方式也很严苛。经常会因为在学校的一些表现召开家庭会议对小雄进行集体教育，家庭氛围紧张，小雄在家中没有话语权。

一、看——课堂观察实录

“我不是不会，就是写得太慢了。”带着小雄对自己不能完成学业任务的解释，我走进了他的一节语文课堂。

---

① 作者：王楠，北京启喑实验学校教师。

走进课堂时，正是听广播时间，同学们都在极力地坐好以求得老师对小组的表扬，此时的小雄则摆弄着自己的笔袋，而当我坐在他的身旁时，他如被按了按钮一般马上手背后坐好了，同时看向了我。我冲他微笑了一下，他继续转头看向旁边的校领导和来听课的其他老师。但是不一会儿，他就又开始摆弄自己的笔袋和书袋。当时我心想：

他动作比较多，“注意缺陷多动障碍”会是他写字慢的原因吗？

很快上课了，这是一节语文课的第 2 课时。教师布置完朗读课文、书写生字的任务后，其他同学立即着手任务，而此时的小雄桌面上空空如也，在看到同学的书后，他拿出了自己的课本却并未开始行动，而是再次看向身旁的同学，好似完全没有听到老师的指令。他是听知觉有困难，难以听清教师的指令，难以迅速进入状态而导致完成任务速度缓慢吗？

终于在明确了活动任务是速读文段后，小雄翻开了书，却只是敷衍地看着，而眼睛又慢慢看向了我，有了之前的疑问，我没有任何行动，怕过度吸引他的注意力。第二项任务是带读，他主动地举手，显得非常急切，身子都站了起来，得到老师的许可开始带读前，他却先回头看了我一下。带读过程他很专注，却在出现错误自我觉察的情况下，又重复了相同的错误。他会不会存在阅读障碍，所以阅读中很容易出错？

书写生字环节，老师先进行生字笔顺演示，其他同学都在认真地看，而此时小雄已经打开了练习本开始对照着课本书写，完全未关注老师的讲解。书写过程中，他握笔很用力，反复地涂改(见图 1)，回头看我的反应。这个过程中，他反复看书，看起来似乎是看一笔写一笔，而且还多次涂改，一个“帮”字竟然涂改了 20 余次。并且已经书写正确且比较美观的笔画，他还会反复描。开始我想他会不会存在识字困难，难以把汉字看作一个整体？但是进一步观察发现，他关注的主要是字的空间结构和占格布局，而且他的涂改并不是在写错的情况下，而是在书写正确，甚至非常美观的情况下。在此过程中他还不时地看向我，

图 1　小雄课上书写的“帮”字

我告诉他“你写得很好，很工整”。他却停顿了一下，又擦掉了那个我说写得很好的字，再一次看书，写字，看一下书写一笔。而此时老师已经开始了下一个字的讲解，同学们也继续着书写练习。一节课的最后，小雄仅仅完成了“帮”字的拼音和汉字书写，所用的时间大大超出其他同学。

表 1　小雄在语文课上的行为表现

活动任务	小雄行为记录
独立阅读	手指快速掠过，快速结束，关注听课教师
带读	主动举手，带读时在同一位置重复加词
小组研究记生字的方法	小组回答问题时，同桌答完第一个生字记法后，小雄从座位上蹿起来想要继续回答
学习“帮”字的书写	不看示范，直接书写，书写过程中握笔很用力
独立练习“帮”字	涂改 20 多次，反复看课本中字的结构和占格 听课教师给予肯定后，依旧涂改、完善

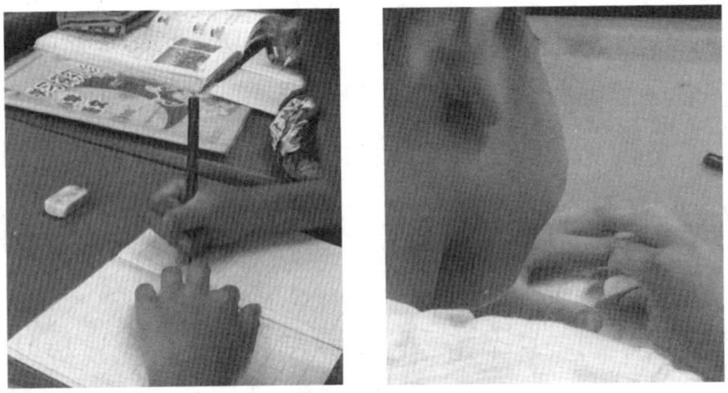

图 2　小雄握笔过于用力并反复修改

二、看见——探寻现象后的原因

带着看到的表象，我将小雄的课堂行为进行了以下梳理。

课堂初始，小雄的一些行为让我曾思考他是不是“注意缺陷多动障碍”？注意缺陷多动障碍的儿童并非主观上不想控制自己，而是客观上在一个学习任务过程中无法维持较长时间的注意力，而小雄能够长时间完成书写生字这一课堂任务，虽然完成得很慢，但却是独立持续进行的，表明他并非存在注意力问题，至少他的注意力问题并非十分严重。

而后他在阅读时添字，握笔用力，书写笔画慢，我当时在想，他是否存在阅读和书写方面的障碍？阅读障碍的儿童字词解码存在困难，即使遇到高频字也依然朗读缓慢，但小雄的朗读基本流畅，只是存在少量的添字情况，与阅读障碍不符。存在书写障碍问题的儿童，完成书写任务时常常出错，字体间架结构不合理，而小雄在未听讲授的情况下也能够完整地书写生字，并且字形整齐，结构对称，这是书写障碍的儿童做不到的。

那他是否存在听知觉问题呢？同学们听到指令立即执行，而他不是，是因为听不清吗？通过观察可见，他总是过多地观察听课教师与同伴，他的注意力过多地放在听课教师身上。为什么？是好奇，是紧张，还是考虑听课人对自己的评价……在带读环节，他踊跃举手，甚至身体探出座位。从这个行为表现可见，他急于得到肯定。

从上述的课堂实录可看出，小雄的行为其实都是在严格服从指令或是要尽力地表现自己，且因为过于想要表现好而产生了过多的焦虑，才出现了反复涂改、书写慢等行为。例如，校领导和听课教师的到来让平时根本不举手的他，一节课多次主动参与回答，他的注意力不在如何参与课堂教学活动上，而是如何获得好评上。在速读环节，老师要求指读，小雄不是把这种行为当成学习策略，而是为了完成“指”这个大家都在做的动作，他只施行了和其他同学同步这个指令，却并没有真正内化该学习策略。此外，他握笔十分用力，显得紧张；写一个字时反复看书，而这个字他已经认识、会写了，说明他看的是间架结构，希望自己写得更完美；即使在旁观者看来已经写得很不错的情况下，他还反复涂改更说明了这个问题。

通过对小雄成长经历和家庭背景的深入追问，我了解到他的家庭对他要求非常严格，几乎每周都有针对他学习问题的家庭会议。在学校老师也是要求他把字写漂亮。所以，很可能是在种种压力状态下，产生了“慢”这样的学习问题。

至此，我们看到的其实是一个小心翼翼、精神过于紧张的孩子。这次观察并不排除他可能存在一定的注意力问题，但他首先需要的支持并非技术层面的指导，而是心理上的支持。家长、教师的理解和接纳，才能让小雄体会到学习环境的安全，感受到学习知识的乐趣，才有可能进入与其他同学一样的专注状态。

将“看”到的表象结合专业知识的分析、梳理后，我终于“看见”了行为背后的“秘密”。行为像露出海面的冰山一角，以我们的眼睛，透过隐藏在海面下的巨大迷雾，不对看到的东西带有我们已有的成见，而是看见真实、看见孩子、看见鲜活的生命，“看”才能变成“看见”。

第二部分　安全、爱和归属感，环境的营造

——班主任的秘籍[①]

学习特殊需要学生在学习中会遇到重重障碍，最初，我们容易认为这种障碍来自学生的主观因素，如态度不正、习惯不好。通过第一部分的内容，我们可以了解到其实他们可能存在客观原因，如注意力、感觉统合、智力、特定的学习障碍等。然而实际上，还有一个非常重要的因素，那就是外在的环境。

孤立的障碍并不存在，它与环境相互作用。

如果外在环境是不支持甚至破坏性的，会加剧障碍的负面影响，让它从学业领域进一步扩散到情绪行为、同伴交往，甚至心理健康各个方面，衍生诸多新的问题。这种种问题正是孩子向我们发出的求救信号，然而，经常没有人能够懂，包括教师、同伴、家长，甚至包括他本人。

如果环境是支持性的，障碍的影响便会削弱。正如为盲人铺设盲道，近视者佩戴眼镜，虽然不能改变障碍本身，却能让有特殊需要的人携带障碍安心自如地行动。如此，障碍只是差别，只是一种特殊需要，只是自身特点的一种展现，只是让他和周围的人有机会看到与众不同的存在，体验这世界的多元与丰富，甚至支持性环境能够促进特殊需要成为独特的资源与优势。

马斯洛需求层次理论把需求分成生理需求、安全需求、爱和归属感需求、尊重需求和自我实现需求五类，依次由较低层次到较高层次排列。一般来说，先满足低层次需求才能继而追求高层次需求的满足。特殊需要

---

① 作者：王玉玲，北京市西城区教育学院教师。

学生也不例外，但是他们基本的低层次需求太难被满足。因为学业表现不良，他们很容易自我效能感低下、自卑退缩，还很容易被同伴嘲笑，被教师和家长误解、批评甚至惩罚。他们孤独、恐惧、渴望关爱，但学习障碍重重，学业上的突破毫无指望。于是，他们很可能下意识地伪装表现出自己对学习不在乎或者干脆放弃来进行自我价值保护；或者主动出击哗众取宠、搞破坏，以种种另类的方式“刷存在感”。在环境的影响甚至逼迫下，他们从单纯的学习特殊需要学生演变为情绪行为问题学生，甚至成为影响班级凝聚力、危及班级安全与常规的“破坏者”。

然而，他们毕竟只是孩子，而且是迫切渴望安全、爱和归属感的弱势的孩子。也许，他们会表现得让周围人厌烦、无奈，甚至恐惧，但是最为厌烦、无奈、恐惧的很可能是他们本人。即使在他们表现得无可救药之时，他们依然渴望能够有人把他们从重重障碍的深渊中拯救出来。这个能够拯救他的人最有可能的就是他的班主任。

班主任具有一定的教育专业知识与技能，又与学生接触密切，是最可能真正理解学习特殊需要学生的人，也是最有可能对其生存环境产生重要影响的人，这种影响包括对特殊需要孩子家长的引导、对同班学生的引导，甚至包括对班中其他家长的引导，以及与学校的沟通。

安全感、爱与归属感似乎我们再熟悉不过，我们一直在倡导的师德与师爱告诉我们应该为学生营造如此的成长环境。但有一点容易忽略：有效的师德、师爱背后的支撑是专业性，否则有可能南辕北辙、适得其反。

很少有班主任故意不想看到学生的需要，故意为学生的成长设置障碍，相反，有很多班主任在工作上投入了相当大的精力，然而效果却不尽如人意。其原因有可能是缺少对特殊需要的了解。有时，对某些学生，教师越努力，效果越差，对学生的伤害越大。不是故意为之，只是缺少对特殊需要必备的专业性。

“不是不人道，只是不知道。”

如何具有专业性地为学生营造良好的支持环境呢？会不会因太专业而多数人难以做到？不必忧虑，您本身就有这种潜能。本部分将以故事的形式，向您呈现班主任遇到的各种学习特殊需要学生带来的困扰，以及他们智慧专业地化解困扰的过程。

《“小”手环“大”力量》面对是一位典型的阅读障碍学生。作者既是班主任，又是一位心理教师。她借助融合教育、心理等知识与技能，不仅挽救了学生和他的家庭，还化解了陷入僵局的师生关系、家校关系，发挥了班主任独特的作用。

《有效的教育，始于科学的认识》中班主任面对的学生情况更为复杂，除阅读障碍外，还有严重的注意缺陷多动障碍。困扰教师的不仅有他的学业问题，更有行为问题甚至心理问题。面对这种复杂情况，班主任应该怎么做？案例向您娓娓道来。

“多动症”可以说是让班主任头疼的三个字。《将心比心，让分心转变为走心》的作者是工作 20 年的老教师，依据其多年积淀的成熟的教育理念，采用班主任并不陌生的教育方法起到了良好的教育效果。

教师应对行为问题的方式一般是“说教”，然而据研究，“说教”并非应对行为问题的良方。《当“说教”不起作用》从“行为功能分析”与增强自我管理能力的角度介绍了一种有效的干预方法。这种方法适用于案例中的超常学生，也适用于其他行为问题学生。

如果说超常学生急需解决的问题是“不愿”，那智力障碍学生则更多的是“不能”。《如海般接纳，如诗般信任》介绍了普通学校班主任如何为智力障碍学生提供力所能及的支持。

《“捣蛋大王”变形记》则介绍了一方面智力超常，另一方面又存在特异障碍的双重特殊学生。对他们的理解与支持难度无疑更大，案例将给您提供参考。

在本部分中，请您关注这样一些关键词——

建立关系，安全感，归属感，胜任感

教育生态系统，社会支持系统

正向视角，同伴关系，“停、想、做”

行为功能，行为契约，复盘，自我管理能力，强化

“小”手环“大”力量

——当班主任遇到阅读障碍[①]

一、背景：新学期——遇上“刺头”

新学期，我要接手一个新的五年级。暑假我进行了部分学生的家访，了解班级的情况。有一个名字我印象比较深刻，他就是小峰(化名)。这可是个“大名鼎鼎”的孩子，我对他早已未见其人，先闻大名。回想起，有一次老师们聊天，就说起过这个男孩：某一次听广播时他看课外书，被老师提醒后还接着看，老师把书拿走他就一屁股坐到地上，扬言老师打他，要去校长室告状。在这方面，他可是言出必行的，一、二年级时，他就经常去校长室告老师的状，老师在校长眼里的形象“岌岌可危”。

初见小峰我的印象是：衣饰整洁，表情紧张，回答问题被动，沉默寡言，但思维逻辑清晰。我印象很深的是，返校那天，让学生自己选座位，他选择了靠墙偏后的一个位置，摆出一副要和全班保持距离的姿态。他基本不写作业，偶尔写几个字，也是歪歪扭扭，错别字连篇。他的字字体结构不匀称，字的方向也常写错，频繁出现多一笔少一笔的现象。

开学后，我要建立班级飞信群和微信群，给小峰的家长发出邀请后，也如同石沉大海，没有回音。放学后他的家长通常都在距离大家很远的地方等孩子，回避和老师的接触，对老师有抵触情绪。

后据家长介绍，小峰在家的日常生活很正常，知道孝敬父母，有同情心，心地善良。只是在家很少学习，如果监督他读书或写作业，他就会发脾气、哭泣，晚上睡眠时甚至会出现梦魇或夜惊。

---

① 作者：赵昕，北京市西城区奋斗小学教师。

二、探求原因：表象背后——学习障碍带来的情绪问题

经过对他的了解，我知道了小峰上小学后，因为书写和成绩问题，屡屡被认为懒惰和不专心，经常受批评和指责，他的自尊心受到了伤害，慢慢变得不信任老师和同学，脾气暴躁。

经过一段时间的认真观察，我发现小峰写字时困难很大，需要把字分解才能写，导致他五个字会抄写成六个字；还会漏写笔画，字体的结构不匀称，常写出界；字的方向也常写错，如“切”的偏旁写反；多一笔少一笔是常事，比如把“丰”写成“非”；经常搞错形状相近的字，默写常常不及格。后来发现他也不喜欢朗读，我从家长处了解到他被诊断为读写障碍。

于是，我特意查阅了一些读写障碍的资料，了解到读写障碍者同时存在阅读和书写方面的困难，有的孩子视觉加工存在问题会让他们眼里的文字是反方向的，或字体在空中乱飞。这种异于常人的困难令孩子觉得很困惑、混乱。结合对小峰本人的观察，我确认小峰读写障碍的情况属实。他的字写不规范，并不是我们常规认为的不认真；总写出错别字也不是我们常说的没用脑子记。

因为目前社会对读写障碍缺少了解，而且学习问题又具有内隐性、不容易察觉。所以成人的不理解甚至批评指责，激化了小峰的情绪。于是，一个本需要在学习上得到专门帮助的学习问题学生变成了情绪问题学生。

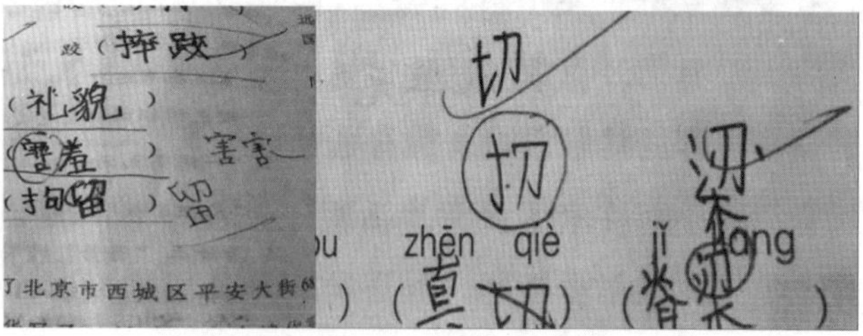

图 1 小峰的语文练习册书写情况

三、实施干预：基于研究的行动

(一)释放压力、建立良好沟通关系

依据精神分析理论，情绪激惹与痛苦是源于压抑。释放压抑的情绪能有效缓解激惹的情绪状态，减轻痛苦。我首先采用共情的方法取得了小峰的信任，与他建立了良好的沟通关系，并且提供疏泄机会，鼓励他把自己的内心情感表达出来。

当信任我后，他告诉我，他自己很想把字写好，已经很努力了，但是效果不佳，不仅写字速度慢，而且还不美观，得不到老师和家长的认可，同伴也不喜欢和他一起玩。他感觉周围的人都是和他作对，没有朋友，没有亲情，生活没有乐趣。我认真倾听，不打断他的话，并不给予任何建议，让他充分感觉被理解，获得释放的轻松感。

(二)多方协调、建立社会支持系统

小峰目前对自己已经严重丧失信心，帮助他恢复自信心的过程，需要建立社会支持系统并充分发挥其作用。我请学校的老师、同伴和家人(第三人群)积极参加其中。

首先，向第三人群介绍小峰的实际状况为心理问题而非道德行为问题，请第三人群充分理解小峰，确保不再出现非理性刺激，进一步稳定他的情绪。其次，请各科老师调整对他的评价标准，课上多给予关注，及时表扬鼓励。鼓励他多与老师、同伴接触，减少孤独和隔离感。最后，小峰家里养猫，我就鼓励他找有共同爱好的同学一起聊天，课间提示班级同学邀请他一起玩耍。叮嘱家长减少批评和说教，生活中多给予积极关注并及时肯定和鼓励。

我主动找小峰妈妈沟通，表示很理解孩子的学习障碍问题，不会歧视更不会放弃。也理解她的不易，为了儿子辞去工作，每天付出的比别人多，成效却未必高。就这样一次一次的真诚交流，打动了他的妈妈，让她主动加了我微信。

在征得小峰家长的同意后，在家长会上我让他讲讲自己的故事。他讲了自己写字遇到的困难，自己付出的努力，同学和老师的不理解和他自己的感受。在小峰讲的过程中，我看到他的妈妈流着眼泪在给儿子录像，其他家长们也在不停地擦着眼泪。之前家访时班里其他同学的家长都希望把这个脾气大、淘气、学习成绩不好的孩子转走，可这次家长会后，他们都搂着小峰，不停地说："你真棒！加油！"

(三)及时鼓励、帮助学生建立自信

人际关系理论认为如果人们相信自己，相信别人，并且具有自我实现和战胜危机的信心，就会缩短和安全渡过个人的情绪危机周期。

在外在环境调整的同时，我也注意及时鼓励，帮助小峰建立自信。只要小峰有进步，无论哪方面，我都看在眼里，都会在班里大力表扬，之前其他学生都不愿意和他坐同桌，现在他得到了同学、家长、老师的认可，表现越来越好。一次学校通知检查卫生，他当天早上第一个冲进教室，为班级做值日。语文课的第七单元习作，很多学生都写了《热爱集体的小峰》。

一次从国外回来，我送给小峰一对小手环，告诉他这是力量之环，会在学习上帮助他，并承诺他：在学校写不完的作业，可以回家写，能写多少就写多少。接受老师、父母的善意监督和鼓励，保持心情放松地学习，写作业不刻意追求书写的漂亮与完整，并与他紧紧地拥抱在一起。小手环在他的手上戴了一年了，他妈妈告诉我，他洗澡都不摘下来。写作业遇到困难，他就会看看他的手环，嘴里嘟囔着："我有力量之环，我一定行！"

四、反思效果：看到孩子——原来不需要"奇迹"

经过一段时间后，小峰的整体状态有了明显改善，参与活动的积极性增加，开始出现平和、乐观的情绪表达。以前写不完的作业，他现在回家后一定会完成，书写也越来越好。更可喜的是，那个学期的期末复习，书写障碍的他也能跟上记笔记了(见图 2)。

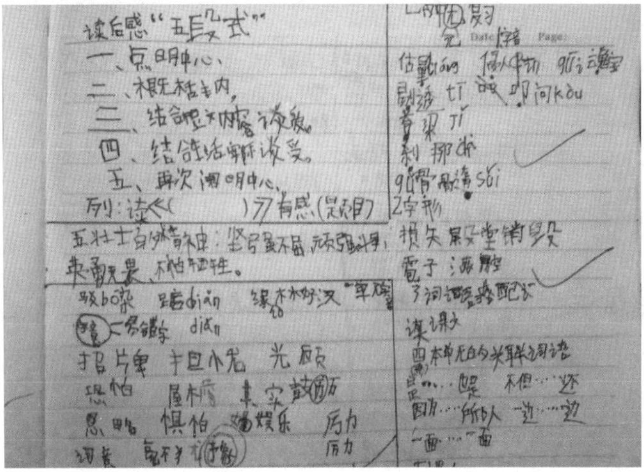

图 2　小峰的笔记

从小峰的案例中，我发现，对那些表现出严重情绪行为问题的学习问题学生，首先要看到真正的孩子，看到导致他们情绪问题的原因，理解其学习上的特殊困难。其次，引导周围的人一同给他创造一个良好、理解、支持的环境。同时，运用心理咨询的“积极关注”技术，充分挖掘问题学生的长处，杜绝非理性的批评责骂或唉声叹气。这样他才有信心去克服困难。

学校无小事，处处是教育。我们有责任帮助学生将心理危机转换成自我成长的良机，帮助学生重新认识自己、发展自己。“改变”首先需要的是用心“关注”，其次还需要科学的知识与专业的技术，如此“奇迹”才能如约而至。

有效的教育，始于科学的认识

——学习障碍学生的理解与支持[①]

一、惹是生非的“怪”男孩

成成(化名)的学习状态很特殊，他语文和数学听讲效果不好，根本就不听讲，但愿意完成简单的抄写作业(抄完也不认识字词)，能借助拼音朗读文章，但有时前鼻韵母和后鼻韵母部分，有些声母不分，由于会写的字不多，会的拼音不多，他的写作能力不强，一看到写作题就空着不写。数学能进行简单的计算，但速度很慢，5 分钟只能完成十几道题，遇到进位或者退位的题目，喜欢掰手指计算。能做对简单的应用题，有多余条件或者两问的应用题就很容易出错。数学应用题依赖老师或者家长给读题，如果让他自己独立做，他就会空着不写。

成成行为特殊。上班主任的课时，他绝大多数时间能在座位上不干扰其他同学，但一换成其他老师的课，他经常下座位，特别是语文课集体朗读课文时他表现得情绪激动。同学上前阻拦，他就会拿书扔人。科任老师也频繁告状，列数他下座位、出怪声、干扰老师上课。课间总是无意识地碰到同学，同学说：“你干吗撞我?”他就觉得自己根本没有碰到对方，是对方故意找事，就会很重地故意推挤同学，同学一还手，他会狠狠地踢踹同学。一次，同学对新来的老师说：“成成是我们班最淘气的同学。”成成很生气，下课时就拿铅笔扎那位同学，扎到了眉骨。

作为班主任，我课间一刻也不敢离开教室，一直在盯着他，生怕他又和谁发生了矛盾。每天看到他都会感到头疼，因为几乎每个课间都有同学找我告状，不仅是本班同学，几乎整个楼层的学生都会来找我。处理问题

---

① 作者：王娜，北京大学建筑大学附属小学教师。

时，他总是很笃定地说：“我没有！”一言不合，他就当着老师的面推同学，要不然就又蹦又叫。有时他也会痛快地承认，但是向同学道歉时嬉皮笑脸，故意结巴地说：“对、对、对不起。”

每次遇到这种情况，我都忍不住会把成成批评一番，并把他的情况告诉家长，甚至有时把家长请到学校解决问题。我们约定如果他主动动手打同学，就把他喜欢的高达玩具或者铅笔赔给对方，他会稍微有所收敛，但第二天就又恢复原状了。家长也表示很无奈，我起初认为成成就是态度问题，后来通过专业学习与评估，才发现背后另有隐情。

二、专业评估与原因分析

我们采用北京师范大学舒华教授团队的“阅读障碍评估工具”对成成进行评估，结果显示：

与同龄学生常模相比，成成识字量落后于同龄人一个标准差，并且数字快速命名测验、语音意识和语素意识明显落后(见表1)。成成测验过程中注意力分散，导致词表朗读和三分钟阅读测验不能顺利进行。成成的注意力分散可能导致测验结果可信度较低，无法得出可靠结论。虽然这一评估未能全部完成，但已充分提示成成可能存在阅读障碍。这就可以解释为什么他识字与阅读中存在的种种问题，以及为什么依赖家长阅读数学应用题题目。

表1　成成阅读能力评估结果

测试能力	测验任务	标准分
阅读能力	汉字识别测验	−1.91
	词表快速朗读	—
	三分钟阅读理解	—
阅读相关认知能力	数字快速命名	−4.72
	语音意识测验	−2.86
	语素意识测验	−1.56
	正字法意识测试	1.13

为验证注意力问题，采用美国《精神疾病诊断与统计手册(第四版)》请教师对成成进行评估，结果显示成成得分较高，可能存在重度注意缺陷多动障碍。目前还没有去医院确诊，但确实可以解释他的一些行为，如成成课上容易分心，小动作过多，甚至会不受控地下座位。而且遇事冲动，难以忍受等待。

后来我请家长填写感觉统合筛查表，发现成成可能存在一定的感觉统合问题。进行视知觉、听知觉测试，发现二者均低于同龄学生(见表2、表3)。从测试结果可以解释成成的某些行为，如他空间位置和空间关系不良，所以容易碰触到同学或桌椅，并且由于触觉、本体觉等感觉统合问题，他对碰触同学的轻重感知不准确，让人误以为他故意很重地推同学。另外，他的听知觉存在问题，尤其对环境声音比较敏感，很容易受到外界声音的干扰，当外界声音比较大时，比如同学们在自由读课文，或者进行小组讨论，他就会比较烦躁，易冲动，不受控制地到处乱跑。

表2　成成视知觉测试结果

得分	手眼协调	空间位置	图形描摹	视觉辨别	空间关系	视觉填充	视动整合速度	图形恒常性	总分
标准分	0.58	−1.75	−2.64	−0.52	−1.72	−1.59	1.06	0.00	−0.14

表3　成成听知觉测试结果

得分	音素辨别	环境声音	同音字辨别	节奏辨别	押韵辨别	总分
标准分	0.17	−1.00	−0.90	0.29	−0.91	−0.67

家长认为“棍棒底下出孝子”，妈妈生气时口不择言，骂他“神经病”或者更难听的话。而且妈妈的脾气大，经常扔东西发泄情绪，有时会把他从梦中惊醒，他早晨起床会发现地上都是玻璃碴。因此他也用妈妈骂他的话骂别的同学，用打的方式处理与同学之间的矛盾，这样导致他的人际关系越来越差。

至此，才明白这个惹是生非的男孩多么身不由己。他不仅存在障碍，而且可以说障碍重重。加之周遭对他的误解甚至指责，他的归属感、胜任感都很差。同时，家庭的不良示范，他不会用正确的方式处理同学之间的关系，感到很孤独，没有一个朋友。在学习上他已经放弃，不愿意写作业，或者边写边玩，很多课堂作业拖到回家写，他经常要写到十点、十一点，他觉得自己付出很多，却得不到认可，所以他产生了自暴自弃的情绪。

三、教学措施和实施过程

(一)与家长有效沟通，给孩子安全感

孩子的成长和改变离不开家庭，只有家长对成成的态度改变了，让孩子感觉到被理解、被接受，有了足够的安全感，孩子才能改变。因此我首先把成成爸爸约到学校沟通，并把测试结果拿给爸爸看，对测试结果进行了解读。爸爸以前总觉得成成是故意的，现在才明白是误会了他，懊悔自己和妈妈对他的关心不够，总是用不好的态度对待孩子。成成爸爸主动承认孩子的情况越来越严重与自己有关系，决定和妈妈一起，从多陪伴孩子、多鼓励孩子开始，用商量的语气与孩子沟通，告诉孩子怎样用正确的方式与同学沟通交流。除此之外，爸爸给孩子报了感觉统合的相关课程，每周进行 2 次有针对性的训练。

在此基础上我跟成成沟通他和别的同学发生矛盾时，家长不要一味地指责孩子，而是要教给孩子解决问题的方法。比如成成总是碰撞同学，也许不是故意的，因为他控制不了合适的距离，我建议爸爸让成成知道每个人距离、疼痛感觉是不同的，如果遇到自己掌控不好距离的情况下，学着提前说："大家让一让，我要过去。"待同学们让开时，自己再通过，这样就不会再冲撞到同学，同学们还会觉得他很懂礼貌。由于他难以读懂题目，学业能力不足，自卑情绪强烈，胜任感不足，影响正常与同学交往，所以，我建议家长在家里可以和成成一起读题，也可以先由家长读题，成成再重复，这样可以减少他的紧张感，让他愿意尝试阅读，逐渐提高阅读的信心。

这次的沟通效果很好，家长的态度和方式改变了，成成也发生了改变。

(二)满足特殊需求，增强胜任感

1. 课上同伴助学

因为存在阅读和注意力方面的问题，成成很难完成当堂作业，为此给他安排了一个合适的助学伙伴小郑。小郑学习效率很高，在不影响自己学习的前提下，可以有时间给成成读题，甚至在成成接受的情况下，给予行为监督和题目讲解。

以数学课为例，之前成成因为读不懂题，在别人争分夺秒地写当堂作业时，他费尽心思地猜题，或者干脆放弃。小郑先让成成自己读题，如果读不了小郑会给他读一遍。小郑总会比其他同学更快地完成作业，再看成成的完成情况，如果存在问题再给予讲解，有时成成表现好会奖励成成多休息一会儿。成成终于能够快速完成数学课堂作业了，他很高兴地找我来判，所有题目都对了，我就及时表扬鼓励他和小郑，并奖励给他们每人一个小奖章，他们两个都很开心。结果，越来越多的孩子愿意帮助做题较慢的同学，我也及时给予了奖励。

不仅成成的写题速度提升了，其他同学的做题速度和准确率也得到了提升。全班互助的氛围在不知不觉中形成了。

2. 课间做手工

课间是成成"事故频发时段"。憋了整节课，课间他总想多动动，但班中比较拥挤，他空间感不好，很容易和同学发生碰撞。为此我想到了一举多得的办法——建议家长准备一些彩泥或立体纸工，让他课间做手工。

从行为角度考虑，用新行为替代问题行为，课间忙着做手工，就没时间和同学发生矛盾了。从成成自身特点来考虑，他非常喜欢这类活动，而且动手有助于他注意力的保持，并且，还可以用做手工改善同伴关系。有时他的纸工会得到同学的赞扬，同学们用赞赏或者羡慕的眼神看着他，他的自我认同感也得到了强化，高兴时，他也愿意与同学说说自己的想法和做法，有时还把自己的小制作送给同学，同学之间的关系缓和了许多。

3. 课余增加运动量

成成说非常喜欢疯跑，只可惜很少有这样的机会，他除了上课就是回家写作业。后来我理解大运动是他本能的需求，运动不但对他无害，还有助于将他的注意力维持在适当的水平，为此，在他觉得烦躁时，我就会在征得他同意的情况下课间带着他去操场跑步。另外，我建议家长在放学后增加孩子的活动量，可以多带孩子去操场跑步，正好也有很多同学愿意去操场玩，这样孩子们在玩的过程中可以改善关系，让他在运动之余，收获快乐和友谊。

(三)促进同伴交往，给孩子以归属感

我利用班会，开展一系列的活动，告诉全班同学如何正确处理同学之间的矛盾，建立成成的归属感。

我利用同学之间无意碰撞的例子，告诉所有同学，有时你碰到了同学，你并没有感受到，这时对方告诉你，你就应该真诚地说“对不起!”，表示你不是故意的，这样同学就不会误会你，你们还是好朋友。在这次沟通之后，凡是看到有及时道歉的同学，我就及时表扬和鼓励，并发给他们小奖章。这样，包括成成在内，学生们之间的矛盾也减少了很多。

我开展了“发现身边的美”活动，请同学观察班中好的现象，或者进步比较大的同学，然后告诉对方他很棒！我首先以身作则，多表扬和鼓励学习潜能生在其他方面的优点和进步。而当成成有进步时，我都会大力表扬和鼓励。在我的引导下，很多同学观察事情的角度发生了改变，不再只是盯着同学的不足，而是开始欣赏同学的优点和进步。

在周五的班会上我发给每个孩子一张精美的便笺纸，让他们把自己的赞扬写在上面，送给被赞扬的同学。我发完了便笺纸，同学们正在冥思苦想，一个同学说：“老师，能写成成吗？我觉得他进步挺大的。”我说：“可以呀！你有一双善于美眼睛，发现了同学的进步！你真棒!”出乎我的意料，全班有 29 个学生，有 14 个学生给成成写了表扬信(见图 1)，孩子们的语言虽然稚嫩，但他们的肯定很珍贵，因为他们的肯定给了成成改变的动力和信心。

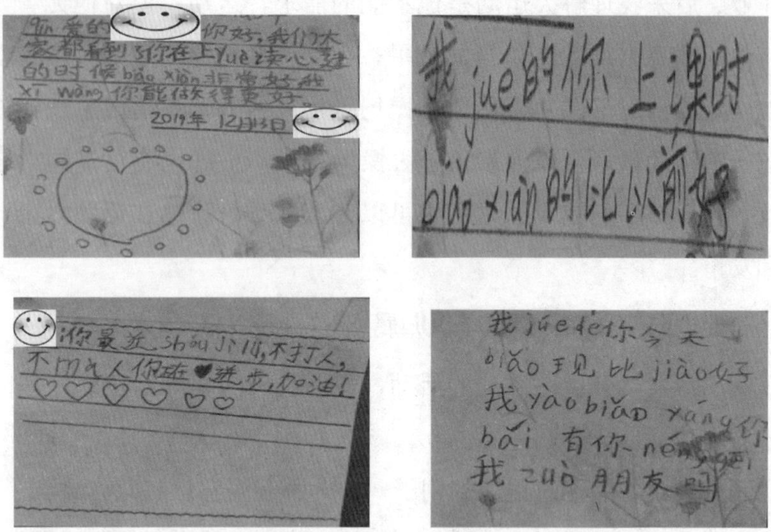

图1　同学们的表扬信

成成很开心，他把同学们写的表扬信郑重地收到文件袋里，还表示回家就给爸爸妈妈看。我乘机对所有同学进行了表扬，并引导他们认识到用欣赏的眼光看待同学，自己和对方都能收获快乐，鼓励他们继续努力。

当天放学后，我把这件事告诉了成成的父母，成成的家长也很开心，表示一定会更好地进行教育，让孩子越来越好。

四、教育效果与反思

现在成成变化很大。课间在碰到同学时有时能够主动道歉，态度也很诚恳，同学之间的关系改善了很多。数学课上，当他说话或者下座位时，老师一看他，他就会回到座位上，不再说话。科任课上的进步更大，老师们下课后不再是找我告状，而是表扬他，他在旁边听着，也特别开心，再上课时就会表现得更好。他也愿意在学校完成简单的题目，遇到不明白的题愿意找同学解答，完成作业后也主动找老师批改。

反思成成进步的背后有几个“转变”起到了关键作用。

从误解到理解。起初家长认为成成就是态度不好，习惯不好，当他出现问题时，就是简单粗暴地训斥，现在家长能够正视孩子的问题，控制好情绪，能够用温和的方式进行引导和教育。

从要求到支持。教师和家长之前是简单地提要求，成成已经很努力了，但是因为能力有限，他无法达到要求，就产生了极强的挫败感，现在家长在家辅导时，给予孩子理解和支持，老师和同学给予他帮助，帮助他建立归属感，他内心渴望被理解、被认同，在我们的共同努力下，他的心理也在逐渐发生变化。

从排斥到接纳。无论是家长还是同学，起初对成成都是排斥的，甚至有的同学家长教育孩子离成成远一些，现在同学愿意帮助他，他也愿意与同学交往，在宽容理解的氛围中，他的改变会更大。

从主观臆断到科学认知。教师和家长起初仅凭主观想法，片面地误解了成成，没有采用正确的方法来帮助成成，导致他的情况越来越严重。现在教师和家长从科学的角度认识到他的问题，并尝试采用恰当的方法，使成成越来越快乐，并愿意与同学相处，愿意不断努力。

有效的教育，始于科学的认识。愿所有的孩子都能在被接纳理解的氛围中健康快乐地成长！

将心比心，让分心转变为走心

——当班主任遇到注意缺陷多动障碍[①]

一、遭遇“混世魔王”

三年级，作为班主任，我迎来了一个崭新的班级。早先略有耳闻，班里“稀奇古怪”的孩子不少，每每都让任课老师头疼。接手这样一个班级，委实具有挑战性。凭借20年的教育经验，我对自己说：其实“乱班”里面，聪明的孩子反而多。耳闻不如目见，走近，进而走进他们，也许不一样的他们就会与我欣然牵起手来。

班里的小辰(化名)就是一个让老师们头疼的孩子，存在注意力不集中的情况。随着对他了解的不断深入，我知道了，每周他都会到相关机构进行注意力方面的训练调整。在一二年级没有知晓孩子有注意力方面缺陷的时候，他的一些行为没有被家长和老师理解，得到的更多的是训斥批评，于是他破罐破摔，逆反心理严重。课堂上随便在教室里乱跑，记事从来不抄，作业想写就写，经常不写，课间胡闹，随口说不文明的话……种种劣行使得他成了大家眼中的“坏孩子”。通过对“注意缺陷多动障碍”方面知识的学习，我清楚地知道了小辰的注意力问题是一种神经生理问题，不是不良教养的结果，也不是孩子任性、不听话的结果。而小辰现在呈现出的种种“劣迹”，却是由于教育不力，使他原本单纯的注意力问题，逐渐发展为情绪行为问题，甚至成为周围人眼中的“品行”问题。

后来，小辰的家长知道了他注意力缺陷的问题后内心矛盾重重：对于他在学校的过分行为，如果因障碍纵容，势必状况更差；如果严惩不贷，又怕挫伤孩子。可以说，对他心平气和地谈话，他恃宠而骄；对他气急败

---

① 本文发表于《教育家》2022年第6期，第18页，原题为《将心比心 让分心转变为走心——注意力分散学困生个案》，内容有改动。作者：张旸，北京小学红山分校教师。

坏地训斥，他逆反无效；对他投其所好地奖惩，他佛系无视。

可是令家长没有想到的是，就是这样的一个软硬不吃的“混世魔王”，却在三年级开学后的几个月里进步明显。

二、教育过程与方法

(一)正向视角，重建成长自信

我刚接班，小辰的事迹如雷贯耳，但我心里对待他和对其他同学没有任何不同，我还是想好好了解他。我们第一次相遇是暑假家访。我发现他的眼神是警惕畏缩的，心里一阵心疼，随口说了一句“小伙子，真帅!”如同魔法般，小辰原本警惕畏缩的眼神骤然明亮，倒水、推荐图书、带我参观宠物园……孩子忙得不亦乐乎。

妈妈告诉我“小辰是个特别需要鼓励的孩子”。我用心牢记她的这句话，发掘一切可能去鼓励小辰——他说话用“您”时，我表扬他懂礼貌；他偶尔发言时，我发短信告知妈妈；他接下茬时，我化批评为表扬，夸他越来越会听讲……让他不时在作业本上看到：“今天主动发言了，真棒!”“每天看到你的点滴进步就是老师的幸福!”“作文越来越精彩，用心做事会更棒!”……在开学的几个月里，对于他的“闪光点”的挖掘，我是真的走心了。我不停地去表扬他、鼓励他。在我看来，唯有不断地肯定，才能对其行为习惯进行正向强化，树立他自己对向好这件事的自信，让他从“爱谁谁”的状态逐步变得做起事来也会走心了。

随着时间的推移，虽然小辰仍然会有作业、听讲、打闹等问题，但是从家长的反馈中，我可以看出他在自律、自觉方面还是很有进步的。

心理学研究表明：人最大的愿望是做一个被人肯定的人。每个人都渴望自己被人欣赏，成人如此，小孩子也不例外。在一次次对于其他孩子来说无关痛痒的表扬下，小辰和我越来越亲近。因为这样的表扬对他来说，太过稀缺而尤显宝贵。“希望”是“改变”最重要的成分。小辰的改变不仅给他自己和他的家长以面对今后成长的自信心，在一定程度上，也给了我自己帮他不断改变自我的信心。

(二)调整标准，助推成长步伐

小辰呈现出好转的态势，但是和别的同学相比，他依然相差很多。如果按照全班公平公正的原则，他很难达到标准。我深深理解，这并不是因为他不够努力，恰恰相反，他已经付出了比其他普通学生多得多的努力。但注意力缺陷这一生理原因让他即使付出超于旁人的努力依然难以达到相近的效果。如果我是他，该是多么失落啊！同样的学生给予不同的对待是一种不公平，不同需要的学生强加相同的要求也是一种不公平。于是，我决定调整标准，帮小辰设定一个个“最近发展区”，让他能够感受到成长与成功的喜悦——字写得有些乱，但是只要写全，就给优星；规定 50 枚印章换奖品，他只需 30 枚，换奖品时我还特别给他表示很棒的“棒棒糖”……我相信，通过不懈的努力，总有一天，小辰也会在和同学们相同的评价标准下，获得大家的认可。

现在的小辰就像变了一个人，调皮捣蛋的行为越来越少，正向行为越来越多——及时抄记事，按时交作业，发言更积极，专注力持续时间更长……同时他也越来越自信，他曾骄傲地告诉妈妈自己的语文学习最出色。同时，我也不忘和他的家长及时地短信或见面沟通，除了赢得家长的理解、支持、感激之外，更多的是让家长感受到家校协同教育，孩子完全可以良性成长，越来越棒。

(三)关注情绪，优化成长环境

特殊学生自然就会发生特殊事件，面对突发事件，如果处理不当，可能就会给这些孩子原本就困难重重的成长之路再增阻碍。有一天，小辰妈妈征求我的意见，想要和英语老师沟通孩子英语考试的事情。通过了解，我知道英语老师误会小辰考试偷看同桌，取得了 90 多分的好成绩。而事实是，好成绩源于小辰课上注意力更为集中，课下主动学习、复习的劲头更足。作为班主任，我十分理解英语老师对原来成绩堪忧的小辰的小误解，因为他的变化确实很大。但是，这多少还是让小辰有些沮丧，家长情绪也有波动。

维护自尊是像小辰这样情绪波动大、内心脆弱、有注意力缺陷问题的孩子强烈的心理需求。基于这点认识，我和英语老师商量不再让小辰重做试卷，让他感受到老师对他的信任。家长感动、感谢之余，更加认同我的观点——这个误解是因为小辰没有能够有效地控制自己的注意力，有抬头走神的情况，所以在行为上给了老师和同学们误导。如果平时能够做事走心，在行为习惯上严格要求自己，就一定会改变大家对自己的看法。此时的小辰也认识到还要严于律己，用心做事，并为自己设立了更多小而实的目标，想要通过不断努力，用实际行动，秀出积极的学习状态，收获优秀的学习成绩，成为大家眼中的“好孩子”。

这次突发事件的解决，让我意识到小辰尤其需要我们的尊重，因为给予尊重就等于送给了他一个友善支持的成长环境，更送给了他一个积极的自我概念，他也将以更加良好的心态面对后面的学习生活。这样才更有利于提升学生的自信心，引领他们舍去短板，走向成功，感受成长的快乐。

三、教育反思

反思我所做的，仅仅是将心比心，却让一个分心的孩子变得有心、走心。将心比心，说起来似乎简单，仅仅需要教师的爱就足够了，其实它更需要的是“专业”，需要教师对学生更深入的理解和对教育更正确的认识。就注意缺陷多动障碍、注意力不集中来说，不专业的老师仅仅看到学生的分心、多动、冲动，却很少用心体察他们的敏感，会直观误认为他们没脸没皮，不狠狠教训不行。殊不知，对他们而言，鼓励犹如沙漠中的水一样宝贵。不专业的教师会担心如果采用不同标准，会破坏教育公平，殊不知，真正的公平是满足每一位学生的特殊需要。执念于必须完全一样的公平，只会让这些孩子无论多么努力，都毫无效果，看不到曙光，进而放弃，用“我并不想好好学”来掩盖能力的不足和内心的无助。

萨提亚理论提出：改变不是消灭、清除或是推倒重来，而是添加，在原有基础上改善。随着时代的变化，老师势必会面临一个个更加错综繁复的家庭，也势必会遇到更多所谓的“问题学生”。难道我们只能无声感叹“小儿难养”“孺子不可教”吗？其实他们的成长更需要教师坚守“静待花开”的原则，怀揣信心，报以他们百倍的耐心与爱心，用智慧做走心的教育，让他们在成长发展的历程中，生命得到滋养，不断向好，花开灿然。

当“说教”不起作用

——超常学生课堂扰乱行为的分析与干预①

一、研究背景

智商处于顶端2%～3%的个体可被认为是超常个体。在教育实践中多采用智商分数在125～130水平作为超常儿童的起始分数。[1]我国学者多认为超常儿童是有特殊教育需要的儿童，普通教育无法满足其发展的需要。[2]但我国超常学生绝大多数被安置在普通学校。由于特殊需要难以满足，多数普校的超常学生不但不能充分发挥自身的潜力，还表现出较为严重的问题行为，其中比较突出的是课堂扰乱行为：违反课堂行为规范和教学要求，影响正常课堂教学秩序、教师教学、自身及他人学习。[3]

扰乱行为往往最为教师所关注，也是目前学校问题行为干预、有效教学研究中最常被提出的问题。纵观近二十年，课堂问题行为的干预理念和干预方法发生了诸多变革。在干预理念上，从注重问题行为出现后的干预转向出现前的预防；在干预方法上，从注重提升教师问题行为解决策略转向学生自我管理；在干预对象上，从关注学生或教师个体转向干预整个教育生态系统。[4]其中，自我管理在提高情绪和行为障碍学生的学业成绩，解决注意力障碍、孤独症行为问题等方面的效果得到了证实。[5]但目前专门针对超常学生课堂扰乱行为的研究和案例还较少。本文具体阐述如何基于行为功能分析，制定并实施干预方案，以增强超常学生的自我管理能力。

二、个案描述

小鑫(化名)，普通小学三年级学生，男，8岁。韦氏智力测试Ⅳ总智商147，百分等级99.9。其中言语理解指数146，百分等级99.9；知觉推

---

① 本文发表于《教学与管理》2019年6月，原题为《普通小学超常学生课堂扰乱行为干预个案研究》，内容有改动。作者：王玉玲，北京市西城区教育学院教师。

理指数 134，百分等级 99；工作记忆指数 132，百分等级 98；加工速度指数 122，百分等级 92。属于超常个体中的佼佼者。

小鑫各科学习能力强，发言积极且富有创造性。其中语文学科能力发展不均衡。阅读能力强，酷好阅读，识字量大，周一到周五平均阅读时长不低于 1 小时，周末家中阅读一整天不知疲倦。阅读兴趣广泛，文学、科技，甚至包括成人专业书籍。但他书写因在家中几乎不练习，在班中最差。书写速度慢，间架结构欠合理，各科考试常常因书写错误和不规范扣分。家长工作繁忙，很少关注孩子学习，甚至很少与孩子交流。小鑫本人和家长对考试成绩都不太在意。家中很少按照要求完成预习和复习，各科成绩能保持班中前列，但因为马虎、书写等原因很少满分。小鑫爱好广泛，包括武术、绘画、钢琴、编程等。他性格腼腆，从一年级起几乎没有主动参与过公开场合独立展示活动。但他私下伙伴交往时性格活泼开朗，与聊得来的伙伴关系较好，同伴交往中存在愿聚不喜散的现象。

从幼儿园到小学，小鑫的课堂扰乱行为都是教师最为头疼的。具体表现为上课随意聊天，趴在地上，擅自离座，体育课排队时游离于队伍之外，等等。教师对其进行道理说服、回家练坐等教育方式，他状态时好时坏，平均坚持 1～5 天上述不良行为逐渐复现。进入三年级后，小鑫明显违乱课堂纪律的行为(如趴在地上、随意离座等)已经很少，但上课聊天的行为依然存在，且聊天时间有增加的趋势。具体表现为课上未经教师允许随意与同学聊与课堂教学关系不大的事情，聊天过程中伴随嬉笑、隐蔽的打闹动作，有时控制不住音量，影响全班正常教学秩序。随着学习难度的增加，小鑫由于课堂不听讲，考试成绩差距开始显现。

三、行为功能分析

要有针对性地解决行为问题，首先需要了解行为功能，为此我对小鑫课堂扰乱行为进行了观察分析。一个不断扰乱周边的孩子的形象清晰地呈现出来：以某节语文课为例，他与同桌聊天累计高达 25 分钟，不聊天的情况仅为上课的前 5 分钟、发言、书写和聊天被发现后的几分钟。其余时间一直和同桌眉飞色舞地聊天。但语文课一结束，两人马上分开，各自找其他伙伴玩耍。访谈小鑫得知，他认为语文课内容过于简单，不用听课自己也知道。同桌两个人聊得来，课上聊天的内容多半与教学内容无关。上课时其他同学不主动找他，或者拒绝和他聊天，所以上课时与同桌聊，下课后再找其他同学玩。通过观察与访谈，了解到聊天的具体行为与内容，从中还看到一个寻求各种机会玩耍、要把课堂变成丰富多彩娱乐节目的孩子，甚至集体朗读课文都能与同桌玩得不亦乐乎，如把课文中的“老屋已经活了一百岁了”读成“新屋已经活了一岁了”。具体情况可见表 1、表 2 的描述。

表 1　小鑫语文课聊天问题行为基本情况

行为	形态	频率	持续时间	强度与影响
上课聊天	课上同桌先找小鑫聊与课堂无关的内容	1～3 次/节	5s～5min	起初行为较为隐蔽，逐渐旁若无人，甚至大声发笑，因兴奋突然起身。影响教师讲课
	课上小鑫先找同桌聊与课堂无关的内容	2～5 次/节	5s～5min	

表 2　小鑫某节语文课聊天问题行为观察 ABC 记录

活动	立即前提	问题行为	后果	功能
语文课教师发管理指令	端坐、打开书等	同桌两人边完成指令边暗自嘟囔“好无聊、好无聊……”	教师与周围同学没有反应	逃避简单任务
语文课等待时间	教师写板书、擦黑板等	同桌两人对视、迅速谈笑	教师有时没有发现，有时发现眼神制止	获得关注
语文课下达集体活动指令	请全班自由朗读课文	同桌两人嬉笑着按照相反语义朗读，如原文“老屋已经活了一百岁了”读成“新屋已经活了一岁了”	周围一男生发现跟着嬉笑，教师没有反应	逃避简单任务
语文课教师提问	小鑫举手，没被叫起	小鑫主动找同桌聊天，持续不断，且声音越来越大	周围同学陆续关注。教师先目光制止，无效；教师走到学生跟前，用书轻叩学生桌面，聊天停止	逃避简单任务 获得关注

综合直接观察和访谈可得出以下的结论性陈述：

小鑫上课只与同桌有聊天行为，但课下与同桌立即分开各自寻找玩伴，可见聊天只是逃避课堂情境的一种行为。面对他来说相对简单的任务(遵从指令、朗读、回答问题等)，他多有聊天行为；而面对他来说相对困难的任务(如书写)，则精力高度集中，没有聊天行为。可见他的课上聊天的问题行为功能之一是逃避简单任务。

小鑫每次都积极举手回答问题，一旦未被叫起就主动与同桌聊天，直到被教师发现制止。这些表现指向其课上聊天行为功能之一为获取关注。他渴望获得教师的关注，在未被叫起的情况下转而寻求同桌的关注。结合小鑫父母难以给予充分关注的情况，判断小鑫由于家庭关注不足，渴望在学校获得更多的关注。

四、干预过程与方法

(一)复盘与目标调整

“复盘”这个词最早来源于棋类术语，指每次对局后，要在棋盘中重新走一遍，以检查对局中对弈者的优劣与得失关键。人学习有三种途径，向自己学习的最佳方法就是复盘。[6]

考虑到小鑫个性腼腆，在教师与家长充分沟通后，复盘由家长执行。复盘片段如下。

家长：举个例子，你在什么情况下聊天的？

小鑫：老师问“课文主要内容是什么”。

家长：你会吗？举手了吗？

小鑫：会啊，举手没叫我。

家长：那你现在说说课文主要内容吧。

小鑫详细复述课文(具体略)。

家长：讲述得特别完整，不过，你这个回答要扣分，因为回答的不是“主要”内容。你知道同学们怎么回答的吗？

小鑫：不知道。

家长：那你知道老师怎么说的吗？

小鑫：不知道。（表情严肃）

家长：同学们在一个教室里，不只是为了学习知识，更重要的是学习倾听和回应。如果只是为了学习知识在家里看书就可以了。

小鑫：哦！我没想到！（表情更加严肃）

家长：如果下次老师提问，你觉得很简单，举手了但是老师没叫你，你想怎么做？

小鑫：我听别的同学是怎么说的，听老师是怎么说的，把我的答案变得更好，想想哪些是我以前没想到的。

家长以平等的姿态与小鑫讨论，让小鑫自己意识到行为得失，并设想再有一次可以怎么做，帮助小鑫调整学习目标：不仅仅是学习知识，还要学习倾听和表达。如此对小鑫来说，课上全程认真听讲变得有意义了，不聊天这个行为对他来说不仅仅是外在的要求，也是内在的需要。

(二)行为契约增强自我管理能力

“自我管理”是指个人应用行为改变策略以达到想要的行为改变。应用行为分析常使用行为契约教孩子自我管理。“行为契约”(behavioral contract)为一份具体说明，陈述下列两者之间的后效关系：①完成一个具体行为；②取得或提供一种具体奖赏。[7]

经充分讨论和平等协商，教师、父母与小鑫之间订立了这样一份契约：小鑫保证语文课不聊天，如果聊天一次，一周不能玩他最在意的网络游戏；聊天两次，两周不能玩……依次类推。若做到一周不聊天，奖励翻倍时间玩网络游戏。若坚持一个月，奖励小鑫任何一个想要的玩具。由班主任和其他任课教师作为管理伙伴，协助监督契约的执行。由父母兑现奖惩。

协商后确定由小鑫对其语文课进行自我监控。自我监控是指个体观察他试着改变的行为并对该行为作出反应(通常是做记录)的过程。[7]小鑫监控记录两种行为：一是上课聊天的次数；二是想要聊天而最终控制成功的次数。若上课时出现“聊天”或“想聊天”的行为，在自我管理数据记录表上相应位置依次画“正”字的一笔，若没出现写数字“0”(见表3)。

表 3　自我管理数据记录表格

<table>
<tr><td colspan="7">姓名：　　　　　　　数据：
如果出现列表中的项目，在相应位置画“正”字的一笔。
如果没有出现列表中的项目，在相应位置写数字“0”。
今天的目标：　　　　（例如，聊天 0 个，想聊天 15 次以下。）</td></tr>
<tr><td>目标行为</td><td colspan="6">不聊天
专心学习</td></tr>
<tr><td>课时</td><td>1</td><td>2</td><td>3</td><td>4</td><td>5</td><td>总计</td></tr>
<tr><td>聊天</td><td></td><td></td><td></td><td></td><td></td><td></td></tr>
<tr><td>想聊天</td><td></td><td></td><td></td><td></td><td></td><td></td></tr>
<tr><td>目标完成情况</td><td colspan="6">是否　　（圈出答案）</td></tr>
</table>

同时我们采取了情境事件和前提条件的干预策略，这种策略包括重新安排环境中的人员、调整座位等。[8]将小鑫调到一个课上不聊天的同学身边以减轻自我管理的难度。调座后身后男同学经常课上叫小鑫玩游戏，成为新的干扰刺激。但对小鑫的影响相对较小，既增加了考验又在可控范围，因此没有再给小鑫调整座位。

(三)积极关注与行为强化

针对小鑫寻求关注的行为功能，教师和家长采用了区别性强化和无条件强化。区别性强化是只要特殊需要学生在一定时间内没有表现出预先规定的不当行为，即目标行为，他就可以得到奖励。具体表现为：在小鑫表现进步，如没有聊天、专心听讲行为时，教师给予眼神肯定、奖章奖励、全班表扬等及时强化。家长给予口头赞扬，并按照契约规定兑现网络游戏的奖励。[8]无条件强化是无论学生是否表现出良好行为，都定期或不定期地给学生以正面关注。[8]主要体现为家长高质量的陪伴。无条件强化能够有效减少由于对关注的追求而表现出问题行为的机会。[8]随着小鑫自我管理能力越来越强，逐渐由连续性强化向间歇性强化过渡。教师和家长的口头赞扬频率逐渐减少，最终实现小鑫完全能够自控，而不需要外在的强化。

关注不仅体现为鼓励、陪伴，还体现为引导学生策略生成和行为类化。针对小鑫逃避简单任务，教师和家长与其约定更高的学习目标：要求会抄写的做到会默写，要求能熟读的做到能背诵，要求能背诵的做到能书写等。针对小鑫喜爱读书的特点，家长似乎不经意地和他分享书上的一句话："自我管理使人感到自由。"[7]小鑫兴奋地说："我现在就是这种感受！"当天小鑫在家中自觉安排，将自我管理行为进一步从课堂类化到家中。

五、干预效果与反思

(一)干预效果

单独询问语文教师、同班同学和小鑫本人，三角互证得出干预前一个月语文课平均聊天时间为 20 分钟，预期和干预撤出后一个月平均每节语文课聊天时间均为 0 分钟(见图 1)。

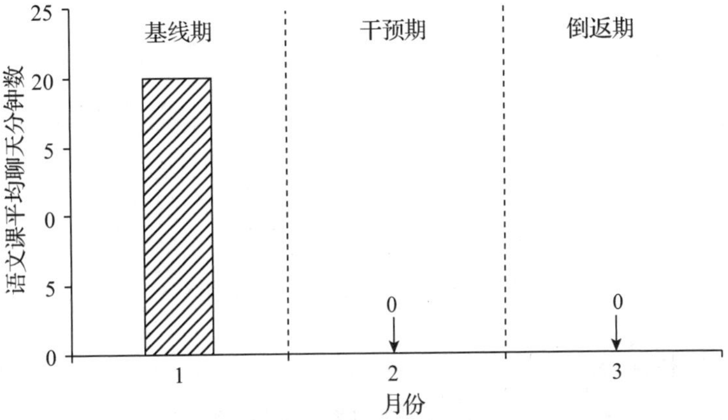

图 1　小鑫语文课平均聊天时间变化柱状图

干预期内，一个月语文课共 24 节语文课，由小鑫本人记录想聊天的次数，从一节课 30 次逐渐递减为 0(见表 4 和图 2)。

表 4　小鑫"想聊天"次数结果列表

课节	1	2	3	4	5	6	7	8	9	10
次数	30	29	26	25	25	20	18	17	17	16
课节	11	12	13	14	15	16	17	18	19	20
次数	13	13	12	10	10	10	9	5	5	4
课节	21	22	23	24						
次数	4	0	0	0						

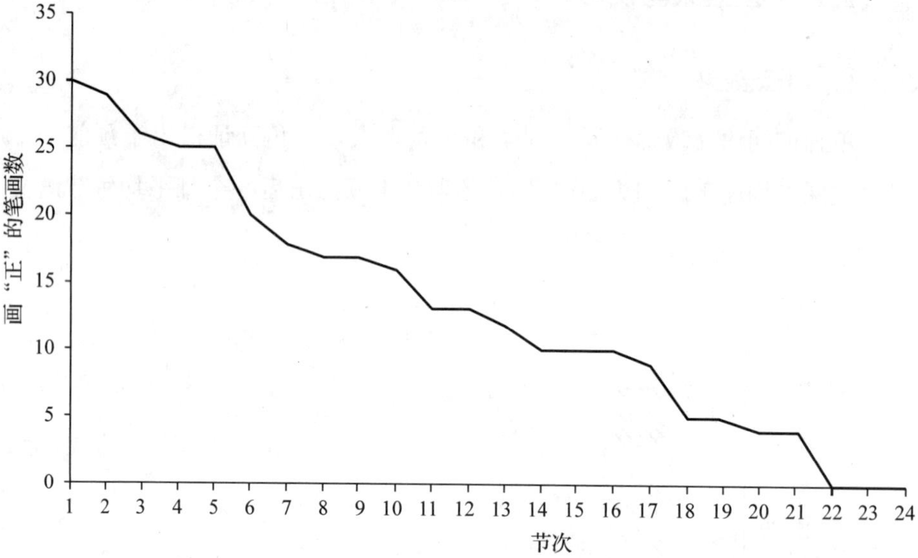

图 2　小鑫"想聊天"次数折线图

班主任和各科教师反映，小鑫似乎变了一个人，注意力非常集中。小鑫本人经历了这样一个过程：从最初感觉不聊天很困难，需要多次提醒；到后来感觉没有那么困难，提醒次数逐渐减少；再到最后没有任何困难，无须提醒。这个过程中体现了他自我管理能力的增强。伴随不聊天任务的完成，小鑫的自信和自我价值感也在提升。他自己主动总结不聊天的好处：能听到同学和老师在说什么，懂得比以前深了，成绩提高了。同时，小鑫在其他学科的课堂纪律情况也有大幅度提升，甚至也做到百分之百不聊天。但是他在数学课上虽然做到了不聊天，有时处于"虽然没聊天，但也没办法认真听"的状态，因为讲授内容过于简单，同时不像英语、语文可以通过背诵、倾听等增加学习难度，所以他一直提醒自己“不聊天！不聊天！”而难以专心听讲。

(二)教育反思

对行为功能的准确分析是行为问题有效干预的前提。行为主义认为行为都是有功能的，相同的行为可能有不同的功能。对行为的功能做评量，可提供介入策略实用的资料，让介入更为有效。[7]逃避简单任务对超常学生来说较具有普遍性，一般情况下学生逃避困难任务，教师也多会认为学生连简单任务都做不到困难的任务就更做不好，而忽视超常学生对任务难度的需求，要求其面对简单任务也保持高度精神集中，致使超常学生的课堂问题行为难以得到根本解决。

自我管理能力的提升是行为问题有效干预的关键，其中动机水平又是超常学生自我管理能力提升的关键。教师多将课堂问题行为归结于习惯不好、态度不好，多采用说服教育的方式。其效果并不能持久，因为忽略了学生自我管理能力和动机。有机整合理论将动机类型分为去动机、外部动机和内部动机 3 种。[9]去动机到内部动机在自主性维度上是一个连续体，去动机是一种无意愿的状态；内部动机是一种高度自主和自我决定的状态；外部动机则位于二者中间。[10]超常学生多因课堂学习任务简单，遵守课堂纪律处于去动机状态。但并非学生态度好了，习惯自然就好，需要帮助学生增强自我管理能力。通过复盘、行为契约、策略生成等逐渐引导超常学生产生持续的外在动机，进而激发内在动机，从根本上解决超常学生的课堂行为问题，增强其自我管理能力和自我效能感。

教育生态系统的改善是解决超常学生课堂行为问题的重要条件。研究表明，以家庭为中心的积极行为支持能够有效地减少学生的问题行为。[4]针对超常学生，差异教学倡导者华国栋教授主张普通班的教师应针对超常学生的情况，在课程、教学内容、方法、课外活动和辅导等方面作出特殊考虑，满足他们特殊的需求。[11]如此，超常学生在家里能够得到应有的关注和支持；在普通学校的课堂上有事可做、有事乐做，不但能有效减少其课堂问题行为，甚至还能发挥其智力优势，成为全班宝贵的教学资源。

参考文献

[1]苏雪云，张旭．超常儿童的发展与教育[M]．北京：北京大学出版社，2016(10)：5.

[2]张彩云，申继亮．小学教师对学生课堂问题行为的认识[J]．教育科学研究，2007(4)：21.

[3]昝飞．积极行为支持：基于功能评估的问题行为干预[M]．北京：中国轻工业出版社，2013.

[4]张彩云，吴珂．中小学生课堂问题行为干预研究[J]．中国特殊教育，2015(1)：68，72.

[5]Suk-hyang L，Simpson R L，Shogren K A. Effects and Implications of Self-Management for Students With Autism：A Meta-Analysis[J]. Focus on Autism & Other Developmental Disabilities，2007，22(1)：2—13.

[6]立夏．在复盘过程中看清得失．黑龙江日报[N]. 2018-03-30.

[7]John O. Cooper，Timothy E. Heron，William L. Heward. 应用行为分析(第二版)[M]. 美国展望教育中心，译．武汉：武汉大学出版社，2012.

[8]黄伟合，贺荟中．功能性行为评估与干预[M]．北京：华夏出版社，2013.

[9]赵燕梅，张正堂，刘宁，丁明智．自我决定理论的新发展述评[J]．管理学报，2016(7)：1096—1097.

[10] Ryan R M，Deci E L. Self-Determination Theory and the Facilitation of Intrinsic Motivation，Social Development，and Well-Being[J]. American Psychologist，2000，55(1)：68—78.

[11]华国栋．差异教学论[M]．北京：教育科学出版社，2001.

如海般接纳，如诗般信任

——当班主任遇到智力障碍学生①

在新生还未入学的时候，我就认识了一位可爱的小姑娘——小 N。假期中接到我需要教导小 N 的通知，我就第一时间与她妈妈取得了联系，并通过相互发问候视频的方式，和小 N 熟悉了起来。小 N 有着蒙古族血统，长得很高，是一位看起来体质强健的小姑娘。她有一双会说话的、水灵灵的大眼睛，长长的睫毛下仿佛隐藏了许多想要和你分享的事情，需要你慢慢读懂她。从视频和小 N 妈妈的描述来判断，小 N 好似比我之前带过的随班就读的孩子情况好一些，对人没有敌意，也比较听话。

八月中旬值班的时候，我约见了小 N 妈妈和小 N，我们做好防护，相聚在了美丽校园。记得那是一个飘着小雨的日子，和她们见面后，我的心情也飘起了小雨，小 N 的情况比我想象中严重很多，无法正常沟通、会在地上爬、一直出声音、无法自己如厕、记不住班级的位置……我一瞬间有些不知道要如何帮助小 N。

调整好心情，预设了小 N 应该可以达到的状态，我和小 N 妈妈详谈了小 N 在入学前需要做的一些准备，请她在家中帮助小 N 提高自理能力，利用开学前最后半个月的时间，通过重复性训练，让小 N 起码能自己如厕、吃饭。正式开学后的事情，咱们慢慢来。

一、特殊的她——个案情况

小 N 一岁半时，因为高热，损伤了左脑神经，从而造成智力障碍和语言障碍。小 N 韦氏智力测试结果智商 48，其中言语智商 49，操作智商 58，属于中等智力障碍。注意力测试评价为异常，社会生活适应能力为中度

---

① 作者：席侨婉，北京市西城区西单小学教师。

落后。

看似强健的小 N 其实身体偏弱，时常生病。她还曾出现过不明原因的严重过敏。当时她的一只眼睛瞬间肿起来了，然后全身一片一片地红，两岁后就没有打过疫苗。她目前皮肤也很敏感，很容易忽然泛红，并不停抓挠。

小 N 的病症使她的自理能力受一定影响：如厕擦不干净、吃饭容易弄脏身上和地面、无法识别路牌就无法找到家、不能算清楚账从而无法自己购买物品。小 N 基本说不了话，说出的话语音非常不准确，别人无法听懂，无法进行正常社交。

小 N 基本无法听讲，对老师面向全班说的话，会自动过滤、无法执行。她在课上不间断地发出“嗯嗯啊啊”的声音。而且她会不明原因就情绪突然失控，开始持续地大笑或大哭。她感觉无聊时，容易发呆、吃手、挠痒，然后就前后晃椅子，把手伸到周围同学的脸前。小 N 还有神经性尿频，她有时候一节课要去两三趟洗手间。

在开学初的时候，如果您来到我们班，您一定会替小 N 感到惋惜：这个孩子将来可怎么独立生活呢？您也一定会替我忧虑：有这样一位特别的同学，这个班的课可怎么上下去呀！小 N 这样的情况，确实对班级课堂氛围的影响太大了，容易使新一年级的孩子们本来就较短的注意力变得涣散，我必须尽快找到帮扶她的着手点，减少对其他同学影响的同时，帮助小 N 提升个人能力。

二、“宝藏”女孩——观察分析

我想，即使是中等智力也绝对不是无可救药，她一定有潜力可以挖掘，一定有一些方法可以让我帮助到她。于是，我对她的“听、说、读、写”能力进行了细致深入的观察分析。

在“听”方面，小 N 在老师面向全班提出要求时，时常无法对听到的信息及时加工，无法执行。但在一对一交流、集中注意力的情况下，能基本听懂大部分别人说的话。

在“说”方面，小 N 有较为严重的构音障碍，她基本说不清话，只能说清有限的、简单的词，无法说出完整的句。但小 N 有着较强的表达意愿，仔细听会发现她干扰课堂的“咿咿呀呀”，大多数时候是在重复老师的话，她有能力模仿别人说的一句话的最后三到六个字。有时候，小 N 甚至可以主动和帮助她的人说“谢谢”。

在“读”方面，小 N 无法自己读书，但她能听我读之后，在我的提醒下进行跟读。甚至适应了一段时间校园生活之后，能在全班齐读的时候，跟着全班一起出声音，虽然发音不准确。

在“写”方面，小 N 书写速度很慢，即使一对一的情况下，也很难完成某些字的书写。经过作业治疗师的评估才知道，书写汉字的前提是能够完成九种基本图形的描画，而目前她仅能完成横线、竖线以及圆形的描画，其他六种基本图形她还难以描画，也就难以进行某些汉字的书写。她仿写倒 8 字时写了几次都是花生米的形状，不能交叉笔画(见图 1)，说明她过中线的能力还没发展起来，这对她书写和阅读影响较大。

图 1　教师范写与小 N 仿写倒 8

小 N 感官统合方面的障碍也比较严重，她表现出较差的姿势控制能力以及协调能力，同时她无法完成四肢爬的动作，这对她精细运动(如握笔写作能力)以及课堂听讲效果有直接的影响。她有时与别人距离过近，无法很好地判断距离。喜欢用手在别人脸前晃，我有几次都怕她戳到别的同学的眼睛。可我观察了一段时间后发现，这样的行为恰恰表达了小 N 强烈的社交意愿。她不想做一座孤岛，她有融入班级的可能性！

总体来讲，小 N 在学习方面是有一些优势的：她可以短暂集中注意力，不时想要跟着老师走。她还想要博取关注，有发言的意愿。她愿意融入集体，和大家做一样的事情。而且小 N 在“听”方面真的障碍不大，能对一对一的简单指令做出较迅速的反映。在她抑制不住出声的时候，老师一个眼神或者一个抚摸的动作，能起到暂时抑制声音的作用。小 N 还能感受到老师的鼓励，有一定是非观。表扬会起到正面强化作用。小 N 也有一定的读写能力，只是需要一些特殊的支持。比如，适量的一对一范读和范写，个性化的、更为基础的书写任务。努力听懂她特殊的语言，就会发现小 N 比想象中优秀很多，也是一位宝藏女孩。

三、教育过程与方法

(一)班级教育的共融

特殊学生在班中，如果处理不好，可能会导致班中学生模仿不良行为，注意力涣散、纪律涣散，产生一系列问题。但如果处理得好，班级的凝聚力反而会更强。通过特殊学生小 N，我引导一年级的小学生学习团结同学、乐于助人、不嘲笑别人、正确看待生活中的不同。我想这些会成为学生们一生中的宝贵财富，而这是随班就读学生在班级中存在的独特的意义。

我指定了助学小伙伴，课间和我一起帮助小 N，帮她准备学具、陪她去洗手间。我会引导助学小伙伴，对小 N 的帮助要争取从“代做”到“合作”，再到“监督”。一开始可以帮小 N 做，让她看着学。一段时间后，要和小 N 一起做。最后过渡到监督着小 N，让她能安排好自己的课间生活。

有些课需要提前为小 N 做特别教具，如立体的拼音字母磁贴，以此来增强视觉冲击。我也会在课间把学具给小 N，请助学小伙伴陪她看一看，给她讲一讲。帮助小 N 在预习知识的同时，促成她社交的愿望。

我提倡在班级中充满赞美的声音，对小 N 也不例外。我告诉全班同学：大家都要有帮助小 N 的意识，多夸小 N 的优点，鼓励小 N 进步。我还会帮助小 N 学习承担责任。在我看来，不能让小 N 习惯于只接受别人的帮助，把别人的帮助当作理所当然。要给小 N 安排简单任务，逐步引导她和助学小伙伴一起为班级擦黑板、扫地。让小 N 为班级也做出贡献，让同学们能在某些方面对小 N 刮目相看。让小 N 的努力付出，燃起其他同学的上进心和积极性。

(二)学科教学的支持

班里学生那么多，平衡好全班教学与对随班就读学生的个性化支持是尤为困难的。但这是每一位带随班就读学生的班主任必经之课，是必须要去思考和权衡的，两方都不能落下。

为帮助小 N 建立良好课堂常规，在课上我尽力关注并提醒她。我以眼神提示为主要方式，意在培养师生默契。避免用过大动作进行提示，导致全班注意力分散。我还会用手势提示并训练小 N 对“嘘”手势反应更敏感，逐步尝试安静更长时间。对小 N 一些刻板化、习惯性不良动作，如吃手、晃椅子，我会进行动作制止。在小 N 吃手时，帮她调整好姿势；在她晃椅子时，扶着椅子，和她说：“坐直。”我尽量避免使用严厉的言辞。小 N 情绪过激时(如声音频发、声音较大、持续大笑或突然大哭)，我不责备小 N，安慰为主，抚摸小 N 的头或者轻轻拍拍小 N 的肩膀。很多时候，小 N 就静下来了。小 N 的世界和我们不一样，也许她只是被突如其来的不安全感击垮了，才会以大笑、大哭作为情绪的宣泄口。作为教师，我们要充分理解，不去责备，帮助她想办法去适应校园环境。

对小 N 来说，正向支持与及时强化也是非常重要的。不对小 N 不好的行为一味进行批评，而是抓住她的闪光点，大力表扬，帮她明白什么是对的。在小 N 跟着全班读书的时候，我会对她重点表扬，给她和其他同学一样也盖小印章，帮助她重塑自信。遇到简单的读字、读词的问题，我会尝试让小 N 回答，教她发言。如果小 N 进行有效发言，就及时盖小奖章鼓励。小 N 并不是故意扰乱课堂，也不是想要挑战教师权威。她只是因为病症，真的无法控制自己，也不懂大家在做什么。不知者无罪。遇到这样的学生，批评根本起不到效果，只会把师生的心拉得更远。

在课堂上，我还需要对小 N 进行一些个性化的支持。小 N 需要简单的替代任务，在别的同学做的事情她做不了的时候，她需要有事可做。她有事做的时候，出声会减少，也能收获一些知识与方法，这样才能一举两得。在别人书写时，我给小 N 安排简单的书写任务，循序渐进使她能够书写。

我会用水彩笔在一张 A4 纸上写一个大大的拼音字母、笔画、简单独体字或者一种基本图形，引导小 N 用水彩笔描红。通过日积月累的努力，争取在课上锻炼小 N 的手眼协调和精细运动能力。如果别的同学进行的学习任务小 N 有希望完成，我就会对她进行简单的个别化指导。在学生自由读书的时候，我就不时地给小 N 单独范读，引导她模仿。

(三)家庭教育的协作

我一直与小 N 妈妈保持绿色沟通渠道，结合专业人士的建议，指导小 N 妈妈在家中陪伴孩子适度进行训练。小 N 曾因为过度感统训练而接连喷射性呕吐，所以我特别关注小 N 妈妈的情绪，引导她不走极端，不逼迫孩子训练，帮助小 N 在游戏中乐学。

我引导小 N 妈妈在家中把运动与游戏作为训练的重点。小 N 妈妈可以陪伴小 N 进行气息训练小游戏，可以吹气球、吹哨、吹纸片。缓慢而持久地吹，帮助小 N 加强气息。瞬间而强力地吹，帮助小 N 锻炼肌肉瞬间发力能力，利于发出爆破音。进行一些锻炼生活常识性能力的小游戏也是很好的，在小 N 有兴趣的情况下，进行剥豆子、系鞋带、用筷子等训练，锻炼精细运动的同时，要侧重帮助小 N 在自理方面有所获。还可以进行一些大运动：跑步、游泳、拍球等，帮助小 N 锻炼感官统合，锻炼心肺功能，也能锻炼气息。

在家中，父母需要帮助小 N 做一些利于她融合进班级的事情。例如，可以多带小 N 去公共场合，与同年龄段的小朋友做相同的活动，引导小 N 模仿适宜的行为，从模仿中学习其他小朋友交流、社交等生活方式。我还会把班级眼保健操、室内操、手指操的视频发给小 N 妈妈，请她配合小 N 练一练。一段时间过后，小 N 都能跟着大家做室内操和手指操了呢！虽然小 N 做操时，动作不规范，情绪很亢奋，但能从她的表情中看出她的快乐。她终于能在校园生活的某一部分，和别的同学长时间同步了！

在锻炼精细运动方面，我不强求小 N 妈妈一定在家中做出努力。我指导她可以陪伴小 N 练习在沙盘上用手写一写：九种基本图形、基本笔画、拼音字母和简单汉字。在小 N 有兴趣的情况下，可以用水彩笔在 A4 纸上写写画画。

随班就读学生其实比普通学生更容易积累压力，他们也是有感情的人，却往往不像正常学生一样，可以找到宣泄情绪的正确渠道。随班就读的学生在家里越在强迫下进行训练，在学校的表现就更不尽如人意。因此，应该为他们营造一个宽松舒适的家庭氛围，避免把生活中的压力发泄到校园环境中。

四、教育效果与反思

(一)教育效果

小N经过了近一个学期的学习生活，在课堂常规方面，发出的声音少了，从一开始的每分钟都有声音，到现在有任务做的情况下，可以将近半节课没有声音。虽然还很难进行课堂跟随，但她可以通过吃手、趴着等方式来替代一部分出声的情况，减少了对其他同学的影响。

知识学习方面，小N已经可以把拼音字母“o”和竖、横、撇等简单的笔画写进四线三格和田字格里面了，也可以数格子或者小棒数到50了。虽然还不能数小动物，但对小N来说，都是不小的进步了。继续练习下去，相信小N有希望可以认路标、自己买东西，掌握更多的生活技能。

小N还能更好地融入我的课堂教学环节了。在录课的时候，我大胆安排了小N到投影下，进行拼字小游戏，小N成功用两个“人”字卡片，拼出了“从”呢！小N在课上，还能在我的引导下，和同学们一起做课中操和拼音操。虽然做不到最后，但有了跟着大家做的意识。

小N大哭的情况减少了，也没有出现任何继发的情绪问题，她每天早晨都能笑着进班。坐在班级里，就能感受到她的快乐。

班里的其他同学没有嘲笑小N的现象，都非常友爱。大家都能积极地帮助小N。课间的小N一直不寂寞，她的座位周围一直有许多小伙伴，会自主和她一起准备学具、去洗手间。并且，课上全班注意力良好，同学们在小N频频出声的情况下，必须学会怎么过滤掉无关的声音，把注意力集中在授课的老师身上。这对注意力要求非常高，是对全班同学们不断进行的注意力锻炼。通过近一学期严密的组织教学，老师们培养了大部分学生可以专注听、用心记、勤于思的好习惯。小N只要没有大哭、大笑、不停高频、高声发音，基本别的同学们课上不会被她不时发出的小声音分散注意力。

(二)反思

我想，对小N这样的孩子，最重要的就是理解。换位思考、感同身受，说来容易，做起来很难。但每次小N扰乱课堂的时候，我都按捺住想要进行批评教育的冲动，尽力去安抚、去帮扶，进行正强化，多表扬正确的行为。理解小N的懵懂，对她和对别的学生一样珍视。日久见人心，我想，小N会感受到我的爱与包容，并且能够产生想要做好的想法。

持之以恒也非常重要。对智力障碍学生的帮扶绝对不是立竿见影的。可能需要长期的努力，还要接受她不断反复出现的问题和时好时坏的情绪。我愿意戒骄戒躁，接纳小N的进步缓慢，耐心帮她进步。

当然，帮助小N这样的学生，科学的方法尤为重要。兼听则明偏听则暗，需要向各方面的专家寻求帮助，找到提升小N各方面能力的有效方法，而且要探究清楚学生的能力点。在我的实践中发现，提升小N的书写能力，就需要从水彩笔向铅笔逐步过渡；提升小N的朗读能力，就需要从重复六个字开始，一点一点帮她说得更长、更完整；在帮扶小N提升自理能力时，示范比训导更加重要……

另外，随班就读学生需要更多的个性化支持。除了我的努力外，还有一位资源教师每周两次为小N提供个别训练与协同教学。看到“嘘”这个指令马上安静，就这么一个简单的课堂常规遵守行为，就需要个训课的大量工作，需要一个行为塑造的过程。有的学校没有资源教师可以提供个别支持，那就需要家长和教师付出更多额外的精力。

还有一点必须做的，就是相信特殊学生的潜能。暂时做不到，不代表真的不行。每个人都有自我实现的欲望，作为班主任，我们更要从心底相信每一个孩子都有无限的可能性。我时常和小N说：“你自己来，你能行。”长此以往，小N真的会更加主动。我非常愿意用善于发现的眼睛敏锐捕捉小 N 的闪光点，并让她相信自己，主动去做一些尝试。我要用我的信任，让小 N 安心大胆地向前走。

我现在已经了解了不少“小 N 语”，能够听懂大部分小 N 说的话，并且及时给予她正确的回应了。我和小 N 的相处，就是一个教学相长的过程，我更加理解了有些特别的小朋友的心声与不易之处。小 N 之后的路，很难。但我愿意，以如海一般广阔的胸怀，接纳她一切的不完美；以诗一般美好的信任，发觉她一切不为人知的潜能。给我们一些时间，让我们共同成长。

“捣蛋大王”变形记

——双重特殊学生的理解与支持①

缘起

“这个班挺好的，除了有个特殊的孩子。”

在新学期，我新接手了一个三年级的班级。“这个班挺好的，除了有个特殊的孩子。”这是所有教过这个班的老师一致的评价。这个特殊的孩子就是豆豆(化名)同学，他当时被认为患有注意缺陷多动障碍(ADHD)，而实际上他的情况更为复杂，属于一名双重特殊学生。

豆豆幼儿园时由于和别的小朋友冲突，甚至跟老师冲突导致更换了四家幼儿园。开学的第一天他就不听话，竟对来管教他的校长拳打脚踢；在课堂上从不听讲，整节课都在玩，时不时地站起来溜达，或躺在地上不起来，还常会无法控制自己的情绪，有时在上课期间拍桌子、大声喧哗，打断老师讲课，干扰课堂；和同伴相处更是糟糕，冲突、哭闹、告状、用铅笔戳同学、咬同学脑袋等打伤同学的事每天都会发生。班里其他学生家长怨声载道，联名写信给学校，要求把这名学生从学校除名。

了解到这些情况，我不禁心里直打鼓，这样特殊的孩子是我从未接触过的，天不怕地不怕的他能服从我的管教吗？我能安抚住其他的家长吗？我感到肩上的担子重了起来！

转变

从“你是什么老师啊，配做老师吗”到“老师你真好，你辛苦了”。

1. *初次见面——建立良好关系*

返校第一天，我刚进班里巡视，班里孩子们就指着角落里的一个乱糟

---

① 作者：杨飒，北京师范大学京师附小教师。

糟的位置说："这是豆豆同学的位置，我们都换座位，老师说他的位置不用动。"顿时，我感觉他的座位似乎是这个班级中的一座孤岛，把他和全班分割开，让他无法与其他人连接，使他成为一个孤独的个体。

等快上课了，豆豆慢悠悠地来了。可刚坐下没多久，他就跑上来无故告状，我正在讲话，让他稍等一下，他立刻跳着脚大喊："什么老师啊，都不管学生，配做老师吗！"我能感觉到豆豆是在不断地制造冲突试探我，企图用语言激怒我。一旦我批评他或对他说教，他就有理由变得更加暴躁不讲理，仿佛和我吵架是比上课更有意思的事情。

我大学专修心理学，心理学的知识告诉我，像豆豆这样的特殊需要学生具有强敏感性，如观察到微小的细节、听到的低语……这些都可能引发他们强烈的情感爆发，他们会采取一些防护策略和方法来防御这种易感性。所以我采用"静一静"的策略，在第一时间，不和他起冲突，等他冷静下来，再解决问题，并在交流过程中，我尽可能更多地向他传递正面信息。当一个孩子收到越多的褒奖信息，他构建的自我形象就越稳定，越坚固。他在应对这个世界时就会拥有更多的力量，因为他不再需要通过与他人的斗争来寻找自己的存在。

豆豆情绪稳定时，我告诉他要把座位从最后一排搬到第一排，并且以后他也和别的同学一样轮换座位。他一愣，但没说什么，听话地把座位搬到了第一排。从神情上看，他似乎并没有不悦，甚至有些高兴。他一反常态，听话地坐在座位上专心听我讲话，直到放学也没有再制造冲突。自此，他和我的距离变成了全班最近的距离，使我更方便关注他。

2. 约谈家长——共情促进沟通

豆豆开学的第一周情况很是糟糕。上课基本不听讲，嘴里出怪声，不写作业。面对我的说教会顶嘴，甚至情绪激动地跺脚，冲我大喊大叫。下课与其他同学制造冲突，然后就是告状和哭闹。面对这种情况，我要求和父母见面谈一谈，豆豆的爸爸拖到了周五才肯来学校。我知道，他是被请家长请怕了。

家长一见面就急于给我解释孩子的天性是单纯的，种种行为都是由患病导致的。他们也因为心疼孩子，所以包容孩子所有错误的行为，不忍心管教他。我看出了家长极大的焦虑，也感受到了他心存顾虑，以及对孩子的溺爱。我想到在心理咨询中，共情是建立信任关系的关键环节。要取得豆豆父母的信任，就要站在他们的角度去感同身受。另外，我还想让家长明白我是以专业的角度去看待学生出现的问题，用专业的方法去解决问题，而不是一味地跟家长告状，把问题抛给家长。于是，我先跟家长说明了我有心理学背景，也了解 ADHD 儿童，所以我对豆豆种种行为都可以理解，并认同家长养育孩子的不容易。在谈话中，我着重引导家长正视孩子的问题，在家庭教育方式上做些改变，与孩子多些沟通和交流，多些理解和省察，营造和谐的亲子氛围，让孩子归属与爱的需要得到满足，从而唤醒孩子潜存于心底的正性力量。家长在我的共情下逐渐放下了心理包袱，并愿意尝试配合我来改变教育方式。

和家长谈完话后，焦灼等待的豆豆却意外地给了我一个大大的拥抱，还亲了下我的手并对我说："老师你真好，你辛苦了。"这个举动是他前所未有的，要知道，他一向对老师是充满敌意的。家长向我解释，豆豆因为有在幼儿园多次被劝退的经历，他的心底其实特别害怕被请家长，害怕被批评，害怕再一次被学校劝退。豆豆见我并没有向家长告状，不让家长责罚他。他感受到了我对他的用心，用最直接的方式来表达对我的喜欢。是啊，看似天不怕地不怕的他，毕竟只是一个 9 岁的孩子，他不明白为何在他的世界能给他带来快乐的事情，却引来老师和家长的不断指责。他的内心也会感到恐惧，他用种种出格的行为，发泄心中的不安，引起他人的关注。其实他的内心也需要关爱，也像其他孩子一样在乎老师的积极评价，渴望得到老师和同学的表扬。豆豆的行为使我意识到我们不光要看到行为的表现，还要分析行为背后的原因。我很庆幸我没有把他当作一个坏孩子，没有用言语去伤害他，他对我的信任正在悄悄地建立起来。

3. 学业支持——从了解入手

通过一段时间的观察，我对豆豆有了进一步的了解。他有着明显的注意缺陷症状：很难保持长时间的坐姿，小动作很多，在座位上扭来扭去，还经常站起来在教室里走来走去；常常在听课甚至做活动时难以保持注意力，极容易因外界刺激而分心；行为冲动，在别人讲话时插嘴或打断别人的谈话，在老师的问题尚未说完时便迫不及待地抢先回答。他还出现一些学习特殊障碍，如朗读困难，书写困难，这些问题加重了他学习上的畏难情绪，让他非常抵触写作业。

同时我也发现他与一般的注意缺陷学生还有所不同。经过评量与分析，他的智商达 126 分，按照某些标准可属于超常学生，理解能力和学习速度远胜于同龄孩子，常常是自认为听完一遍他就能理解，甚至在老师上完课之前，他就理解了，他不知道除了干扰课堂，他如何才能与无聊感做斗争。他向我解释道："等待老师向别的学生解释的过程好难以忍受！一遍我就已经听懂了。"我们在教学中总是倾向于重复或重新表述一遍，认为重复能够促进记忆过程以及知识的整合，但是对于超常学生来说，这会让他感到无聊，并把自己与外部世界隔绝开。

了解到这些，我才深深理解他不完成作业、不认真听讲并非故意捣蛋。他既智力超常，又存在特殊的学习障碍，正是所谓的"双重特殊"学生。因智力超常，普通教学难以满足他的需求；因存在学习障碍，专注听讲、书写作业对于他困难重重。他既缺少学习的动机，又缺少学习的能力。更重要的是，他已经产生了心理上的孤独、恐惧。他急需被关注、被认可。

于是我从他的优势入手，在课堂上制造机会让他发言，并给予他积极的评价和鼓励。另外，对于特殊需要学生来说，由于基础和能力的差别，要想帮助他们享受到成就感的满足，就必须针对每个人的不同情况来制订个性目标。这样的目标才有最佳的激励作用。于是，我请各科老师调整对豆豆的学习要求和评价标准；作业允许他自主选择或者调整，引导他尝试为他自己制定更有意义的作业，让他通过努力也能得到学习的成就感。豆豆对动笔很抵触，那么我允许他可以用口头叙述作文，让父母代笔的方式写，还在全班表扬了他的习作构思新颖。别的学生要完成当天的生字作业，我与他商量他可以两天完成。

渐渐地，豆豆从完全不写作业，到每天可以完成部分作业；平时测试也从交白卷，到努力写试卷。经过一段时间后，豆豆的整体状态有了明显改善，参与活动的积极性增加，开始出现平和、乐观的情绪表达。以前写不完的作业，他现在回家后一定会完成，书写也越来越好。更可喜的是，本学期的期末测查，他也能努力完成试卷并考试合格了。

4. 同伴交往——爱和归属感的需要

班主任都会关心班级建设，担心班中个别学生产生不好的影响，出于保护全班的良好的用意，班主任可能在有意无意中表露出不希望学生和某些个别学生走得太近的想法。对此我有不同的看法。对儿童而言，感觉自己属于某个团体是让人心安的。在团体中与他人相同，并得到承认和接受，对儿童的心理平衡和社会适应而言是不可或缺的因素。但特殊需要儿童与团体的认同非常困难，他会感觉自己与他人的不同，难以与他人分享自己的兴趣点。自己喜欢的主题有时会招致他人的嘲笑，而相反让别人充满热情的事物，他可能无法从中找到兴趣点，他和别人之间容易出现鸿沟。如果因此特殊需要儿童被孤立，他会因没有朋友而痛苦，所以他不断地寻找朋友，并尝试各种手段与他人交流，甚至通过吵架、打架的方式与他人交往。

因此，我没有孤立豆豆，而是悄悄地帮助他交友。下课了，同学们都躲着豆豆玩，害怕豆豆会打伤他们。豆豆只好无所事事地摸摸这看看那，当他摸同学东西的时候，同学们立刻冲过来向我告状。看来，豆豆已经是全班心中的“公敌”了。看到豆豆不知所措的样子，我的心里很不是滋味。我找来一些玩具邀请他和我一起玩，这也吸引来一些学生的加入。渐渐地他也有了几个走得比较近的朋友。那几个学生我私下询问了他们是否愿意跟豆豆玩，并通过沟通得到家长的支持。在交往的初期，豆豆经常用强制性的方式逼迫这些同学与他玩。于是我用温婉的语气告诉他要商量着和同学玩耍，大家都玩得高兴你会得到更多的快乐，大家也会更加喜欢你。也许是我的建议打动了他，他与同学间的冲突事件越来越少了。

豆豆的特点会促使他做一些“出格”的举动，在冒险中获得刺激感。一次，他故意把水房的门关上了，不让其他同学进去。这一幕被校长看到了，校长很担心，这些孩子会在豆豆的带领下形成特殊的小团体，存在安全隐患，让我考虑是否该拆散这个团体，并对豆豆严加看管。

一方面豆豆需要同伴陪伴，而另一方面班级安全也是重中之重。我陷入了两难的境地。经过思考后，我决定要先从这几个同学入手。当我叫来那几个同学时，豆豆在一旁紧张极了，不停地问："老师，你叫他们干什么?"我要求这几个同学要带着豆豆做正当的游戏，以朋友的身份，多帮助督促提醒豆豆。豆豆也在一旁不住地点头答应。通过这件事情，我也意识到在他心中同伴是多么的重要。慢慢地他与同学间的冲突的事件很少再出现。几个朋友也时常提醒他的行为习惯，他居然也能听话改正了。同伴的榜样力量起了巨大的作用，在他的幼小的心灵上播撒上了光。

反思

从全校的噩梦到礼仪使者。

豆豆的情绪稳定了，较少与其他学生起冲突了。他并没有带坏全班，反而融入了集体生活。他开始主动打扫自己周围的卫生，在课间主动擦黑板，伸出小手帮助同学……豆豆的改变也打动了周围的人，在这个学期末，老师和同学们一致评选豆豆为礼仪使者。豆豆不敢相信地激动地向全班同学鞠了一躬，在他的脸上终于展露出自信的笑容。豆豆的爸爸也私下联系我，欣喜于豆豆这学期翻天覆地的变化。

从豆豆的案例中，我发现，虽然特殊需要学生在学业、情感、行为等方面有障碍，但心理是更为紧要的问题。他们渴望被关注、被尊重，需要被认可。老师应该给予大量的心理支持，建立师生之间的信任。另外，伙伴关系是孩子发展的最佳环境，特殊需要孩子应该到同伴群体中去互动交往，教师根据孩子特点给予一定的帮助，孩子就能在各自的水平上有所进步。在家校联动方面，班主任在和家长沟通前，首先要有积极的心态和充分的专业知识准备，做到知己知彼，有备而说。

学生是校园里的花儿，其实每一朵花儿的盛开我们都要等待几个季节的风霜雪雨洗礼的过程。不管是怒放的小花还是静待花开的小苗，都会有自己的精彩，他们都会骄傲地面对阳光雨露，让我们静下心来，静待花开。

第三部分　个别之于一般，个性化支持

——学科教师的智慧[①]

对学习特殊需要学生来说，在其学习方面的特殊需要在被发现、被理解之后，他的状况就将得到极大的改善。但他们毕竟存在特殊的学习需要，还需要得到学科教师的专业支持。

有些家长说："只要不谈学习孩子什么都好，一谈学习，爹妈都不是亲生的了。"对某些学习特殊需要学生来说，课堂学习就是煎熬，他们听不好、坐不住；作业是他们的噩梦，经常为完成作业熬到半夜，依然错误连篇；考试如同鬼门关，一些学生考试前就开始"生病"，以种种理由错过，逃避"羞辱"。如此，课上听不懂，作业完不成，考试考不好，恶性循环。有的家长还不惜重金为孩子报辅导班、请家教，把所有课余时间都用学习占满，但仍然收效甚微。

因为孩子真正的需要并没有被看到与满足。单纯练习数量的增加并不能满足他们，他们需要个性化的教学支持。学科教师常有这样的误区：对特殊需要学生的支持就是像资源教师那样给学生定期补课，这是他们难以胜任的，因为自己没有精力，也没有足够的专业性。

这种看法是偏颇的。学科教师对学生的个性化支持应该与日常教学工作紧密结合，是因材施教的一部分。可以表现为课堂教学、作业与考试调整等方面。

在课堂教学方面，不少教师存在这样偏颇的看法：关注全班与兼顾个

---

① 作者：王玉玲，北京市西城区教育学院教师。

别学生难以共存，甚至顾及特殊需要学生会妨碍全班教学。实际上，全班课堂教学与个别学生的支持二者并不冲突，可以同时进行。我们知道在真实的教育情境中并不存在截然可分的“有问题”或者“没问题”，学生身上的特殊需要往往只是比例的差异。特殊需要学生是改善课堂教学质量、提高教师教学素质的绝佳资源。通过特殊需要学生这个窗口，教师可以看到其他学生的特殊需求。当教师对极端特殊学生的需求了然于心，并且有能力给予满足之时，其他学生类似的需求同时也能得到满足。教师对特殊需要学生的关注，不仅有利于特殊需要学生，还有利于教师个人的专业成长，而最终受益的将是全体学生。如此，教师全班教学经验越来越丰富，个别学生的需求就越有可能得到最大程度的满足。

某些国家与地区面对特殊需要学生，考试与作业是允许调整的。仅以学习障碍学生考试为例，允许在考试的试题呈现、作答方式、考试时间、设备材料和考场设置等方面为他们提供合理便利。目前我们还缺少这样的政策支持，同时也缺少对其作用的客观认知，不少教师担忧：为某个学生的考试与作业调整会妨碍教育公平。实际上教育公平并非一刀切，满足每个学生独特的需要才是真正的公平。我们在给学习障碍学生的考试调整中发现，考试调整能极大地提升学习障碍学生的自我效能感，更有助于激发学生的学习潜能。作业与考试的个性化本身就是一种具有独特价值的教育教学手段，这与“双减”的“减负提质”是不谋而合的。

在本部分中，您将读到这样一些文章：

《走进“你”的世界》和《写字真的有那么难吗？》分别介绍了语文教师对阅读障碍和书写障碍学生的分析与支持。《作文可以没那么难》则针对书写困难学生的作文学习进行了细致的分析和有效的教学实践。

《“小”调整“大”变化》介绍了为阅读障碍学生做考试合理便利的过程与思考。这个案例同时提出了发人深省的问题：什么是教育公平？怎样的考试形式更能体现教育公平？

《遇见——数学教师遇见注意缺陷多动障碍学生》与《遇见——语文老师遇见注意缺陷多动障碍学生》介绍了如何在数学与语文学科中支持个别

学生。

《从“惧书”到“迷书”》的学生情况非常特殊，您将看到教师如何打破惯有思维方式，为其进行个性化的阅读指导和环境支持。

《从“走近”到“走进”——多重障碍学习困难学生的理解与支持》介绍了如何支持多重学习困难学生，包含判断过程与教育教学方法。

《基于学情分析的小学语文识字教学调整》与《基于学情分析的小学语文阅读教学调整》介绍了如何基于学情调查，改进识字教学与阅读教学。值得注意的是，这两个课例所做的调整，起初缘起于本班一名孤独症学生。令人惊喜的是，对孤独症如此特殊的学生所做的调整也适用于全班，而且极大地提升了全班课堂教学质量，从中可以领略通用教学设计的魅力。

在本部分中，请您关注这样一些关键词——

教育公平，考试合理便利，作业调整

课堂教学调整，学情分析，学习风格

环境不利，听故事，课外阅读

书写困难，写字，作文

记字困难，放大辨识，同伴趣讲，科学复习

无痕干预，支持性环境

家校合作，助学小伙伴

走进“你”的世界

——当语文教师遇到阅读障碍[①]

一、学生基本情况

新学期我承担了三年级(2)班的语文兼班主任工作，与前任班主任老师交流后初识了可心(化名)，当时她的学习状况非常糟糕，在二年级阅读测试中成绩落后。开学后我着重关注了可心，发现她性格内向，平时少言寡语，课间几乎不和其他小朋友交流、游戏，常常一个人呆呆地坐在座位上，身边没有好朋友，极度自卑。同学不小心碰掉她的铅笔盒她会大哭起来并认为是同学们在故意欺负她。

紧接着，我与可心家长进行了交流，了解到可心同学的家庭比较特殊，父母长期分居导致离异，她被判给了父亲，而父亲重组了新家庭，可心基本跟爷爷奶奶生活。所以家长认为孩子成绩差是因为自己之前没有心情管理孩子，前任老师也觉得是因为没有及时有效地进行知识巩固才造成了可心学习困难。于是我又反复翻看了可心上一阶段的课本以及作业，发现独体字的错误率相对少一些，大多数错字不是多一笔就是少几笔，练习册中关于阅读部分一片空白。我问可心为什么不做，可心很委屈地哭着说：“我不会做!”我又追问：“你实在不会，可以随便猜想一个呀!”她哭得更伤心了，“老师，我不认识这些字，我不知道猜哪一个!”这一发现非常重要，我更加准确地掌握了可心的基本学习情况。

二、学生情况分析

三年级开学后，我和可心先一起认读了二年级下册的词语表，她认识

---

① 作者：谢雅娇，北京市西城区复兴门外第一小学教师。

的字不足百个，于是我第一步就开始教她识字，抄一遍默一遍。第一天可心满心欢喜地练会了(见图 1)，第二天听写，一些复杂的字她基本上是整个字都被遗忘了(见图 2)。接着我们又反复练习，到了第四天她继续遗忘，而且还有一部分字莫名其妙地被改装过了："菊"字的草字头不见了；"甜"字左右颠倒了顺序，个别部分还变换了笔画；"收"字已经没有了原来的模样(见图 3)；"颜"字右边的"页"变成了有几分相像的"巾"字(见图 4)。我让她再念念这些词，从她无助的眼神中我读出了无奈。对于阅读题的例文可心不能连贯朗读，但如果我把题目念给她听，她能把答案正确地叙述出来，然而就是无法用文字写出来。回想她每天认真刻苦练习的样子，以及做阅读题的情景，这非常符合阅读障碍的症状，我推翻了家长与前任老师认为她不努力、贪玩才造成学习困难的观点。后来经多位阅读障碍专家评量，可心确实属于识字困难型阅读障碍。

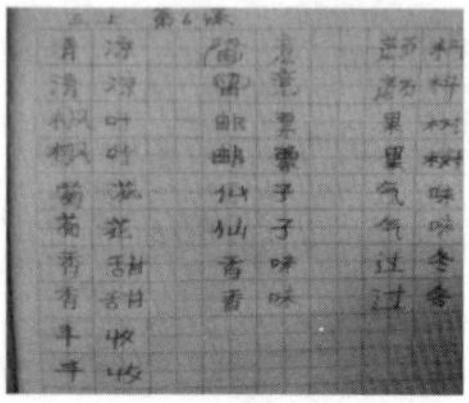

图 1　第一天练习后听写

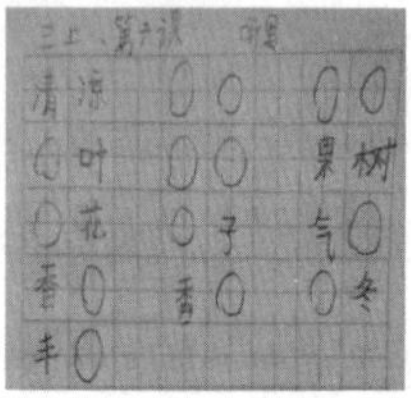

图 2　第二天听写

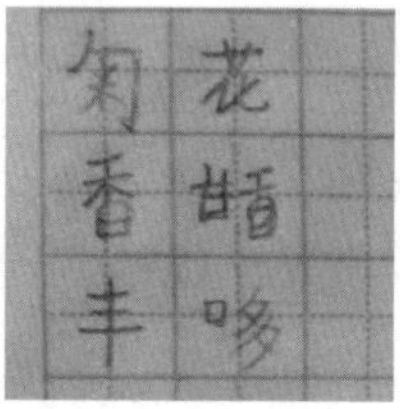

图 3　第四天听写

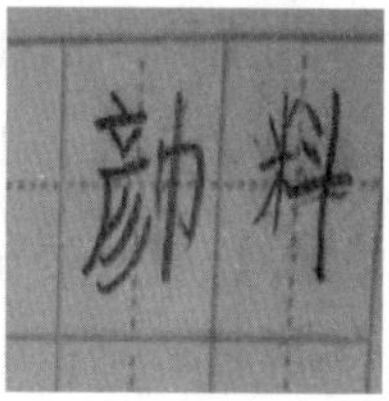

图 4　第四天听写

很多家长对于自己孩子存在的问题一无所知，所以我与家长进行了谈话，让家长明确可心的现状，扭转错误思想，科学采取应对措施，最后形成教育合力。

三、教育过程与方法

(一)作业

1. 作业布置：减量保质、自主选择

对于识字型阅读障碍学生来说识字非常困难，一般学生经过全班教学和作业练习就能把汉字储存在大脑里，运用的时候直接提取出来。而阅读障碍学生在相同教学条件下很难把汉字记住，却又非常容易遗忘，我感觉就像是储存盘坏了一样。这种状况下焦急的是教师和家长，但最沮丧的却是学生本人。所以我对可心的作业进行了调整：做一道题对一道，哪怕只有一道，这样也可以让她培养自信，一点一滴积累成就感。

另外，对于作业复杂的题目她可以不做，选择自己喜欢的内容做，可心感兴趣的内容基本是自己会做的题目，这样可以不断刺激大脑，形成储存，加强记忆，提高学习实效性。

2. 作业批改：先改再判、展示进步

可心属于听写困难学生，老师要理解她书写每一个字时的实际难处。美国人本主义心理学家罗杰斯认为，要发挥促进者的作用，关键不在课程设置，不在教师知识水平及视听教具，而在促进者和学习者之间的人际关系的某些态度品质，这种态度品质包括三个方面：真诚、接受、理解。[1]教师凡事要站在学生的角度考虑问题。

对于大多数识字困难学生来说“抄写”都是惩罚，其实“抄写”还有更深远的意义。每当作业中遇到不会写的字我先不急于给她批改，先工工整整地写下来，让可心抄写一遍，然后再写上一个大大的“优”，让孩子享受做对题的成就感，这样她的作业本上叉子一点儿一点儿减少，取而代之的是笑容、满足，从而减轻她学习的焦虑。

有时我还会把她的作业在展板上展出，让她享受被同学赞赏的喜悦。小改变大收效，这样可心就不会因个别字不认识、不会写影响语文学习的信心，反而从中获得了成功的自信。

(二)记字

1. 放大辨识

“放大字体”我在教学中经常用到，每当遇到需要识记的字时，我会把字放大再让学生看清楚每一笔是怎么写的，因为有的阅读障碍学生可能存在视知觉问题，如果字太小在他们的眼中会觉得拥挤，甚至有的阅读障碍学生会感觉就像是一堆乱码。把字放大，将文字分解成熟知的部件，能够帮助学生降低辨识的难度。

2. 同伴趣讲

在教学过程中我尝试邀请同学给可心进行讲解，同学之间特殊的、有趣的、形义相连的讲解，正好能帮助到难以通过机械方式识字的阅读障碍学生。比如，识记“拔”字时，同学是这样讲的：“可心，还记得小时候咱们看过的小白兔拔萝卜的故事吗？萝卜太大了小白兔一个人拔不下来，于是它的好朋友来了，大家伸出‘手’，每个人都用出一‘点’力气，终于把萝卜拔下来了，你看这就是‘拔’字(见图5)”。可心听后笑了，第二天果然记住了这个字。还有一回在学习“赞”这个字时，同学是这样讲的：“你看，古代贝壳就是钱，一个人用了一个直钩和一个弯钩组合把钱钓上来了，我们是不是应该给他一个‘赞’(见图6)，记住了吗？”小伙伴教的还不仅仅是记忆汉字呢，《王戎不取道旁李》这篇古文需要默写，学生更是有妙招，自制连环画分解四个情节，帮助可心记忆。小孩子的世界总是有很多奇思妙想，这一次可心又笑了。

图5　学伴讲“拔”字

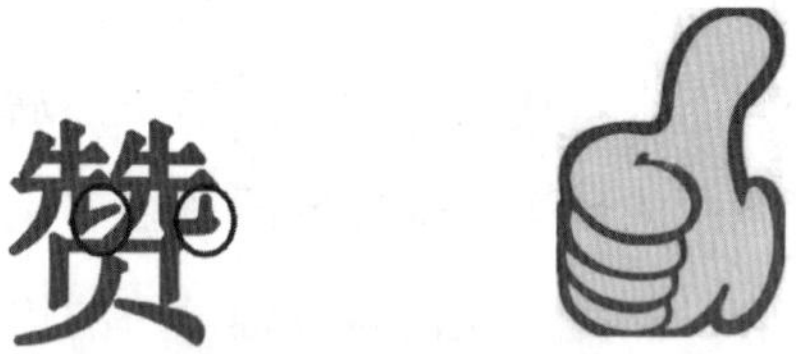

图6　学伴讲“赞”字

接受学习和发现学习是知识获得的两种基本学习方式，在接受同伴讲解过程中可心发现了学习汉字的巧妙方法。识字技能的形成不是一蹴而就的，而是要经过一个不断练习逐步发展的过程，这一过程可以由分解模仿、整体掌握和协调熟练这三个阶段组成。[2]而同伴讲解使可心成功地迈出了第一步。

3. 科学复习

子曰：“学而时习之。”在识记汉字时我先分散难点，还可以比其他同学少认几个，早晨见面问一遍，吃完午饭复习一遍，放学时再问一遍。艾宾浩斯曲线告诉我们：人们在学习中的遗忘是有规律的，遗忘的进程很快，并且先快后慢。学得的知识在识记一天后，如不抓紧复习，就只剩下原来的25%。随着时间的推移，遗忘的速度减慢，遗忘的数量也就减少。每次记完汉字，我就依据这个曲线图进行强化训练，使这些笔画实实在在地储存在可心的大脑里。

(三)评价

美国教育心理学家布鲁纳认为，与其让学生把同学之间的竞争作为主要动机，还不如让学生向自己的能力提出挑战。所以他提出要形成学生的胜任动机，通过激励学生提高自己才能的欲求，从而提高学习的效率。[3]所以我鼓励可心："与自己纵向比，不与同学横向比。"只要作业正确率提高一点点我都会告诉可心："你进步了快给自己鼓鼓掌!"她一边鼓掌一边笑，那是我接班以后第一次看到她笑，这种自我肯定激励了她；每当单元测试成绩比上一次成绩高，哪怕一分，我都会拉着她的手在家长面前为她竖起大拇指，自豪的笑容爬上了她的眉梢；有一次可心的单元测试居然进步了10分，我把数字"10"写在了黑板上让同学们猜这背后是一个怎样的故事，当我揭开谜底时，可心第一次得到了全班同学的掌声，那掌声铿锵有力经久不息，一抹绯红布满了她的脸颊，她的激动、兴奋无以言表。渐渐地每当可心进步时，同学们都会自觉地鼓起掌来。老师、同学的高度评价使可心重拾信心，不断向自己发出挑战。

每单元的目标测试卷，我都会给可心延长测试时间，我们测试的目的在于把题目做对，而不是做完，另外也让可心感受到经过努力自己在一点一点地进步。测验时我还会让可心自主选择题目做，把自己认为能做对的题目做对，这是对平时学习的测评，更是对所学成果的肯定，还有一点就是为教师调整下一阶段教学策略提供依据。

(四)合力

教育合力是促进阅读障碍学生发展最重要的因素。

阅读障碍不是语文课堂的专利，它影响到所有学科，所以只有任课教师都理解阅读障碍，参与到对学生的帮助中，阅读障碍学生的困难才有可能真正改变，而班主任就是学生与各科教师之间的桥梁纽带。

阅读障碍学生在课堂上经常会遇到各种困难，需要同桌的帮助。刚开始我请可心自己选择同桌，她高兴地选择了一个成绩优异的学生做同桌，但在实践中发现，两个学生在认知风格和学习方式上存在巨大差异，沟通起来有难度，孩子有压力。后来选了一个成绩中等的学生做同桌，缩小学习差异，效果就好一点了，沟通也变得顺畅了。过了一段时间可心要求坐单桌，这是一个飞跃，经过一段时间的反复练习，她不仅能够独立掌握一大部分汉字，而且学会了一些识字方法。虽然单坐，可心的同桌却反而更多了，她周围有课间一起玩耍的好朋友，有共同学习的伙伴，有她崇拜的“学霸”，还有需要她照顾的另一个学习困难的学生，这些同学形成了多元智能同桌群。

教会家长当老师是知识强化的必要策略，我会把学校运用的方法一一教给家长，让家长在家中一起做，可心的奶奶配合得非常好：她会用手机放大字体帮助孩子识字，还想办法买来字帖巩固孩子的识记；她用卡片帮助孩子反复练习偏旁部首；她和孩子一起阅读课文训练朗读。可心的爷爷奶奶将老师的要求一一落实到位，继而把整个学习过程全方位最大化进行。每隔一段时间我们还会交流一次，不断更换方法，使工作更具实效性。

四、教学效果与反思

(一)教学效果

现在可心已经上四年级了，经过一年半的共同学习，她有了巨大的变化：下课了你会听到她爽朗的笑声，午休时你会看到她在愉快地游戏；哭鼻子的次数越来越少，身边还增添了几个好朋友。

最可喜的是她的学业成绩从原来的 12.5 分提高到 51.5 分，学习态度也更加主动了！

(二)反思

教育的根本目的是服务于人的美好生活。在教育教学中作为教师要善于发现问题，探究问题本质，科学解决问题。在接触到阅读障碍学生后，我及时发现了她的不同，然而在实践中缺乏理论知识的支撑，对阅读障碍了解很少，走了很多弯路。对于学生、教师、家长之间的协调做得还很不够。但误打误撞，竟然一些做法是科学的。我想这是基于作为语文教师的我对学生的理解，理解她识字时的无助，遗忘时的懊恼，企盼成功的迫切愿望，更理解家庭变故对她的打击。阅读障碍学生首先是一名学生，适用于其他学生的方法同样适用于她，只不过需要的时间、耐心更多一些。

很幸运后来又有资源教师和专家们加入了帮助可心的行列，阅读障碍是我们需要探索的新领域，我很高兴踏入这个领域，和专家、老师们一起走进阅读障碍儿童的世界，助力孩子们的成长！

参考文献

[1]袁振国．当代教育学[M]. 北京：教育科学出版社，2010：164.
[2]袁振国．当代教育学[M]. 北京：教育科学出版社，2010：100.
[3]袁振国．当代教育学[M]. 北京：教育科学出版社，2010：161.

写字真的有那么难吗?

——当语文教师遇到书写障碍①

孟翔芝等人对儿童家长进行调查发现，在汉语儿童中严重和轻度书写困难的比例分别为3.8%和8.6%，书写困难对于儿童学业成绩的影响随着年级的升高有逐渐增大的趋势。[1]这说明普通中小学课堂中存在部分书写困难的学生，对其进行准确识别并进行有效干预具有重要意义。

书写困难学生中干预难度最大的是书写障碍。书写障碍是学习障碍的一种亚型，书写障碍的诊断标准是：儿童在书写技能和年龄之间存在差异，并且这种差异显著影响了其需要书写技能的日常学习和生活。[2]书写障碍问题会在幼儿时期逐渐接触书写时浮现，学生能够书写，但书写的汉字与同龄学生相比规范与美观性要相差很多。普通学校教师缺少书写障碍的常识，对于存在书写障碍的学生难以发觉问题背后的真正原因，通常运用严格要求、多次重复等方式进行干预，这些方法对于存在书写障碍的学生作用有限，反而过度消耗学生精力，导致学生学习效率降低，失去学习兴趣，甚至引发情绪行为问题。

本文以一名普校五年级学生为研究对象，采用适用于一线教师的非正式评估方法，结合相关理论对他进行专业分析评估，并从班主任和语文教师的视角对他进行教育支持。经过两个学期的对症辅导，学生取得了较大进步，具备一定的推广价值。

一、个案基本情况

壮壮(化名)，就读于北京市一所小学，入学伊始，他与其他孩子一样，爱玩爱闹，是个聪明又贴心的小家伙。他能及时看到教师需要，伸出援手，

① 本文发表于《教学月刊・小学版》2019年11期，原题为《小学书写障碍学生的识别与干预——基于一则个案的分析》，内容有改动。作者：李妍，北京市宣武师范学校附属第一小学教师。

帮班主任打水、拿作业，节日送上自己制作的贺卡。随着年级不断升高，他开始暴露出各种问题，他的与众不同越来越明显：书写时他很难集中注意力，每次让他拿起笔完成作业，简直就是一场“战争”，每天的作业都需要教师、家长的督促才能完成；即使勉强写完作业，壮壮交上来的字也写得歪歪扭扭，大的大小的小，而且常常会写出左右部件颠倒或者部件错误的汉字。同龄人很容易记忆的汉字，在壮壮看来却比登天还难，记不住、忘得快，听写、测验更是大片空白。与其他同龄人相比，在“一对一”的情况下，两分钟的时间，壮壮只抄写了两个已经学过的词语。四年级第一学期期末第一次参加纸笔答题形式期末考试的壮壮，作文只写了两行半，成绩为 60 分。

与此同时壮壮在人际交往中的问题也越来越突出，小组活动时他经常与同学发生争执，固执己见，听不进同伴的意见，稍有不同意见就放弃合作，说出“你们弄吧，我不参加了还不行吗”一类消极的话。四年级有段时间，课间班主任走进教室常常能看到这样的情景：壮壮一个人很生气地坐在座位上，四周的同学搬着桌子远离了他，他就好像一座孤岛一样，看起来像发生了什么大问题。结果一询问，多半就是别人碰了他一下等小问题。在与家长、老师相处的过程中，稍有批评壮壮就会咳嗽不止、挤眉弄眼。

二、问题根源探究

(一)问题初步探究及应对

诸多的“异于常人”让教师怀疑，壮壮是不是真的学不会、记不住、写不好？为寻找答案，教师为他做了“瑞文智力测试”，百分等级 89，属于良好水平。为什么这么聪明的孩子就是记不住、写不好汉字呢？问题究竟出在了哪里？

为探究问题产生的原因，教师从家庭调查入手。通过走访发现，壮壮从小和姥姥、姥爷生活在一起，而老人在教育孩子的过程中往往比较溺爱，孩子因为学习受到批评后就会大发脾气、咳嗽不止，老人看到他如此痛苦，往往会“屈服”于他。久而久之，他摸清了老人的底线，在面对学习和作业的时候就更加肆无忌惮，不听家长和教师的话了。因此，那时家校一致认为壮壮没有养成良好的学习习惯是问题的根源。

鉴于这个原因，教师与家长沟通达成一致，加强家校配合，建立奖惩制度，对壮壮进行严格的管理和教育，通过增加练习的方式督促其完成学习和作业任务。他每周必须抄写三篇课文，不管他情愿与否都必须保质保量完成。为了让他能够顺利完成任务，教师进行了各种尝试：讲解汉字记忆方法，帮他记忆生字；苦口婆心讲道理以期他能自己努力；摆上琳琅满目的零食，只要写完就有奖励。但这些方法的效果并不明显，壮壮甚至逐渐流露出反叛情绪，所采取的方法取得的效果适得其反，师生都精疲力竭。

(二)再次观察分析

一次偶然的机会教师参加了一个讲座，主讲老师提到了部分学生存在的书写障碍问题，案例中学生的表现与壮壮非常相似。于是，教师对收集的壮壮的资料进行再分析，发现他所书写的汉字极为不规范，包括形近字替代、同音字替代、丢字、加笔画、减笔画、偏旁分离、字距行距拥挤或分散、部分镜像等问题。壮壮对同一个汉字“岭”经过了五遍才书写正确(见图1)，而别的孩子一遍就可以书写正确。这说明什么呢？教师对他进一步观察，发现壮壮在书写时显得注意力非常不集中，但在小组活动、阅读、听讲等不需要动笔的学习活动时注意力情况则好很多。教师意识到，壮壮的书写困难可能不是学习态度与习惯导致。于是在专家的指导下教师进行了更为专业的观察分析与评估。

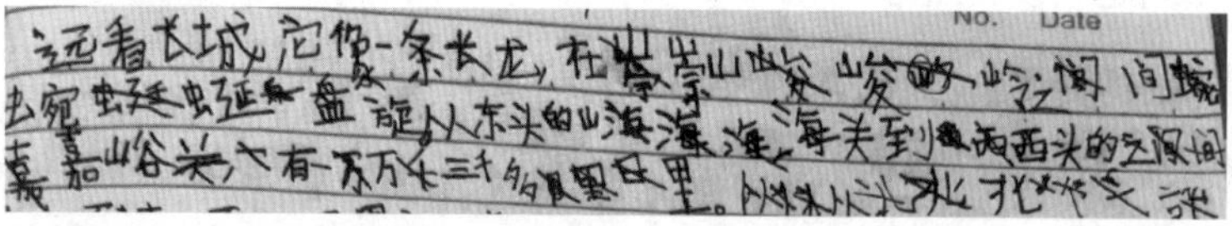

图1　壮壮的书写

1. 书写困难与意愿问题

搜集壮壮各科作业后发现，他的数学作业，口算、计算完成率比较高，一个月内作业完成率达到了70%，而语文、英语作业的完成率只有不到20%，这一发现让教师觉得很吃惊。数学作业更需要动脑思考，壮壮的完成率反而比较高，说明他并非因为不爱思考而逃避语文书写作业。进一步分析语文作业，发现壮壮对于抄词、书写类作业完成率很低，而练习册中选择、判断类问题都可以完成。问及原因，他总说：“选择判断题好写，我就写上了。”基本可以判断：壮壮作业完成的质量与其智力、习惯、态度等无关，他在书写方面存在特异性困难。

同时教师也发现，壮壮并不清楚原因，他只能反复表达“我认真练了，就是写不对”“作业太多了，我写起来太累了”，但是这样的表达在教师和家长看来，只是偷懒的借口。甚至书写困难泛化为更多的问题，他说“作文太难了，我真的不会写”，因为书写困难降低了作文的信心。久而久之，导致壮壮书写作业意愿不足甚至抵触的问题。

2. 空间布局与间架结构问题

教师对他的书写资料进行再分析，发现他在空间布局与间架结构上存在着一定问题，如书写作业部件大小不均衡、部件散开或者挤迫、部件位置不当，以及字与字之间的间距不当。如图 2 数学单元测试中“58＋73”所用空间极小，旁边留有大片空白，而“她两天共看 131 页”一句话却字体极大，挤占了其余汉字的空间；图 3 生字本中“码”字，同一个汉字的“石”字旁有的写得大，有的写得小；3 个“德”字空间布局各不相同，让人很难相信这是同一个学生的书写。

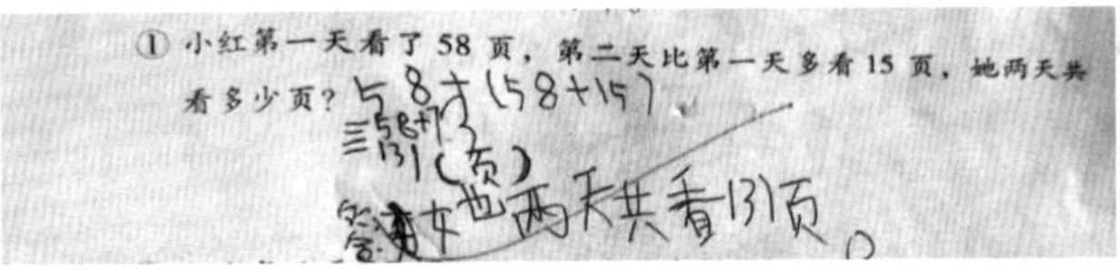

图 2　单元测试中的错误

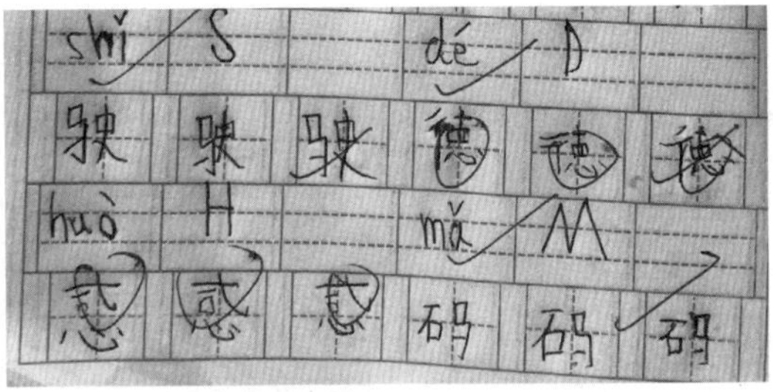

图 3　生字本中的错误

根据明尼苏达书写评量(Minnesota Handwriting Assessment)的书写评估结构[3]，壮壮的书写问题在可辨性和空间方面存在问题，同时也符合Ying-Ti Li归纳的汉字书写的间架结构问题(部件之间的距离、部件的大小和位置不当等)和连贯问题(汉字不平行、字与字之间的间距不当等)。[4]

3. 视觉辨别困难

壮壮的书写作业存在大量形近字混淆、细节错误的现象。在生字抄写作业中，他会把两个毫不相关的汉字抄写成一个汉字，如把“迷惑不解”写成了“迷感不解”。并且对一些细节把握不准，如图3、图4中的“惑”，是否有点，是否有撇，横在“口”上还是在下显得非常混乱。最初，教师怀疑错误是学生作业过程中注意力不集中导致的，但是在教师一对一指导的情况下，同样的错误依然会发生。当教师问壮壮为什么会把“惑”与“感”写错时，他说：“这两个字在我看起来是一样的呀!”别人很容易辨认的两个字，对于壮壮来说竟如此难以区分。

图4　抄写作业中的错误

类似问题还有：“德”字“心”上少一横；汉字“富”口上面少一横；“曾”下面的“日”写成“目”等。教师将他的书写和范例进行比对，他也很难发现自己的错误，当教师将他的错误直接指出或者将字放大之后，他才能发现自己的错误。也就是说他的问题并不是注意力不集中，而是视觉辨别确实有困难。

视觉辨别能力是短时间内视觉信息注意、视觉摄取信息、提取过去储存信息、信息对照分析、信息加工判断、言语表达的过程，它实质上是非常复杂的心理活动过程，很大程度上反映了个体的大脑工作能力。视觉辨别是精确分辨细微差异的能力，特别在识别书面语言符号时，与书写的准确度相关。[5]教师采用张树东等人修订的《视知觉发展测验》(Development Test of Visual Perception-2，DTVP-2)[6]对壮壮进行测试，结果显示：虽然总分正常，但其中“空间关系”低于同龄学生 1.97 个标准差，“图形描摹”低于同龄学生 0.88 个标准差(结果见表 1)。这一结果与非正式评估能够相互印证。可以推断：壮壮书写方面的障碍与空间关系、图形描摹等知觉困难有密切关系。

表 1　壮壮《视知觉发展测验》评估结果

任务	空间位置	视觉辨别	视觉填充	图形恒常性	手眼协调	图形描摹	空间关系	视动整合速度	总分
标准分	−0.8	−0.11	0.46	−0.12	−0.11	−0.88	−1.97	2.41	0.89

四、干预过程及策略

(一)先接纳，变要求，书写作业个性化

教师首先对壮壮的学习态度进行了肯定，理解、尊重他的差异，对他的作业内容进行调整：生字、抄词作业只需要抄写一遍。这样他可以将更多的时间用于记忆字形，提升学习效率。其次，针对壮壮在作文时因书写困难难以完成的问题，教师鼓励他口述完成。例如，在完成“校园景物”习作时，教师帮助他梳理清楚思路之后，他先观察学校的景物，然后口述出需要完成的习作，利用语音输入软件转换成文字，再让他誊抄在作文本上。

作业数量和方式的改变降低了书写难度，让壮壮从心底里不惧怕写字，他不交作业的次数逐渐减少。教师及时关注到学生的变化并予以表扬，学生的书写意愿被极大激发。他能集中注意力，全力记字、写字，书写质量也有明显提高，壮壮的自信心逐步建立起来。对于以往难以下笔的作文，他也能够逐渐完成。这一点看似不大的变化，对于帮他重建信心有着重要而深刻的影响。

(二)辨字形，编故事，看好结构再书写

针对壮壮的特殊情况，教师进行了有针对性的教学指导。他空间感较弱，笔画书写不规范，写字间距不一。为解决这个问题，教师引导他在写

字前不急于动笔，对汉字进行细致的观察。首先指导壮壮读出汉字字音，再引导他观察汉字间架结构，最后用壮壮自己的办法进行记忆。完成单个汉字的学习后，引导壮壮用所学的字组词，强化学习效果。写字时带着壮壮先描再写，每一笔边说笔画名称边写。

通过创编小故事、小歌谣的方式对汉字进行再加工，加深壮壮对汉字的认识，强化了正确字形的记忆。如和谐的“谐”，看到这个字时，他会先拼读字音，再分析“谐”是左右结构的汉字，左窄右宽，两个人说话的时候谈论比比谁更白，不吵架就是和谐。这种方式帮助他将音、形、义紧密地联系在了一起。壮壮对一些字形存在着方向错误的问题，“肖”的前三笔为竖、点、撇，点、撇向内收，而他总将前三笔的点、撇向外撇，并且这个字总是遗忘。在教学四年级语文下册《夜莺的歌声》一课时，教师在预习时就引导他对本课汉字进行关注。本课包含这个部件的汉字共有两个，分别为“哨”和“削”，教师引导他“肖”的意思是“像”，上面像“小”而不是“小”，以此来引导孩子他记忆。在教师的引导下，他自己记忆了“削”，他说左手拿刀削苹果，所以立刀旁在右侧；对于“哨”字，他自己说出嘴吹口哨右手拿哨，所以口在左边。这些壮壮主动发现的汉字故事，帮助他将字形与字义紧密关联，记不住字的问题有较大改善。

(三)重细节，勤巩固，易错笔画凸显标

壮壮经常相同错误多次出现。对于壮壮经常出错的汉字，教师会引导他对汉字进行“逐部件、逐笔画”的再观察。例如，“插”字书写错误，教师引导他先看字形，他说“左右结构”；教师引导他再逐笔画进行检查，他发现“提手旁”没问题，随着他口述“撇、横、竖”，他很快就发现了问题出在了这里，于是他将正确汉字写好后，用记号笔将易错位置进行了标注(见图 5、图 6)。这样有了鲜明颜色的提示，他再次复习时，可以顺利找到易错处，在短时间内完成视觉信息注意、视觉摄取信息加工，从而提升他的汉字细节辨别能力。

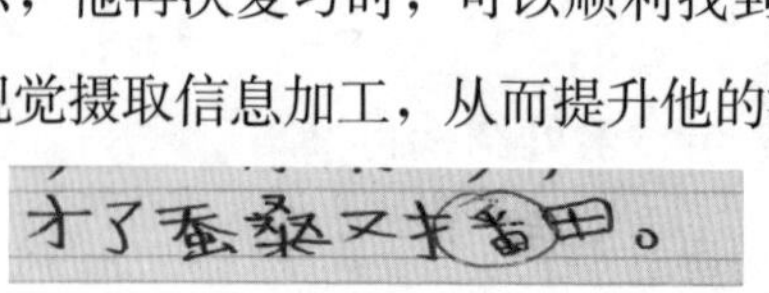

图 5　听写练习

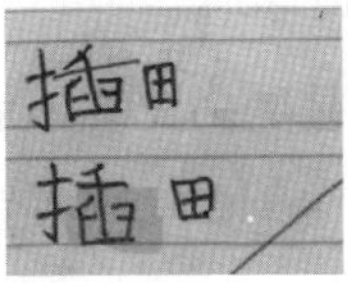

图 6　改错时，记号笔标注易错点

五、干预效果及反思

通过一年的教学实践，壮壮书写的效率和质量都提高了很多，对于汉字书写不再特别为难，能积极主动复习字词。在课堂中，他记忆汉字的积极性被充分调动，汉字的记忆效果好很多。课后，抄写作业基本可以在学校完成并一次全对，听写正确率也有所提高。语文成绩也从 60 分提高到 82.5 分，作文成绩四年级期末考试时只写了两行半得了 5 分，而五年级期末考试时写了 380 字得了 29 分。最重要的是壮壮的精神面貌发生了巨大的变化，令家长、教师们以及同学们异常惊喜。他的一些情绪问题减少了，写作业的速度更快了，书写作业频频得到教师肯定。此外，教师将他的听写成绩和班级评比进行了关联，他的进步也为小队加分不少，他脸上的笑容多了，自信心初步树立，心态平和了，也逐渐能积极听取别人的意见，说出自己的观点，和同学相处比较融洽。

成功的原因当然与有针对性的策略密切相关，此外，还有两点容易被忽视，但非常重要。

第一，在没有对壮壮书写问题进行深入分析、对他的困难进行认真了解的情况下，教师只能依据传统的办法对他严格要求，效果很不理想。后来怀疑学生可能是书写障碍时，曾一度缺乏信心，认为自己只是一名普通教师无力解决这么专业的问题，但在专家的指导下，通过一线教师擅长的作业错误类型分析、观察、访谈等非正式评估方法不但能够基本判断学生问题，并且丰富的评估细节为干预提供了切实可行的参考，因此能够“对症下药”取得事半功倍的效果。因此，普校教师学会与日常工作密切相关的评估方法，找到学生书写问题表象后的症结是解决问题的前提。

第二，之前教师和家长苦口婆心、劳心劳力“安排”壮壮如何练习书写，得不到壮壮的理解反而情绪问题更为严重。在找到问题症结后，教师将壮壮所存在的问题如实告诉他：“你的优势是聪明，小脑瓜里藏着特别多小点子，但是你的不足是你对汉字的观察和记忆不如别人。”他在了解自己的问题后，信心满满地说：“老师您说的我都知道了，我用了标注、编故事的方法确实能记住这些字，但是我就是容易忘，我每天都要复习，让爸爸妈妈考考我，这样我就不会忘了。”教师认为这样一个小学前三年在学习动机和人际交往都存在一定问题的学生，无论学业还是情绪方面都有如此大的改变，与其内在动机被激发有非常重要的关系。

参考文献

[1]孟祥芝，刘红云，周晓林，等．中文读写能力及其相关因素的结构模型[J]．心理发展与教育，2003(19)：37－43.

[2]American Psychiatric Association. Diagnostic and Statistical Manual of Mental Disorders. (DSM-Ⅳ)[M]. 4th ed. Washington DC：American Psychiatric Press，1994.

[3]Fader K P，Majnemer A. Children's Handwriting Evaluation Tools and Their Psychometric Properties[J]. Physical and Occupational Therapy Inpediatrics，2003，23(3)：65－84.

[4]Ying-Ti L. Writing Characteristics of Taiwanese Students with Handwriting Difficulties[J]. Journal of Taiwan Normal University：Education，2004，49(2)：43－64.

[5]Leung M M，Lam C S，Lam S S，et al. Visual Profile of Children with Handwriting Difficulties in Hong Kong Chinese[J]. Res Dev Disabil，2014，35(1)：144－152.

[6]张树东，谢立培，冯译，等．中国1～4年级小学生视知觉发展研究[J]．心理科学，2017(1)：110－116.

作文可以没那么难

——书写困难学生的作文教学①

根据《美国精神病诊断与统计手册》(DSM-Ⅳ)，书写障碍是学习障碍的一种亚型，书写障碍的诊断标准是：儿童在书写技能和年龄之间存在差异，并且这种差异显著影响了其需要书写技能的日常学习和生活。[1]书写障碍属于学习障碍在书写方面的表现，并非练习不足、态度不好、教育不力等原因导致，其困难源于神经系统，其障碍也难以通过单纯的增加书写次数得以改变。

书写既是学生学习内容，又是考试主要方式。书写能力对学生学习效果和考试成绩影响很大。其中语文考试中，作文所占分值最大，而作文需要大量汉字的书写。如果一个儿童存在书写障碍，可想而知他的作文成绩、语文成绩都会受到非常大的影响。周围人的不理解，也可能会给他造成心理压力，带来许多的负面情绪，从而影响他的心理健康。

一、个案基本情况

小明(化名)，小学六年级学生，各科学习成绩均不理想。一到三年级语文、数学、英语平均成绩 70 分左右；四年级开始，数学、英语有所进步，成绩能提高到 80 分，但语文依然没有进步。

小明的语文问题主要表现为书写困难。六年级要求学生能规范、端正、整洁地书写汉字，对绝大部分学生而言，只要认真书写基本都能达到要求。但是小明远不能达到要求，不仅每个字都很难写得横平竖直，甚至书写正确都很难做到。

妈妈在家专门辅导小明功课，生字词语每天回家都会进行听写练习，

---

① 作者：张梦，北京市西城区展览路第一小学教师。

但是第二天到了学校后仍会出现很多错误。他自己的感受是读书情况还可以，但由于书写问题很大，导致阅读与作文得分低很多。

二、书写困难原因分析

(一)生理原因

分析小明作文可见，错字、别字出现频繁，其中包括形近字替代、同音字替代、丢字、偏旁分离、字距行距拥挤或分散、笔画移位、部分镜像等问题。

比如图 1 文章中“湖里的水清的像碧玉似的”中，“似”写出的字笔画正确，但位置错误，甚至笔画叠加在一起。“山顶雾气缭绕”中“缭”，“维护卫生的工作人员”中“维”和“乱扔垃圾”中的“垃”这三个字部首错误。“银装素裹”中“裹”这个字丢了笔画，影响作文的阅读。课下询问后得知，小明能正确表达词语的意思，即他在字音、字义方面均没有问题，问题指向为单纯的字形加工。

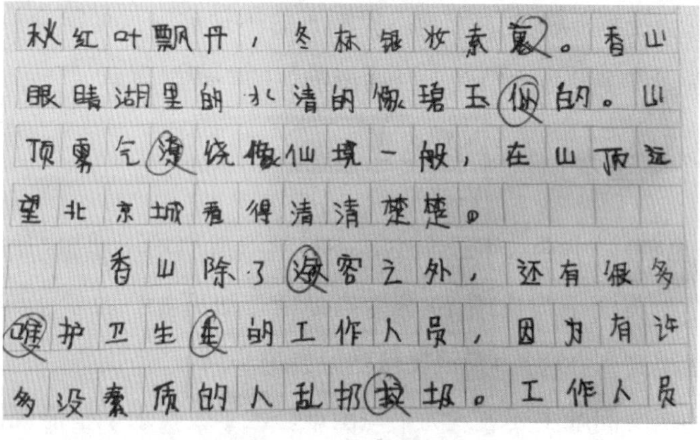

图 1　小明习作片段

我五年级接班时一眼就注意到小明的与众不同，因为有特殊教育的背景，我并不认为小明的书写困难是主观因素造成的，而是怀疑因为生理层面的因素，如视觉加工的困难。但在观察小明的书写过程时让我惊异的是：一般书写障碍学生写字速度较慢，而小明速度较快，甚至过快，对汉字的观察和书写都几乎不假思索。这是为什么呢？带着这样的疑问，我们对小明进行了更多的了解。

(二)环境不利

与家长进一步访谈得知，小明主要是爸爸妈妈带大的，但是在孩子四五岁时，爸爸经常出差，妈妈工作较忙，孩子由姑妈带了半年。家长特别关注孩子跆拳道的训练，对孩子的学习不是特别关注。上五年级后，家长给小明报了很多课外班，周一至周五每天放学后都要上不同科目的课外班，孩子很少有户外的体育活动，家长认为室内的跆拳道训练就是运动。

小明的家长不知道自己的孩子存在书写障碍，甚至之前都没有听过书写障碍，认为仅仅是一些习惯不良导致的，如笔顺不对。家长在家专门辅导他功课，生字词语每天回家都会进行听写练习，错字总会让他反复写很多遍，但是第二天到了学校后他仍会出现很多错误。

我与小明四年级以前的语文老师沟通过后了解到，当小明书写存在问题时，老师单纯地认为他不会写的字，让他多写几遍进行改错就可以了。如果字迹潦草，便会认为他完成作业时不认真，会要求他再写一遍。写出的作文不理想，字迹潦草，都归因于小明日常积累较少，读书少，或者认为他完成习作时态度不认真，会要求他再写一遍，可是效果却不尽如人意。

可见，家长和教师都认为小明习作存在问题的原因是日常练习不足、阅读积累少，以及态度不认真等。家庭与学校的环境都不利于小明习作问题的解决，反而一定程度上加剧了他的疲劳感与逆反心理，就更加不想动笔写作文了。

(三)情绪影响

小明在班级中几乎没有朋友。询问原因，同学们说因为小明性格急躁，一言不合便会大打出手。

与小明沟通交流，访谈结果如下——

师：为什么会和其他同学发生矛盾？

生：我们在一起玩的时候，小 B(他打的男生)总是欺负我的朋友，我学过跆拳道，所以要替朋友报仇。

师：那你跟小B还有其他矛盾吗？

生：他总是嘲笑我字写得不好看，我很生气。在家里也是，妈妈总说我不认真，不用心，让我反反复复地写。

师：那反复练习后字写得有更工整美观吗？

生：其实我很用心了，但是字就是不好看。而且一个字写那么多遍，现在一提到写字，我都头疼。

师：除了学习，你还有其他兴趣爱好吗？

生：其实我喜欢看历史方面的书，现在根本没时间，因为我有很多课外班，回家都7点多了，还要写作业，写得不好，妈妈还要我重写，每天早上6点起床，还要练半小时字，我特别累，又不敢跟妈妈说。

师：你喜欢写作文吗？能告诉我为什么吗？

生：不喜欢，在动笔写作文前，脑子里想得特别好，可是落到笔头上好多字不会写，要不就是会写好多错字，就只能把不会写的字跳过不写了，写作文还有时间限制，写不完，字写得乱，老师和家长都不明白我要说什么，还说我一点都不认真，让我重写，写作文真是太难了。

可见小明由于存在书写困难存在烦恼，同时同学的嘲笑、家长的不理解给他带来了许多情绪问题。他没有自己自由支配的时间，周末被课外班都占满了。同时，家长不了解小明的书写困难，对孩子的成绩要求很高，每科考试都要在90分以上。但是四年级后小明总是达不到他们的要求，尤其是语文，作文都达不到及格的标准，所以小明心里有很大压力，一旦遇到书写相关的内容，知道自己存在困难，但又急于做好，于是常常不假思索地想把任务立即完成，就表现为书写很快，不仔细看等现象。

无论教师还是家长，都没有注意到小明书写上存在的特异困难，看到小明的作文，仅仅让他端正态度，把作文再写一遍。但是对小明来说，他书写问题的根源并非书写次数不足或书写态度不端正，单纯增加抄写次数，收效甚微，反而增加了他的情绪问题。

三、环境营造与教学调整

因为小明确实存在书写方面的困难，而且对他的写作能力影响较大，所以我们采取了一些具体的举措。

(一)情绪关注

首先，接纳现状。与学生沟通，小明的习作问题确实影响语文成绩，但是写作文并不等于语文学习的全部。与家长沟通，在进行家庭教育时，不要被眼前的作业和考试所限，要看远一点，放松一些。正视小明存在的问题是客观原因造成的，在书写上不要对他期待过高，给他带来过大的心理压力，让他觉得写不好、写得不美观没关系，写得对就可以。

其次，尊重学生，耐心倾听。教师在课下常与学生聊天，了解小明的心理状态，让他心中的压力与烦恼有一个宣泄抒发的渠道。该生已经六年级了，具有相当的自主意识与自我决策能力，所以教师可以更加注意听取学生本人的意见，与他交流沟通，讨论出更适合他的学习策略。

最后，方法无痕，自然干预。考虑到小明的情绪问题，不让其他同学把他当成特殊生，加大他的心理压力。在班级中尽量采用“无痕干预”的策略。不单独抽离学生，而是在正常的课堂教学中，利用学生练习等时间，走到学生身边自然地给予个别化的指导；平时抓住作文反馈的机会，每次给予详细讲解。

(二)环境营造

六年级除语文外，不少学科都有卷面分，即看卷面是否整洁，字写得好不好看等。比如，在语文期末考试中作文 30 分，其中 4 分是卷面分。小明字写得不好看，作文每次都得不到这 4 分书写分，而且还会因为书写影响印象分，得分往往远低于小明作文内容的实际水平。

基于小明的实际情况，我与主任、年级组长沟通介绍了书写障碍的概念和特点，大家达成了共识，认识到其实小明已经很努力了，他在尽力把字写好，比起平时的练习有很大进步。主任及年级组长经过商讨后决定，考试标准针对小明可以有所调整，在判作文时对小明卷面的工整和美观程度适当放宽要求。并且以小明的情况为契机，在年级交流普及了书写障碍的相关专业知识，为这类学生营造了被理解、被关爱的支持性环境。

(三)作文指导

对小明来说，受书写问题影响最大的是语文学科，尤其是作文。小明平时写作文时，经常错别字连篇，字迹难以辨认。其实他平时喜欢阅读，脑海中积累了丰富的写作素材，但是由于书写问题，他难以把自己见到、听到、想到的东西，用文字尽情地表达出来，导致作文得分很低，影响了他的写作热情。

在一些经济发达国家与地区，书写障碍已被列入特殊教育服务范畴，考试时能够依据需求提供电脑打字、延长时间等合理便利。目前国内对书写障碍还缺乏了解，更缺乏考试合理便利等相关政策。

在这种情况下，我先从对小明语文成绩影响最大的作文开始尝试：减少作文中字的书写，让他把想表达的内容口述出来，教师记录，完成作文。小明口述是没有问题的，只是落在笔头上就会因书写的种种问题影响其思路的流畅。没有了书写的阻碍，思路就顺畅丰富了很多。

为了避免口语表达容易跳跃的问题，我让小明每次写作文前借助思维导图厘清文章脉络，列好提纲。这样，每次根据提纲叙述时，他的思路都十分清晰，对细节的刻画也更为细腻，能使用不少好词佳句来描述事件。例如，三单元习作是一篇写人的文章，要求写出人物特点。最初，小明上交的《有责任心的表弟》，字迹凌乱，难以辨认，而且由于有很多字不会写或写不对，思路受阻，严重影响了实际的表达水平。课后，他列出思维导图和提纲，口述作文，教师帮忙转录成文字后，再由他自己修改，最终完成了500多字的文章，结构合理、语句流畅，和他之前上交的作文差异巨大。这种方法充分调动了他的写作积极性。这些策略让他从写作障碍的桎梏中解放出来，写出了平生第一篇优秀作文。

学科教师一对一辅助的时间毕竟是有限的，小明习作的练习更需要家长的支持。起初，家长对孩子的书写障碍认识不到位，在孩子对书写出现畏难情绪时，家长认为只要反复练习就可以进步，但是事实证明这样做对成绩提高效果并不明显。后来，在我把师生共同完成的作文及其过程和家长交流后，家长触动很大，表示愿意严格执行教师的建议。现在每次老师布置作文任务后，先在学校通过老师的指导列好提纲，回家后口述，再通过家长转录为文档形式，打印后再抄到作文本上，学生作文成绩有了很大提高，更减少了对作文的抗拒情绪，同时对书写的畏难情绪也有所缓解。

四、效果与反思

(一)教学效果

家长和学科教师能正视小明的习作问题，了解他的问题背后的原因，不给过多的压力，鼓励他的进步。情绪放松后，小明脸上的笑容渐渐变多了，自信心和学习的主动性都有了明显的提高。通过这一学期的努力，小明在书写方面有了很大的进步，尤其是期末语文测试。期末考试是全年级的语文老师流水阅卷，拆卷后老师看到他试卷背面列好了提纲，作文的字迹虽然并不美观，但是作文思路清晰，达到了一类文的标准。语文成绩也有了明显提高，达到优秀水平。

(二)教学反思

1. 关注学生的情绪心理

关注学习障碍学生的情绪心理状态非常重要，他们往往自尊敏感，学生本来对写作文兴趣十足，脑中已有了“长篇大论”，无奈受到“书写”的限制，导致写作期间自身的努力无人知晓，便会产生抵触情绪，不愿动笔。所以无论家长还是教师在评价上，要注意语言的艺术，以鼓励为主，不能只看学生的成绩与结果，更要看学生在学习期间付出的努力。重视学生情绪变化，培养积极情绪体验，不仅能提高学习效率，而且对学生能力和素质的培养也是颇有益处的。

2. 创设支持性的生态环境

对学生的深入理解是最重要的支持，在此基础上创设良好的支持性生态环境对学生来说十分重要，既包括家长对学生的正确理解、教师对学生的教学支持，也包括学校层面的教育政策支持。因为小明的存在，学校教师认识了书写障碍，学校在权利允许范围内对他的习作采取了合理的考试便利，因此，小明才能够有机会展示真实的写作潜能。

3. 家校合作落在实处

家校有效协作的前提是帮助家长“懂得”孩子。家长对书写障碍不了解，在孩子写作文时有畏难情绪和受挫感时，反而容易使用适得其反的方法。教师应先平复好家长的焦虑，帮助家长了解孩子，就是真正干预的开始，而后还需要适切的方法指导。如果教师给家长的建议过于宽泛或者不够合理，家长对孩子的支持就难以持续和到位。

参考文献

[1]American Psychiatric Association. Diagnostic and Statistical Manual of Mental Disorders.（DSM-Ⅳ）[M]. 4th ed. Washington DC：American Psychiatric Press，1994.

“小”调整“大”变化

——阅读障碍学生的考试调整①

一、个案基本情况

小军(化名)，男，普通小学五年级学生。从一年级开始，小军就是老师眼中一名“特别”的学生：当别的学生已经可以工整地写出流畅的句子时，他还在吃力地“画”字，即使是像“大、小、多、少”这样简单的字，对小军来说，要写得结构合理、不丢笔画，也很困难。他分不清 l 和 j，m 和 n，p 和 q，一篇一百字的小短文，读了多少遍，还是磕磕巴巴，至于写作，每次都是空白一片。

也许有人会认为这是由于小军贪玩或家校之间缺乏有效的配合，但事实恰恰相反，小军学习很努力，语文老师已经从各个方面尝试帮助他提高语文学习成绩，他的家长对他的日常学习管理也非常重视，听写、默写、背诵……凡是老师要求的，家长都一样不落地认真执行。图 1 的这张听写作业是小军前一天晚上在家长帮助下温习到 12 点的结果。看起来正确的不少，事实上，在这份听写作业中，有很多老师念的词他都没写，即使写出来的字，也有一些是用写连笔字的方式遮掩细节不清楚的问题。老师为了不伤害他的自尊心，并没有像要求其他学生那样给他一一圈出来。

不管付出怎样的努力，小军的语文成绩始终在 30～40 分徘徊。家长和老师既心疼又束手无策，而他自己在长期的成绩不理想的打击下，慢慢变得少言寡语，甚至萌生了“我是不是比别人傻”这样的想法。面对我们的访谈，小军坦言，语文学习、语文考试对他来说，就是一场噩梦。

---

① 作者：李若南，北京启暗实验学校教师；王莉萍，北京小学广内分校教师。

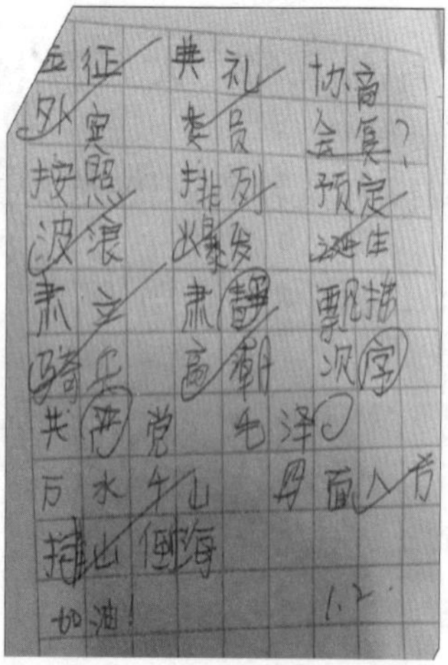

图 1　小军课堂听写

二、评估分析与相关研究

为了深入了解小军语文学习困难的原因，我们对小军进行了一系列评估。瑞文标准推理测验显示他的百分等级为 75 分，智力水平正常。采用北京师范大学舒华教授课题组研发的阅读能力测试评估，结果显示，小军一些测试标准分与同年级学生（五年级）相比存在较大差距（落后同龄学生 2～7 个标准差），甚至有的项目比三年级学生还要低 2～3 个标准差（见表 1）。我们终于找到了长久以来困扰小军语文学习的“病因”——阅读障碍。

阅读障碍是一种常见的神经行为疾病，是指智力正常，有足够的教育条件和学习动机，但依然表现出阅读困难的一类群体。有的阅读障碍学生也伴随书写困难。

表 1　小军阅读能力评估结果

测验	标准分（三年级）	标准分（四年级）	标准分（五年级）
汉字识别测验			−7.33
词表快速朗读			−3.86

续表

测验	标准分（三年级）	标准分（四年级）	标准分（五年级）
三分钟阅读理解			−2.59
数字快速命名			−4.96
语音意识测验	−3.12		
语素意识测验	−2.02		
正字法测试	0.78		

阅读障碍个体的智力通常都是正常的，阅读障碍儿童在阅读学习上的困难通常是特定的，是在阅读文字时存在的困难，并不意味着他们完全不能理解阅读内容。这与小军语文老师所观察到的情况是一致的。小军的语文老师曾尝试调整了阅读题目的测试形式：先由老师将阅读材料读出来，再让小军复述文本，将问题读出来，让他口头表达观点。测验的结果让老师大吃一惊，小军在听完文章后不仅能正确地复述文本，并可以清晰地表达出自己观点。

老师问："孩子，你答得都对，那你为什么不写呢？"

小军说："以前是看到阅读短文就写不下去，总也看不懂，也写不完，慢慢地就不想写了。这样的考试，我能把我看懂的告诉给老师，老师帮我写，能把我想的写出来。"

可见，扫除识字和书写的障碍后，小军表现出的实际能力要比他在传统考试形式中所反映出的能力强得多。这个发现不仅让孩子和我们获得了极大的鼓舞，也给了我们一个新启示：目前的考试形式能够考查出每个学生真实水平吗？我们能否调整一下，让它更加合理呢？

中国教育部与中国残联2015年联合发布的《残疾人参加普通高等学校招生全国统一考试管理规定（暂行）》明确规定招生考试机构应根据残疾考生的残疾情况和需要，提供合理便利措施，如允许视力残疾考生携带答题所需的辅助工具；允许听力残疾考生携带助听器、人工耳蜗等助听辅听设备；允许行动不便的残疾考生使用轮椅、拐杖，有特殊需要的残疾考生可以自带特殊桌椅参加考试，此外，针对听力残疾考生，经申请批准后可免除外语听力考试，免除外语听力考试残疾考生的外语科成绩，按“笔试成绩×外语科总分值/笔试部分总分值”计算等。[1]

目前，我国针对学习障碍的考生，尚无考试调整方面的政策性规定。在欧美、我国港台等一些国家与地区已经以立法的形式将学习障碍学生纳入特殊教育服务对象，为其提供考试合理便利。例如，美国各州均已制定有关特殊需要考生的考试合理便利的政策文件：2013 年美国有 40 个州允许在阅读和数学测试中提供答案代写；在进行写作测试的 37 个州中，有 21 个州允许提供答案代写；26 个州允许在阅读测试中使用语音文本转换，27 个州允许在数学测试中使用语音文本转换，12 个州允许在写作测试中使用语音文本转换。国际上可借鉴的针对学习障碍的考试调整方案包括：试题呈现、试题作答、考试时间、设备材料和考场设置等方面。其中，延长考试时间和语音施测是两种最常提供给学习障碍学生的合理考试便利措施。[2]

三、测评方式调整的尝试及效果

借鉴了国外针对阅读障碍考生的做法，结合学校的实际情况，在接下来的学校月质量检测考试中，我们大胆尝试，为小军设计了专时、专场、专人的个性化测试。具体包括以下三方面：

(1)适当延长测试时间；

(2)把试卷中的文本信息转换成语音信息，消除他阅读上的障碍；

(3)将他的语音信息转化成文本信息，消除他书写上的困难。

即在独立的考场，由教师读题，他可以选择口述或书写两种形式作答。关于读题有两点说明：一是每道题至多读两遍，二是语速、语调保证始终如一，不突出重点词句，不做题目以外的任何提示。

测试时间比我们预想的短，90 分钟的语文测试他只超时了 10 分钟。尽管他拼音完全不会，但基础题提高了很多，阅读题目能写出来了，作文通过口述的方式完成比以往成绩高出 10 分。以往，小军的语文成绩始终在

30～40 分徘徊，而这次一下子提升到了 66 分。

我们重点分析了小军试卷中的阅读理解和写作两部分的答题情况。阅读理解部分的选择题，小军能在老师读的支持下做对题目；遇到不得不书写作答时，会因为书写困难而扣分。作文部分，借助讯飞软件，先将小军的语音转化成文本，再让小军看着文本进行编辑，文章的字数和流畅度较之前的测试都有明显的提高。这是小军进入学校以来，语文测试第一次及格，他看到这样的成绩，笑得特别开心。

小军成绩的提升让老师看到了他的潜能，发现了他的创造力，而小军看到自己的希望，感觉到了“我能行”；同伴也转变了对小军的看法，用小军的话说，自己在班里抬起头了。

四、反思

对于类似的为学习障碍学生所做的考试调整，有教师提出一些质疑与担忧：给学习障碍学生做考试调整，对其他学生来说是否不公平？现在帮助这些学生读题，今后，他参加中考、参加高考的时候怎么办呢，谁给他读？虽然考试调整对学习障碍学生很重要，但是没有明文规定，我们没有权力做这样的调整……

面对老师们的质疑，我们想到，《萨拉曼卡宣言》号召世界各国广泛开展融合教育，融合教育面向所有人（当然不分残疾、民族、性别、种族等）平等提供基本的接受教育的权利和机会。而实施融合教育必须为所有人提供适合的条件，通过课程、教育管理、资源的利用以及社区的合作，确保教育质量的提高与教育公平的落实。对学习障碍儿童进行适当的考试调整既融合教育理念的体现，也是落实教育公平所必须的。

并且，学校的功能正在日趋多样化，已经从单纯的选拔人才逐步转变为为每个人终身学习提供可能。学习障碍儿童的成长是动态的，发展的，中考、高考只是一部分人的学业成长上升通道，也并非适合所有人。对于小军这样的学生，通过考试调整，重塑他学习的兴趣和自信，为其终身学习提供可能，这远比一张试卷，一个分数更有价值。

目前，相关部门暂时还缺少学习障碍及考试调整的相关法律及政策。一些教师认为本人无权给学习障碍学生做考试调整的担忧能够理解，这也从侧面说明，他们已经基于实践经验认识到考试调整对学习障碍学生的重要意义，只是苦于缺少政策。我们主张：相关部门关注学习障碍学生的考试调整问题，融合教育师资培训部门做好学习障碍的普及培训工作，一线教师可在权力允许范围内尝试考试调整，以帮助学生及家长树立自信。

我们对于考试调整的尝试，确实存在很多值得思考的地方，如在延长考试时间，究竟延长多少更为合理？语音读题的过程中，教师读题是否存在突出了题目重点的可能，是否换为电脑读题更为合理？无论如何，我们已经大胆地走出了尝试的第一步，并且会继续地探索下去。

参考文献

[1]曲相霏.“合理便利”概念的起源和发展[J]. 人权，2015(6)：140－141.

[2]邱鹄.1998—2017年国际有关残疾学生考试合理便利研究的现状和热点分析[J]. 中国特殊教育，2018(10)：3－7.

遇见

——数学教师遇见注意缺陷多动障碍学生[①]

一、无奈的“初遇”

小 S，四年级学生，男生。在平日的数学课堂教学中，他听讲习惯不好，大约 50%～60%不能跟上正常的教学内容，甚至更多。有时前半节课他可以认真听讲，但是后面会出现疲倦或分心现象；有时甚至可以自己玩一节课，老师点名提醒他可以改正 5 秒左右，之后又开始分心。

小 S 数学作业也经常拖拉，不喜欢写数学作业，从来不能在学校主动把数学作业完成，即使课堂上有点时间写作业，他也会玩；小 S 更不喜欢改错，学习成绩不稳定，在班中处于中等水平。影响小 S 数学成绩的主要原因是读写的问题和一些偶尔的计算错误，但问题并不严重，如读题时有不正确的断句，书写像画字，随意性较大，有时安排不好空间，一道题先从中间位置书写，位置不够了就再回到最前面写。但仔细分析他数学能力还不错，具有一定的分析、概括、推理、归纳能力。计算能力较强，正确率较高，虽然情况不是很稳定。

我一直认为小 S 这名男生属于淘气，学习态度不端正，行为习惯和学习习惯不好。在课堂上我会频繁地提醒他上课认真听讲，跟上老师的节奏，完全属于“看书干吗？你看黑板呀？看黑板干吗？你看屏幕呀？”这种沟通模式。虽然特别频繁地提醒他，但是效果却特别不好，提醒一句，下一秒他又会干自己的事情(将学习用具搭建成各种飞机大炮)。课堂上他还会出现抖腿的现象，这些行为会牵扯老师很多精力：提醒他，就会影响教学进度；不提醒又担心他会掉队。这种纠结一直困扰着我，我不能理解他的行为。

---

① 作者：杨燕，北京市西城区西单小学教师。

只能这样执着地反复提醒他，用来安慰自己：老师努力了……

二、了解后的“再遇”

后来了解到小S在低年级被诊断为注意缺陷多动障碍(ADHD)，智力中等偏上。以注意缺陷、多动和冲动症状定为核心的障碍称为“注意缺陷多动障碍”，它是一种自我控制和行为抑制方面的发展性障碍。

研究表明，ADHD学生前额叶发育相比普通学生更晚，而前额叶是执行功能的神经基础；ADHD儿童脑电图显示的慢波提示大脑皮层觉醒不足，这种觉醒不足与去甲肾上腺素功能不足有关，在行为上表现为兴奋、易冲动和注意力不集中；还有研究表明，ADHD儿童与正常儿童相比，脑脊髓液中脑多巴胺较少。综上所述，他们不能像成人一样很好地控制自己的注意力、情绪，表现出易冲动、控制不住情绪等问题。

小S容易马虎出错，分心正是属于注意力缺陷的表现。抖腿、玩尺子，这些现象都属于“多动”问题，而“多动”说明他此刻的唤醒水平较低，需要用动的方式提高唤醒水平。别看他手里玩着东西，也许他在听讲，但是不能做到像其他同学一样坐得笔杆条直地听讲，他需要动起来才能认真听讲。算式写在最后，发现没有地方答题了，再把答题写在最前面，这是一种冲动的表现，看到会的题马上就写，其他的就都不再考虑，而冲动也会导致错误增多。

看来，很多现象并不是学生学习态度的问题，而是能力问题。老师没有理解他，所以在教学上的处理过于简单。

三、懂得后的“相遇”

(一)个别支持

之前我是简单地、反复地口头提醒，有时因为提醒次数很多，语气还会略带不满。现在，当看到小S不听讲，我不再急躁焦虑，而是先调整情绪，告诉自己：他不是故意捣乱，也不是不认真，他只是注意力资源又耗尽了，需要我的帮助。于是我的语气、态度都有了很大改变：我会在他疲劳时主动走到他身边，轻轻摸摸他的头、帮助他收好多余的、与学习无关的用具，用一些非语言行为来帮助他及时调整学习态度，以增加他认真听讲的时间，减少走神的频率。而小S是敏感的，他能够感受到老师的爱，也就很容易接受老师的建议。现在我对他提出的记笔记的要求、及时改错的任务，他都可以欣然接受。

我会暗中引导小S如何巧妙地给注意力“加油”。因为理解了学生的行为，所以我在课堂上会允许他“合理”地动。比如，多叫他站起来回答问题，多叫他上黑板写板书，让他为其他同学鼓掌……我还会告诉他可以“适当”地动，别被人发现。总之，抓住各种时机，正向引导学生在遵守课堂规则的同时，满足他的特殊需要，调整注意力。让这些我们常用的无意识教学策略变为有意识教学策略。

在1996年的一项报告中显示，即使没有学习障碍的ADHD学生依然会在阅读理解上得分较低。这一点可以解释为什么小S在读写上容易出现一些小错误。因此我为他设计了个性化学习单，将字号放大，或者打印成彩色，可以增加任务的新颖性和兴趣度水平，以增强注意力。

如果小S错误过多时，我也计划尝试把任务分块，增加休息时间的做法，以应对他注意力稳定性不足的问题。这些个性化的支持，需要注意的是不要让学生感到不舒服，甚至有屈辱感，而是让学生从心理上感受老师的关注，促进其更好地学习。

(二)行为强化

之前因为对学生不了解，我不但没有为学生提供实质性的支持，反而习惯用不满甚至指责的口气回应学生的不良行为，增加了学生的失败体验，造成学生心理压力过大、抵触情绪严重，甚至产生破罐子破摔的心理。了解学生特点后，我反过来关注学生好的或者进步的行为，通过表扬、奖赏等方式增强这种好的行为。这种当一个刺激的改变立即尾随一行为反应而出现，该刺激的改变能增强该类行为未来在类似情境中出现的频率，就是“强化”。

有一次，小S来办公室判作业，无意间发现办公桌上的巧克力，他主动说起这个牌子的巧克力特别好吃。看到他这么喜欢，我就顺势说："主动找老师判作业，今天学习数学的积极性特别高，巧克力奖励你了。"他两眼放光，用不可思议的表情看着我，说了一句："啊?"我再次确认，巧克力是奖励给他今天主动找我判作业的。我悄悄地告诉他，这块巧克力不要在学校吃，也不能让其他同学知道，这是我们的小秘密，不然大家都找我要巧克力，杨老师可没有那么多呢。他迟疑了一下，不好意思地拿着巧克力回班了。

老师给学生小奖励，这种大家经常使用的方法，我并没有在意。令人没想到的是，第二天、第三天……他居然都主动找我交作业。一个每天交作业需要老师催上七八遍的学生，能主动上交作业，立刻引起了我的反思。看来，是巧克力起了作用。这块巧克力除了是一种认可，一种鼓励外，因为要把巧克力藏起来，既不能吃也不能让同学看到，所以这个奖励又被赋予了神奇的力量。

随后，我主动找到小 S，和他商议并郑重地签订了"行为契约"：每节数学课认真听讲，不玩东西，我就给他发好吃的。这样，把改作业的好行为扩大了课堂中。

在新知识、新行为、新习惯的初始学习阶段，连续的、固定的强化是必要的。紧接着，当学生的学习或行为达到了一定程度，就要不断延长强化的间隔时间，直到最后撤销强化。之后我逐渐把物质强化物变为非物质强化物，我使用过评比加分、给家长写喜报等形式。现在小 S 已不需要任何强化物了，可以说已经能够自我监控了。

(三)教学调整

因为学业失败是 ADHD 儿童的主要并发症，因此课堂观察就变得非常重要。我的数学课堂也努力做了一些调整。

(1)兼顾学习风格。学习风格是指人们在学习时所具有的或偏爱的方式，换句话说，就是学习者在研究和解决其学习任务时，所表现出来的具有个人特色的方式。主要有视觉型、听觉型、运动型等类型。

传统数学课以教师口头讲授为主，听觉占主导的学生容易受益。而小

S同学属于视觉占主导，不适应传统课堂，加剧了注意力不集中的问题。所以我将数学问题设置于情境中，为学生提供不同的学习任务，使用图文、非表格、表格、纯文字的形式递进呈现，方便视觉学习的同时，也提供了信息提取的思维支持。

(2)创设连续故事情境，调动学习兴趣。比如，在四年级的“数量关系”一课中，我有意识地创设了小动物开运动会的连续故事情境，组织同学们先为小动物买奖品，再买饮料、饼干、巧克力，在多个情境中引导学生认识单价、数量、总价之间的关系。最后运动会开始了，小动物们进行跑步比赛，通过这个环节学生又学习了与速度相关的数量关系知识。本节课，利用连续的故事情境，不断激发学生生活和学习经验，使学生保持较长时间的学习积极性。

(3)合理安排节奏。一节课40分钟，学生的注意力是有节律的。首因、近因效应让学生易对一节课的首尾印象深刻，我就精心设计导入和小结。中间容易注意涣散，我就适时转换内容与形式，将“积极休息”巧妙地安排进去。

四、最美的“遇见”

(一)效果

在共情的基础上，我和小S建立了良好的师生关系。现在这名学生特别喜欢学习数学，每次写作业都会主动先写数学作业，追着找我判数学作业，要是我忘记拿红笔，他会主动帮我找红笔判作业。

学生课堂听讲注意力也大大提高了。前期学生专注听讲行为大约为40%，后期则在60%以上，甚至达到80%(统计方法是，以5分钟为一个时距，整节课8个时距内全部为正向听讲行为得到一个“√”，只要在任意时刻出现不专心听讲行为记录为×，见表1)。虽然小S有时还是会出现走神现象，但是他可以接受老师的提醒，并及时改正。

表 1 小 S 课堂听讲行为统计表

时距	1	2	3	4	5	6	7	8
前期	√	√	×	√	×	×	×	
后期	√	√	√	√	×	√	√	×

(二)反思

取得成效的关键，我认为在于通过学习，提高了我的认知，从而可以真正地从心底理解了学生注意不集中行为的“情不自禁”，然后我可以正确地帮助学生解决问题。

ADHD 学生的刺激需要持续性和新鲜性，教师需要寻找更多适合学生的刺激，以维持他们新鲜感和注意力。虽然研究这名学生，耗费了我很多精力，但是正像专家说的，ADHD 学生上课都能认真听讲了，其他学生就更没问题了，这节课的学习效率一定非常高。

我懂得了共情学生是基础，他们有足够的能力完成各项学习任务，尤其是正向积极的体验会促进学生在参与中高效优质地获取知识。我还懂了好的行为不是“说”出来的，而是通过正向的强化一点点“塑造”出来的。“双减”减负提质的内涵，理解学生，就是懂得学习，按规律精准施教。

人生的每一场遇见，都有意义。无论长短，无论结局。我遇见小 S，一位数学教师遇见 ADHD 学生，这是一场潜力待发的相遇，一场教学相长的相遇。感恩遇见，不负遇见！

参考文献

[1]张明．找寻注意缺陷多动障碍的对策 ADHD[M]．北京：科学出版社，2017：14.

[2]布洛克，吉姆森，汉森．中小学生注意缺陷多动障碍识别、评估和治疗[M]．滕川，沈瑜，译．北京：中国轻工业出版社，2012：26.

[3]张明．找寻注意缺陷多动障碍的对策 ADHD[M]．北京：科学出版社，2017：44.

[4]张明．找寻注意缺陷多动障碍的对策 ADHD[M]．北京：科学出版社，2017：28.

[5]布洛克，吉姆森，汉森．中小学生注意缺陷多动障碍识别、评估和治疗[M]．滕川，沈瑜，译．北京：中国轻工业出版社，2012：27.

[6]John O. Cooper，Timothy E. Heron，William L. Heward. 应用行为分析（第二版）[M]. 美国展望教育中心，译．武汉：武汉大学出版社，2012：746.

[7]布洛克，吉姆森，汉森．中小学生注意缺陷多动障碍识别、评估和治疗[M]. 滕川，沈瑜，译．北京：中国轻工业出版社，2012：130.

遇见

——语文教师遇见注意缺陷多动障碍学生①

一、研究背景

情绪行为问题指学生长时间、持续性表现出一种或几种直接影响到学生学习的行为特征[1]，这些特征会阻碍学生正常学习。它给个体在学习、社会适应和社会交往等方面带来一系列不利影响。从世界范围来看，相比于其他心理健康问题，情绪行为问题的发生率较高，并呈现迅速上升趋势。[2]

近年来普通小学中，情绪行为问题也常常伴有学业成绩不良，情绪行为问题学生的出现给教师们的教育和教学都带来了极大的考验和挑战。本文以一名普校一年级情绪行为问题学生为研究对象，探究了其情绪行为问题背后的注意缺陷多动障碍问题，并提出了一些措施和教育建议。

二、个案基本情况

小海(化名)，普校一年级学生，男，7岁，独生子。小海平时和爸爸、妈妈、姥姥、姥爷共同居住。主要照顾人是姥姥，学习辅导由妈妈负责。爸爸妈妈很重视孩子的学习，也比较配合学校工作。妈妈自己说过，她发现自己的孩子和别人的孩子不一样，比如过于好动，会在不如意的时候发脾气、大哭等，妈妈感到非常焦虑。

在学校他的情绪行为问题过多最让教师头疼：爱发脾气、有时不服从教师教导、好动、扰乱课堂秩序、有时固执己见、与同学发生冲突……有一次他在课上玩尺子和橡皮(橡皮像在尺子上坐跷跷板一样蹦来蹦去)，教

---

① 作者：郭春辉，北京小学广内分校教师。

师两次提示后还在玩，一不小心把橡皮飞到其他同学的座位，然后他就开始下座位找橡皮，顺便逗其他同学玩……这不仅影响自己听讲学习也影响了课堂秩序；他也会因为自由活动找朋友没有同学主动和他一组时而号啕大哭；也会因为在跳呼啦圈的时候，跳得没有其他同学快而发脾气，发脾气、哭鼻子……还有很多事情都会影响着他的情绪，事后他自己也说不出原因，需要教师去猜测。

从学习能力上看，小海虽有一定的困难，但不算严重。入学前上过学前班，有一定的知识储备。虽在39人的班级中处于中上游，作业完成情况几乎均为优，逻辑较清晰，可以清楚表述事情经过。但是，小海口齿不清，有一定的构音问题，如读“青蛙”的“青”，声母发音介于“q—t”之间，但不影响沟通交流。读书(指读)有漏读和增读现象，能自己意识到并及时更正。但是他的行为问题已经严重影响他的学习效果。比如，刚入学时经常自己下座位；不遵守课堂规则；跟不上老师和同学上课的节奏。上课听指令问题尤其突出。例如，老师的口令是：翻开数学书24页，完成第一小题。他不能第一时间听见老师的口令，经过老师提醒或看到其他同学在写这道题，他才能赶快去做。随着学业难度的增加，他的作业错误率越来越高，作业格式不规范的情况也随之增加。

三、观察分析

通过深入观察，我发现小海的情绪性问题有一些规律。

他缺少耐心，不能等待，爱招惹别人，容易与同伴发生冲突，情绪冲动，发脾气，急躁。例如，有问题时，不论什么时间或场合都要第一时间表达，如果没让他表达，就会哭鼻子；上课的时候因不遵守纪律老师批评他而哭鼻子；也会因为没叫他回答问题而感到失落，然后趴在桌子上自顾自地玩，撕纸或者抠橡皮，甚至打扰其他同学上课，用手捏同桌或后桌同学的鼻子等。这些行为背后的一个核心特征便是“冲动”，相比其他同学，他更难忍受等待，难以忍受挫折，想到什么都急切地马上去做，如果这个愿望不能被满足，就相应产生情绪行为问题，如会大声地和老师争辩，然后蹲在地上或躺在地上大哭。

他上课坐不住，在座位上扭来扭去。他的书包、桌箱经常是乱七八糟，东西经常掉在座位周围。课堂上会擅自离开座位，多种场合地跑来跑去。手部、脚部动作过多，很难安静地站立。比如，上操的时候经常蹲下来观察地上的裂纹和花池里的土壤、叶子。用铅笔、树叶等与其他同学"交流"(放进他人的脖子里)时，他会觉得很开心，很好玩。同样，这些行为的背后的核心特征便是"多动"，他的这些行为并非平时我们注意到的偶尔走神或开小差，而是长时间的、持续性的难以自我控制，经常动来动去，思绪神游。如果课上有老师提醒他，他也很难坚持两分钟坐姿不动，短时间内多次提醒可能效果会更差，动的次数会更多，同时伴随情绪低落。

他在学习和游戏时常常难以保持长久注意力。眼睛几乎从来不看老师，也不和老师对视交流。与他说话时，他看起来心不在焉，眼神飘忽不定，当教师和他说完事情，问他听懂了什么，他不能完全记得，只能断断续续地表达。他难以完成有条理的活动，如整理柜子、收拾书包，甚至整理笔袋，经常丢三落四。而这些行为的背后也有着一个核心特征便是"分心"。在一定时间内，他很难把注意集中在特定对象，也就是注意的稳定性比较差。在和小海单独谈话的时候，他经常所答非所问，如果是在说他的问题，他也不会把老师的话听进去，一直强调自己的理由和想法，如果不被认同，会和上述一样，争辩、发脾气、大哭。

至此，一个情绪行为问题学生背后的特质"冲动""多动""分心"清晰地呈现出来。而这三点正是注意缺陷多动障碍的核心特征。注意缺陷多动障碍(ADHD)是儿童期常见的精神障碍，核心症状为注意缺陷、活动过度、行为冲动，常伴有学业损害、同伴关系和家庭关系、社会适应功能的异常。[4]通过上述观察分析可见小海很有可能存在注意缺陷，并对其学业已经产生了较大的损害。在完成很多任务的时候他很想做好，但总是做不到，这不是态度的问题，而是能力的缺陷。

根据教师们的观察，并采用美国《精神疾病诊断与统计手册(第四版)》(The Diagnostic and Statistical Manual of Mental Disorders ，DSM-Ⅳ)的 ADHD 诊断工具，由各科教师进行了初步评估，小海在注意力、多动和冲动三个维度中的各项情况均为“常常”“总是”。对家长的访谈也初步排除了其他原因对他注意力情况的影响。据此，我们认为小海是疑似 ADHD 儿童，借鉴 ADHD 儿童的核心特征和干预原则，我们对小海采取了一系列的帮助和支持措施。

四、教学干预过程与方法

(一)座位调整

注意缺陷是 ADHD 儿童的核心问题，针对小海容易走神、分心这个问题，教师首先采取的措施是调整座位。入学时按身高排的位置，他坐在最后一排。坐最后一排他观察到的事物多，让他分心的事情就多，比如他从后面看到其他同学的小动作会影响到他。发现他注意力不集中的问题后，教师把他安排在了第三排，将位置安排在安静的区域。座位前移可以有效地减少这种分心，而且位置靠前便于教师对他的观察和及时提醒。

(二)教学调整

由于 ADHD 儿童的唤醒水平不足，当一项活动刺激不足时，容易分心或陷入自己的世界里。通过进一步的观察，小海能否专注存在一定的规律。课堂上，对于较为新鲜的内容尤其是视频和动图的学习和观察，他能够集中注意力。反之，对于简单的、已经掌握的、静态的、用语言表述的知识他经常分心。课堂学习中，学习简单知识走神的时候，教师会点名提醒他：“老师期待你的回答和看法。”他会很认真地想，并积极回答。或者写字时让他来当小老师检查其他同学书写是否规范再点评，他自己写的时候就会非常认真，点评的时候也很细致，在之后的书写中也很少出错。当教师发现他集中注意力并且任务完成较好时，就会提出表扬，他注意力持续的时间就会延长，并且情绪比较稳定。

语文书上田字格里的字有笔顺跟随，一笔一笔累加最后写成汉字，这是静态的笔顺跟随，这一环节小海经常分心。但是如果把笔顺学习改为动态的书写方式呈现(在大屏上展示出这个字动态描红)他会很认真地看，最后教师和同学们一起书写，他会跟着做并且记得很清楚。

在PPT课件中加入适当的音效和视频，上述中提到他更倾向于接受动态形式展示出来的学习内容。所以在课堂上加入了音频和动态的学习内容，提高了他对学习的兴趣。注意缺陷儿童在学习任务时表现注意力不集中，但在游戏时注意力能相对集中，有趣的教学内容产生了类似游戏的效果，降低了学生注意难度，因此他也能够做到注意力集中时间更长，提高课堂参与感。

(三)增强自我管理能力

美国心理学家斯金纳曾提出强化理论，该理论是以学习的强化原则为基础的关于理解和修正人的行为的一种学说。强化是指通过某一事物增强某种行为的过程。斯金纳认为强化是塑造学生行为的一种重要方法，教师可以通过正确的教育方式对学生进行强化，从而塑造学生良好的行为习惯。[4]在我们日常教学中，奖励、惩罚的手段都可称为强化手段。教师在以下干预过程中，强化这一教学手段贯穿始终。

小海由于唤醒水平不足，需要通过“动”来集中的注意力。但这些行为影响了课堂教学，也影响了他自己的注意力，学习问题也会随之产生。让他一下子在短时间内“改掉”所有的小动作是不可能的，何况又是刚入学的小学生，所以教师需要对“动”加以区分，什么时候可以动，什么时候不可以动。比如，课上的时候允许他在自己座位上动，但不能下座位；慢慢地能达到这个目标后，手可以在桌面以下做小动作，但在桌面上不可以。

为了增强小海主观能动性和提高自我控制能力，教师、小海和妈妈共同制订了一个“契约单”计划表格(见表1)，此计划每周总结一次，每月更改一次。“契约单”——在校每天得到6次表扬可以换一颗星星，表扬内容包括上述的不随便下座位、不打扰其他同学、手里不玩东西、举手回答问题等。每天得到星星的数量可以兑换妈妈相应的奖励，最后每周积攒一次进行奖励，下一周重新开始。妈妈的奖励是他比较喜欢做的事，但平时不是总有机会去做。其他几项既能增强他的集体意识，又是一种荣誉。

表 1　契约单

在校得星星数量	妈妈奖励	教师奖励
★	和妈妈读一个故事	奖贴表扬
★★	吃自己喜欢的零食	为同学摆饭兜一次
★★★	买一个新玩具	为同学讲故事一次
★★★★	玩平板电脑半小时	黑板画画十分钟

使用过的目标如下。

第一阶段：有问题举手、不随便下座位。这一阶段只要做到了这一点就及时鼓励，强化正确的做法，尽量避免口头批评。大幅度的动作、干扰课堂行为减少后，他的课堂表现有了很大的进步。

第二阶段：整理物品整齐有序。这一阶段先告诉他如何整理书包、桌箱、笔袋，如何让这些物品不掉出来。例如，教他用书包带把书包固定在椅子上，铅笔橡皮放到固定位置，一节课内不要频繁换铅笔等。这些都学会后需要自己及时整理和检查，教师及时提示。

需要注意的是，并不是每周都换目标，根据孩子的情况，如不哭鼻子这个目标维持了三个星期，直到有改变为止。更换目标后也不能忽视之前的目标，日常行为规范的培养中依然要经常提醒、鼓励他。

(四)情绪管理

小海产生情绪和行为问题多数是在与同学相处、与他人沟通、受到挫折后产生冲动情绪。这时，需要教师帮他如何在这些情境中管理自己的情绪。

当小海情绪失控时，不再去批评他，此时这种批评不仅无济于事，还加重他的情绪失控，只要不是威胁到安全的原则性问题，教师减少了对不良情绪和行为的关注，给他冷静下来的时间，等他把情绪发泄完后再进行沟通，他会发现发脾气、哭鼻子不能解决问题。通过“停、想、做”的方式让他自己学着去体验情绪的变化、管理自己的情绪。

有研究表明社会技能训练是ADHD的有效模式，包括了倾听、沟通、寻求帮助几个环节，这是帮助ADHD儿童缓解冲动情绪的方法之一。[5]所以教会他如何与同学交往的技巧是非常必要的。例如，体活课上，他拿不到自己喜欢的器材就哭鼻子。这时候教师需要告诉他解决的办法：他可以和同学交换。在此之前需要和他人沟通交流，学会倾听别人的意见，不能固执己见，双方都同意并达成一致后再交换。有时候我会带着小海融入大家的集体游戏，告诉他别人玩的时候要学会用眼睛观察、用耳朵去听，反应要快一些。久而久之，小海渐渐融入集体游戏了，并且当自己玩得不好的时候愿意再去尝试而不是闹情绪。

五、教学效果与反思

(一)教育效果

通过一学期的努力，小海在情绪行为问题方面有了好转，由最开始的平均每周哭2～3次减少为2～3周哭1～2次，时间长度也由10分钟降低到2～5分钟，教师和家长都发现小海情绪控制能力的进步。

注意力方面：语文课上从开始不举手回答问题，到每节课可以回答3～4个问题。与之前相比有了较大的进步。注意力集中时间比以前有所增加，上课回答问题的次数、正确率增加。

人际交往方面：师生关系和同伴关系有所好转，攻击行为逐渐减少，与同学互动的行为有所增加，开始主动发起聊天和找同伴玩拍手游戏。会与老师主动交流，并开始注视着老师的眼睛说话，对老师的安排积极配合。

(二)教育反思

1. 寻找恰当的干预切入点，确定优先干预目标

小海的问题是多元复杂的，所以要结合他的情况制定综合分析，最重要的是要分清干预的优先等级，先解决当下最要紧的，小海最主要的问题就是注意力问题，所以就以这个问题作为切入点，通过上述方法来鼓励他不断去达到自己的小目标。调座位使他受到老师的更多关注，课上PPT的

音频、视频吸引注意力使其产生兴趣。一学期结束后，他不仅行为问题减少了，像哭鼻子这样的情绪问题也随之减少，可见自我控制能力是迁移、泛化的。

2. 强化手段的合理运用，自我管理能力的培养

上述方法中，对良好行为给予表扬、哭鼻子时间缩短及时总结表扬是正强化。同时，积极强化要恰到好处，否则会过犹不及，表扬和奖励过多，学生就会屡见不鲜而麻木，最终失去表扬和奖励的意义，积极强化起不到应有的作用。

“契约单”这一目标计划，教师和小海每月共同制订、更改一次，并在制订新计划前，总结前段时间的表现，提出表扬的同时也指出问题。教师和妈妈会沟通好，达成一致，并分享具体方法指导家长如果在家遇到情绪行为问题时如何处理，督促小海进步，看到他的进步及时鼓励、表扬。孩子情绪和行为向我们传递着成长、进步的信号，不仅他自己感受得到，父母和教师也能感受到他那份发自内心的快乐。团结友爱的班集体也在帮助着他成长，当然，也帮助着每一位同学。

3. 策略学习

小海同学很多时候是很想做好一件事，但总是达不到，如和他人交往、融入集体游戏、个人游戏、比赛、整理物品等，小明是认真在做，就是达不到他自己预期的效果，他自己很懊恼，也会生自己的气。教师在整理物品、集中注意力(要多跟老师互动积极举手回答问题)、与他人交流、融入集体集体游戏(要调动起自己的眼睛、耳朵、嘴巴)等方面教给他一些策略。他也在实践中慢慢体会、消化、吸收、自学新方法，最终自己能自如地、舒适地、快乐地学习和成长。

参考文献

[1]李闻戈．情绪与行为障碍儿童的发展与教育[M]．北京：北京大学出版社，2012：40—42.

[2]王丹．青少年情绪：行为问题、家庭功能、认知性情绪调节策略及其关系研究

[D]. 上海：华东师范大学，2011：17－181.

[3]沈渔邨．精神病学[M].5 版．北京：人民卫生出版社，2009：731－732.

[4]陈韦．论强化在培养幼儿良好行为习惯中的作用与运用[J]. 教育与教学研究，2014，10(10)：125－128.

[5]尹显贵，孙巍尹，葛子煦．儿童注意缺陷多动障碍研究进展[J]. 吉林医学，2013，34(31)：6555－6556.

从“惧书”到“迷书”

——环境不利阅读障碍学生成长记[1]

一、畏惧读书的他

二年级的小言（化名）出生在中国，由于父亲工作原因，一岁到印度尼西亚，五岁半回国。他在印尼学校用印尼语上课，英语是第二语言；在家里多用汉语和英语交流，如果与他说汉语语速过快时，他会听不清。所以家长与孩子沟通时，多用简短的词汇沟通。小言上学后，与人沟通也只是蹦词，而不是说完整的句子。

因此小言的语文阅读相当吃力。最初我认为小言阅读问题的主要原因是字词积累得太少而畏惧读书，所以就想从补习字词抓起，也让家长监督孩子在家学习字词、背诵默写字词，并检查。

那段时间小言一听字词就烦躁，补字词的时候非常不乐意，甚至还会把自己的笔和橡皮藏起来，以此来逃避背诵默写汉字。在家里他的表现就更烦躁了，不停地跑、不写不背，最严重的一次把自己的书给撕了，和家长说不想上学了。他妈妈也很苦恼，每天追着孩子背诵默写字词对她来说就是煎熬。小言一看到我走向他，下意识的反应也是躲开，当时真是把我和他妈妈弄得很头疼也很苦恼。

我和他妈妈感觉到补习字词的方法对于小言来说特别不合适，小言不仅没有进步，反而对我和他妈妈产生了畏惧心理，对字词也更加排斥。

二、新的发现与尝试

开始我以为是小言认识的汉字比较少，所以不愿阅读，害怕阅读，但

---

① 作者：孙晓岑，北京建筑大学附属小学教师。

是我在与英语老师沟通后发现，小言也不愿意说英语。毕竟小言接触的英语要比同学们多，这让我有些疑惑。因此我对小言的认字情况进行了一次测试，并把小言会认的字挑出来，选择适合小言阅读的文章，让小言进行阅读。虽然都是认识的字，但是在阅读过程中，我发现小言还是抵触阅读，不想张口，甚至有时候表现出暴躁的情绪，勉强读的时候，也不是很流利，出现多字、少字、重复读等情况。据此，我怀疑小言可能存在阅读障碍，但因为他的语言环境过于复杂，所以我决定先从改善环境入手。

当时我想可能小言接触的课内阅读文章，是他不感兴趣的，所以他不愿读。而家长由于工作原因，一直把小言托管。在托管中，小言也接触不到其他课外阅读，所以久而久之就导致他对阅读越来越厌恶。所以对小言的帮助要同时兼顾环境和心理两方面。

(一)爱上“听”书

针对小言的这个问题，我觉得要转变方法了。怎么才能让他把畏难情绪克服掉？什么对于小言来说能简单点儿？现在他不喜欢“读”，不喜欢“写”，以前缺少汉语环境，“说”也不行。那是不是可以从“听”开始呢？

恰好小言特别喜欢听故事，听故事是否可以成为亲近读书的桥梁呢？于是我和小言的家长商量，每天利用晚上的时间，让孩子听一听故事。小言妈妈非常乐意，毕竟和以前的监督孩子写生字词、背诵默写词语相比要轻松得多，而且每天花的时间也仅仅五分钟，非常容易操作。

沟通后小言妈妈开始在听书网上给小言听故事，小言很开心，“小豆豆”系列、《米朵朵上学记》《恐龙世界》《格林童话》等都是小言自己选的故事。渐渐地，家长和我说，小言由原先的听不懂排斥听，变得喜欢听、乐于听了。现在一到听故事时间，都会催促家长给他播放故事，有时候还不自觉地跟着重复。

小言妈妈每天晚上拿出短短五分钟的时间，陪伴孩子阅读，鼓励孩子阅读。小言在听故事过程中，不仅积累了听觉词汇，还获得了陪伴，满足了孩子对家长关爱的需求。小言对阅读产生了安全感，从恐慌区转变到了舒适区。而且每天的任务非常具体、清晰，就是听故事然后讲故事。这样的任务对于小言来说容易完成，对家长来说也不为难。

(二)为他“写”书

小言输入的听觉词汇多起来了，具有了一定的表达输出能力，我就开始鼓励家长让小言给他们简单地讲讲故事。开始讲故事时，小言只想听不想说，如果让他讲，就开始发脾气，又回到了不开口读的情况。为此我和家长沟通，可以以亲子讲故事的方法带动小言讲故事，小言对这个形式还是比较喜欢的。因为家长平时太忙没有太多时间陪伴小言，所以小言特别喜欢和家长一起做事情。渐渐地，家长向我反映，小言能简单地讲一讲故事了。不过他自己还不能独立阅读故事、讲故事。讲故事的积极性不太高，因为小言觉得这个故事是别人的，由别人讲就可以了，自己不需要讲，听一听就好了。

这个情况家长向我反映后，我又开始思考，如何让小言乐于讲故事呢？我向家长了解到小言特别喜欢恐龙世界，尤其是恐龙中的霸王龙，每次一听到这三个字，就格外地兴奋激动。如果从小言的兴趣出发，我来帮助他写故事，让他自己讲可能是个好的尝试。考虑到小言对阅读有排斥、阅读时容易出错，我把字号放大，字与字之间的间距加大，以减轻他阅读的心理压力，同时减少周边汉字的干扰。根据小言的兴趣点，我写出了以下故事——

我 最 喜 欢 的 动 物 是 霸 王 龙 。 霸 王 龙 是 最 凶 猛 的 兽 脚 类 恐 龙 ， 是 最 大 型 的 肉 食 性 恐 龙 之 一 。

霸 王 龙 身 长 可 达 17 米 ， 高 6 米 ， 重 达 8 吨 ； 它 的 牙 齿 长 达 20 厘 米 ， 向 后 弯 曲 ， 齿 缘 有 锯 齿 ， 一 旦 食 物 被 它 的 血 盆 大 口 咬 住 ， 它 就 不 可 能 逃 走 ； 霸 王 龙 脖 子 短 粗 ， 前 肢 非 常 短 小 ， 后 肢 粗 壮 有 力 ， 尾 巴 粗 壮 ， 被 称 为 森 林 之 王 。

(三)尝试“讲”书

小言觉得故事是为自己写的，是独一无二的，而且也是小言感兴趣的话题，特别兴奋。我进一步引导他："既然是你自己的故事，能不能自己讲给老师听呢？"他满口答应。

因为里面有不少生字，这个小故事对小言来说还是非常有难度的。不过由于感兴趣，所以小言总会主动去问我字怎么读，有时候自己还会拿出字典来查，不用我和家长怎么督促，小言就利用课余把故事读了很多遍，然后找我读故事。每次小言读的时候，我都不会打断他，等他读完后再指出他读错的字词，让他在读错的字词画上横线，和他约定，下次我们可以错几处，小言由开始的十多处，渐渐变得只错一两处，而且读得也越来越流利。

看到小言将故事已经读得比较流利，我就开始鼓励他："你看这是你自己的故事，现在只有老师一个人听到，多可惜啊，应该让更多的人听一听你的故事才好呢，你想让更多的人听你自己的故事吗？"小言想了想说："嗯。"于是我建议他："可以先让班里的同学听一听你的故事，给大家讲一讲，老师来给你制作课件，可以吗？"小言点了点头同意了。

在小言进行展示之前，我对班级的学生说，小言要给我们讲一个故事，小言为了讲这个故事付出了许多的时间和精力，很辛苦，希望大家都喜欢小言的这个故事，给他打个高分，好吗？同学们都说好。在讲故事前，我特意鼓励小言，让他敢于上台讲故事。虽然他在讲述的时候，声音小，但是在故事中出现的字、词，他几乎都读对了，我借机大力表扬小言，同学们也感受到了小言的进步，纷纷鼓起掌来，给小言打了高分，小言当时特别开心，特别有成就感。

(四)引导"读"书

在这次读故事后，我开始和家长沟通可以给小言观看些汉字视频，每周一次就可以，让他渐渐积累汉字，并和家长建议带小言去选购自己喜欢的图书。开始时小言只选书籍封面和插图好看的书。我和家长说："不急，我们慢慢来，现在孩子肯选书就是进步，我们再慢慢引导。"所以一开始小言选择的书籍多以字数少图片多的绘本为主，如《大卫不可以》《我爸爸》《我妈妈》《恐龙世界》等。慢慢地，我根据班级中的学生，尤其是男生特别喜欢历史、军事、科幻类书籍等情况，引导这些爱读书的学生与小言交谈这方面的趣事，小言听了之后觉得很有意思，勾起了他的好奇心，开始主动涉猎历史、军事、科幻类读物，而这些读物相对来说属于字多图片少的书籍，虽然开始读时很费力，但是在小伙伴和家长的帮助下，小言已经读过了《中华上下五千年》《丛林历险记》《军犬钢牙》等书。

渐渐地，小言不再觉得阅读是一件特别可怕的事，有时候还会在课堂上进行阅读展示。每当小言课堂上想要读书时，我都会让小言在全班展示，有时候小言读得并不好，我会引导学生："每个人都有长处和短处，小言暂时的短处是阅读，虽然小言读书很困难，但他依然乐意尝试，很努力去读书，这是不是很勇敢？我们都应该鼓励他，对吗？"虽然小言读书不好的时候还是很多，但是经过引导，不管小言读得怎样，现在班里的同学们每次都会给小言掌声鼓励。

令人欣喜的是，小言和同学的关系越来越好了。我特意在小言的周围安排了喜欢阅读的同学，每天的读书时间，同学们都会分享自己的读书感受或者自己认为有趣的地方。在这个环境下，小言也开始和同伴一起分享读书的乐趣和收获，并在同伴的鼓励和认可中，体验到了归属感和成就感。

三、教学效果与反思

（一）教学效果

现在小言越来越爱读书了。上自习时，小言不再玩他的文具了，而是会去书架借书看，小言的书包里也会看到其他课外书，有时还会带三到四本在课下和小伙伴一起分享读书，不再是课下发呆或者撕纸叠纸玩了。

在读书的过程中，小言与父母、同学也有了更多的交流机会，他的归属感更强，情绪越来越平稳，学习的自信和动力也越来越足。学习成绩明显提高，成绩提高的同时，小言更愿意主动找老师和同学交流自己在课堂上遇到的困惑，并且会主动和同学、老师聊一聊他的校外生活，还特别积极地参与班里的活动，不再以旁观者的角度对待班集体，真正成了班级的一分子。

(二)教学反思

1. 阅读与听

小言成长的转折点是从听故事开始的。这个小方法看起来不起眼却是最为关键的一步。因为汉字是音形义的结合体，对于在国内长大的孩子来说，对词语的读音和意义早已熟悉，阅读只是将已知的字音、字义与陌生的字形连接而已。但对于缺少汉语学习环境的小言来说，他连词语的读音和意义还不了解，所以即使阅读时读出字音也并不能自然懂得含义，也就体会不到阅读的乐趣。所以听故事能帮助他积累大量的听觉词汇，而正是这些听觉词汇的积累为书面阅读做了积极的准备。

2. 爱与归属感

现在的父母工作繁忙，陪伴孩子的时间很少，即使能够和孩子在一起，也多像小言的母亲一样更多是强势地要求与指责。满足孩子对父母爱的需求是帮助孩子进步的重要动力。小言妈妈一个重要的做法是，让孩子自己决定读的内容与方式。这样，在孩子心里，一直认为阅读是自己布置给妈妈的任务。平时强势的妈妈可以听自己的指挥，自己和妈妈的角色互换了，特别有成就感。这样一个“听话”和善的妈妈给了孩子安全感，给了孩子真正的陪伴，正是这种陪伴给了他最初的动力。

在班级小言的座位是特意安排的，他的周围都是喜欢读书并且乐于助人的同学，这个小环境下，小言开始和同伴一起分享，分享读书的过程中同伴的鼓励和认可让他体验到归属感和成就感。尤其是展示读书后，小言感受到了来自同伴的关爱，有了归属感。

3. 关注与反馈

听故事期间我坚持每晚都和家长联系，了解学生当天听的故事，我也会去听一遍，确保每天能与学生进行沟通与反馈。在这一过程中，学生获得了老师的关心与关注。正是老师的关注与反馈给了他坚持下去的动力。

从“走近”到“走进”

——多重障碍学习困难学生的理解与支持 ①

一、个案基本情况

小 Z，女，四年级。该生身体瘦弱，消化功能不好，视力较弱．在多数教师看来，她是一个有着严重的学习问题、行为问题，甚至“品行”问题的学生。

小 Z 行为调控能力较差，课上坐不住，扭动身体，晃动椅子，下座位，嘴里发出声音或者制造噪声，随意拿周围同学学具，接下茬儿，影响正常课堂教学秩序。该生一节课集中注意力听讲的时间仅 5 分钟左右，即使教师频繁关注，一节课注意力维持时间也仅在 10 分钟以内。

小 Z 学习能力较弱，表现为学业成绩差，不能按时完成在校的读写任务等。当有人听课时她表现会十分积极，经常举手，但回答正确的时候较少。与同学交往能力较弱，没有朋友。课上也常与同学发生争执，大声告状、大喊大叫。

家长希望小 Z 将来考大学，在学业上可以继续深造。她的课后时间主要用于学习，一周自由玩耍的时间仅有 2 小时，她大量的时间用于写家庭作业，但依然不能保证完成作业，即使完成作业质量也不高。她的考试成绩落后较多，甚至有时只有个位数。

二、学生情况分析

(一)注意力问题

小 Z 被诊断为注意缺陷多动障碍(ADHD)。美国精神医学会将 ADHD

① 作者：王颖，北京市西城区西单小学教师。

定义为：在发育过程中，出现和年龄不匹配的注意力不集中和(或)多动、冲动的行为，并且这些行为持续时间长，程度严重，显著影响了儿童日常生活。

小Z很容易分心，课上注意力极度涣散；课下很难独立地长时间专注完成作业；即使是简单的任务，也是经常写一会儿玩一会儿；条理性差，丢三落四，衣服红领巾经常乱放……这些都是其“注意力”不良方面的表现。课上不能安静地坐在座位上，总是下座位，趴在地上或跪在地上找东西，或用学具四处画，扎同学桌椅书包等；坐在座位上时，手脚多动，常常翘椅子、玩文具，常常干扰周围同学听课或嘴里发出喊叫声音……这些都是“多动”行为的表现。她不能静下心来听课，常常未经老师点名，便大声回答未经思考的答案……这些是其“冲动”的表现。

上面的行为首先由于小Z患有ADHD，是生理原因所致，而并非简单的态度不良所致，更不该直接归结为品行不良。ADHD学生在情绪控制和社会交往方面也会存在一些困难，也解释了小Z的一些相关行为。

(二)读写问题

小Z在读写方面的困难比较大。表现为：即使在家里一对一辅导朗读，课堂朗读还经常会有多字、少字、不认识字或跳行等问题；而且她已经四年级了，仍习惯指读；对没有预习过的课文，朗读得断断续续，有很强的排斥感；书写速度慢，在学校不愿意抄写字词作业，经常拖到回家等妈妈辅导后再上交，交上来的字间架结构不合理，拼音也不会写，错字、错词经常不改错；练习册不会写，只能抄写同学的答案。

小Z还经常写一些不存在的生造字，如把“然”字上面的左右部件颠倒(见图1)；抄写名言警句“人非生而知之者，孰能无惑”时，将“孰能无惑”抄写得让人不能辨识(见图2)；甚至抄写生字时能同时写出几种不同的字，像同一页中出现了三种“驶”字的错误。(见图3)

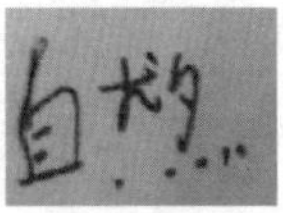

图1　课堂笔记中的错字

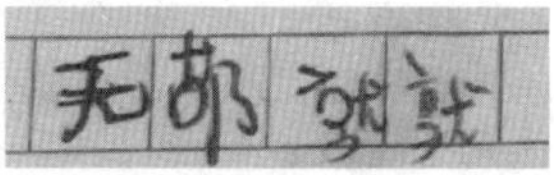

图2　抄写名言“孰能无惑”

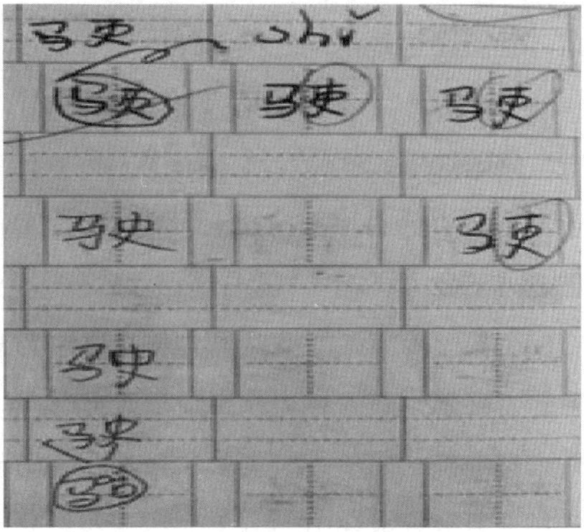

图3　抄写生字中的错字

因此我怀疑小Z除ADHD之外，在读写方面还存在特异性困难。为此，我采用北京师范大学心理学院舒华教授课题组的《阅读障碍评估工具》进行评估，结果显示，如果小Z智商正常，已达到阅读障碍诊断标准(见表1)。

表1　小Z(四年级)阅读障碍评估成绩

测验	原始分	百分等级	标准分(三下)
汉字识别测验	30		−3.73
词表快速朗读	64		−0.90
三分钟阅读理解	45		−1.99
数字快速命名	28.88		−2.03
语音意识测验	2		−3.63(四下)
语素意识测验	7		−3.21(四下)

由此推测，单元考试时，小Z坐不住，不能静心看试卷，经常考试时趴在桌子上睡觉，试卷要么不写，要么胡写，要么简单重复写几个汉字，这不仅和ADHD有关，还和她的阅读障碍有关。

(三)思维能力

小Z在概括文章大意时，不能简要加工概括，只会读文章原句；在提炼主旨时困难更大，不能完全理解问题的意图，思维混乱，答非所问，概括能力较差；解释文章词义时，表述含糊不清，不准确。比如，“不败之地”她理解为“失败”，反复提示“不败”，她会疑惑地问“什么意思”。从这些表现，一方面看得出小Z生活中积累的词汇不足、阅读量不足；另一方面也可见其逻辑推理能力不足。

小Z在一年级时，医院诊断她的韦氏智力测试结果为83，属于边缘智力，但从实际学习能力来看，她的智力水平应低于此分数，她的母亲也表示医院当时的评估未必准确。四年级时老师采用瑞文智力测试量表，测试小Z的推理智力，她的百分等级在10%左右。因此可以判断小Z思维的碎片化、学习能力不足与其推理能力不足也有一定的关系。

三、教育教学过程与方法

我了解到小Z不但存在严重的注意缺陷多动障碍，而且还存在阅读障碍，并且推理能力不足，因此她在学习方面才困难重重。于是，我转变了心态，由刚开始的不理解和焦虑，逐渐转变为理解、积极关注和寻求有效的支持策略。

(一)心理关注

小Z几乎花费所有的课后时间用来学习，但效果甚微。她缺少朋友，缺少肯定，甚至还会因为学习遭受家长的责怪。她已经表现出较为严重的安全感和自信心的缺失。为此，我先从心理支持入手，增强小Z的自信心和自尊心，激发她的内在驱动力。

(1)建立连接。我时常倾听小Z的想法以及她的心声，时常与她沟通，了解她的需求，拉近和小 Z 的距离，让她与我相处时感到自然舒适。比如，我会经常问她，“你今天心情怎么样”，“今天和谁成为了好朋友”，“课上哪些问题没有明白”，等等，经过一段时间的沟通，每到课下，小 Z 都愿意找我聊一聊天，说说自己的心里话。

(2)正向提示。如果在课堂上，小 Z 坚持不住，想要下座位或者忍不住发出了声音时，我不会马上批评她，如“自控能力怎么那么差”，“怎么又坐不住了”……对 ADHD 学生来说，这样做不仅效果不明显，而且很容易伤害学生的自尊心。我会抓住她课上表现出的正向行为大力肯定，在她表现不够好时，我会马上进行正向引导：“快坐正！刚才你很棒！现在再坚持一会儿！”

(3)及时鼓励。我赏识小 Z，发现她的闪光点并不失时机地进行表扬，帮助她树立信心，让她感到自己是受到老师尊重和重视的。比如，她在课上能够流利地读课文，我就及时当着全班同学的面表扬她：“朗读流利有感情，进步很大，再接再厉！”由于她的能力不足，有时答案不准确，我也及时表扬她：“态度特别好，能够积极举手！其他同学应该向你学习这种态度！”每当听到我的表扬或鼓励时，小 Z 都是特别兴奋。及时的反馈，极大地增强了她的自信心和自尊心，激发了她的内在动机，她变得每天都自信、快乐！

(二)教学支持

研究显示，ADHD 学生具有情境变异性，他们在下列情境中表现较佳：在一对一的情境下、做喜欢做的或有兴趣的事、当表现好后立即有奖赏、有人监督时……反之，他们在团体情境中相对一对一情境容易出现较多症状。同时，小 Z 又具有严重的阅读障碍和推理困难。我开始尝试在教学设计时，考虑小 Z 学业上的困难，努力在全班教学中兼顾她的需求。

(1)及时反馈。由于 ADHD 学生对情绪、动机及警觉的调节困难，所以他们很难对无立即奖赏或吸引力的工作产生内在动机。于是我注意更加频繁地反馈，并不断放大小 Z 的优点，清楚地、直接地发出有效性指令，使小 Z 能够多坚持一会儿。比如，小 Z 上课 5 分钟了，都没有下座位发出声音，一直坐在座位上，我就会及时走到她身边，拍拍她的肩头，或摸摸她的后背，大力表扬她："孩子，你真棒！坐在椅子上这么长时间！看看表，再多坚持5分钟！加油！"当她坚持不住，发出声音或下座位时，或做出了没有什么危险的行为时，我也会及时走到她身边，给她一个"秘密信号"，如拍拍她的头，冲她摆摆手，用肢体语言告诉她禁止此行为，但不会大声批评她。

(2)调整教学。小Z学习上困难重重，与其他同学差距较大，如果全班教学不做调整，她仅靠意志力很难跟上全班的节奏。因此，我会找到她个人需求与全班教学的最佳结合点，在帮助她个人的同时，优化全班教学。因此，我更加注意课堂教学的节律，在学生因疲劳容易注意力分散时设计"动"的环节，既调节学生的专注力，又深化学习体验，一举两得。在教授《爬山虎的脚》一课时，我请同学们模仿文中植物生长的过程做一做向上爬的动作，小Z表现得异常兴奋，用小手比划着，反复模仿爬山虎一脚一脚向上爬的动作；在教授《爬天都峰》一课时，我引导学生想象爬山的画面，一边朗读句子，一边表演爬山的过程，还请小Z上前为大家演示，她手脚并用，表演得可认真了，这个环节不仅让她在课上能够得到"合法"的放松时间，还发挥了她喜欢表演的特点，帮助全班体验到爬山的不易，为解决教学重点做了铺垫。

(3)个性支持。首先，我为小Z同学制定适合她的教学目标，与家长交流适合她的预习方法。第一，针对其阅读障碍的问题，我请家长带小Z预习课文时提供录音或者范读；而后针对其推理较弱的问题，我与小Z讨论一两个问题，让她大致了解课文内容，不至于上课不知所云，以激发她的学习兴趣。第二，我将课文重点内容梳理出来，让她重点掌握这部分内容，并提供个性化学案，帮助其理解(见图4)。第三，我减少小Z的作业量，只要求孩子完成字词和练习册上的基础作业。第四，我在课上会多留意小Z，给她布置一些提取信息的练习，如摘录并积累文中的四字词语或成语，提炼文章主要事件，从文中画出时间、地点、人物等。

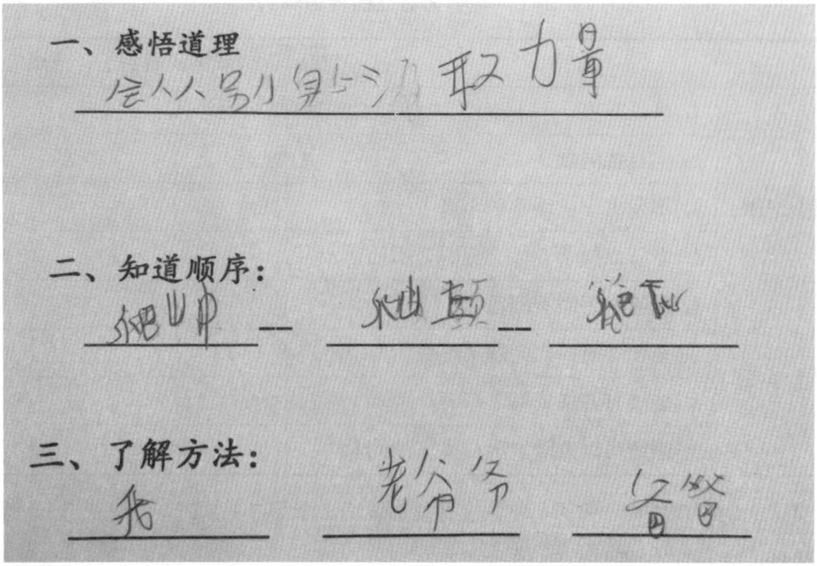

图 4　《爬天都峰》一课小 Z 的部分学案

(三)订立行为契约

小 Z 虽然在学习上困难重重，但表现出强烈的渴望与被表扬的意愿，这是她非常难得的宝贵物质。但 ADHD 学生的执行功能不足，自我管理能力较弱，加之她兼有读写、推理等方面的困难，她的学习动力很难转化为持续的良性行为。为此，我采用了订立行为契约的方法来提升其自我管理能力。

所谓行为契约，就是设定非常清晰明确的目标，列出学生要做到的目标行为、要完成的学习量、要达到的准确率、作业完成要花费的时间等，避开言语的负面强化，直接对学生进行积极引导。

我针对小 Z 喜欢吃糖果和喜欢读绘本的特点，制定了行为契约，我将课上纪律和课上学习两方面进行了量化，并制定了简单可行的操作，如果每节课小 Z 都达到了表格中的要求，并且中肯地进行自我评价，那么我就及时奖励她一颗软糖或是看一会儿绘本，以激励小 Z 形成自我约束力(见表 1)。

表 1　与小 Z 订立的行为契约

内容		这节课我做到了，请画“√”
课上纪律	1. 可以静坐，不下座位	
	2. 不打扰同学	
	3. 不发出干扰课堂的声音	
	4. 老师或同学说话交流时，不插话	
课上学习	1. 能够举手回答问题	
	2. 至少答对一次问题	
	3. 能够打开书读书	
	4. 眼睛可以追随老师或发言的同学	

奖励：1. 表现优秀：每天每堂语文课能够画满 7 个及以上“√”，可以获得一块软糖，和午饭后读绘本的“悦读时光”(10 分钟左右)。

2. 表现良好：每天每堂语文课能够画满 4 个至 6 个“√”，可以获得一块软糖。

3. 惩罚：每天每堂语文课没有画满 3 个“√”，则没有任何奖励。

本节课自我评价：

四、教育效果与反思

(一)教育效果

态度变化：小 Z 对语文学习热情高涨，以我对她的及时关注为荣，常常找我批改作业，或询问语文课本上不认识的字词等，学习动力十足。

行为变化：小 Z 课上反应积极，能够举手回答问题，并且能够控制自己的行为，不发出声音或制造噪声，也不会下座位影响同学听课等。

作业成绩：平时字词作业小 Z 能够在课上自主抄写一部分，质量有较大提高，基本可以得到优一的成绩。

考试成绩：小 Z 进步明显，从最初考试不及格，甚至个位数，到后来提高到及格分。小 Z 和她妈妈也是激动不已！

(二)教学反思

对于 ADHD 学生我们不仅要走“近”他们，更要走“进”他们。老师先与他们建立联系，用自己的个人魅力与丰富的教育教学方法吸引他们，再经过研究，尝试用各种科学的方法帮助他们，正向强化他们的行为。最后，非常重要的是，永远不要吝惜对他们的表扬与赏识，及时的反馈可以帮助他们树立信心，激发他们的内驱力，使他们朝着健康阳光向上的方向发展！

研究表明，一个有条理、纪律严格，但也不乏有活力、幽默风趣的老师是任何学生包括 ADHD 学生的最佳选择。课上使用各种不同手段，如灵活使用演讲、课堂讨论、直观道具和电脑等方式的老师更能成功吸引学生的注意。今后，我还应该在这些方面进行探索与改进，使我的语文课堂更加生动有趣！

因新冠肺炎疫情居家学习，本学期我跟小 Z 妈妈取得了两次联系，仅面谈了一次，从中我了解到了小 Z 在家里学习的情况，并向妈妈讲述小 Z 的特点，请妈妈理解她面临的困难，帮助妈妈平复情绪。我建议妈妈多带她运动，多锻炼身体，好好保护眼睛，并提供给妈妈一些可行的方法来训练孩子注意力等。今后，我还应该多与家长进行沟通，及时反馈孩子在校的可喜表现，让家长也多理解孩子，使家校形成合力，帮助孩子每天都取得点滴进步，成为更好的自己！

参考文献

[1]雷夫．儿童注意缺陷多动障碍：家长指南[M]．杨健，译．北京：人民卫生出版社，2016：5.

[2] Russe Z A，BarkZey，Kevin R. Murphy 注意力缺陷多动症：临床工作手册[M]．黄惠玲，赵家琛，译．台北：心理出版社，2001：4.

[3]雷夫．儿童注意缺陷多动障碍：家长指南[M]．杨健，译．北京：人民卫生出版社，2016：96.

基于学情分析的小学语文识字教学调整

——以《蜘蛛开店》一课为例①

随着社会的发展，亲子阅读、学前识字越来越普遍，小学低年级学生的识字学情发生着变化。传统的小学低年级识字教学大多基于生字的前提下设计的，无视学情的变化仍然按照传统教学导致学生兴趣不高，同时教学效率低下。相反，基于学情进行的识字课堂教学调整则能有效提高课堂教学效率，并兼顾各类学生的需要。本文以《蜘蛛开店》一课为例加以阐述。

一、班级情况与教材分析

授课班级为二年级，共 40 名学生。语文识字课上大部分学生踊跃发言，积极回答问题，但有些学生精力不能全程集中，特别是班中有阅读障碍、注意力问题及孤独症的学生。因此，以《蜘蛛开店》一课为例探讨既能满足个别又能促进全班的低年级识字教学的方法。

《蜘蛛开店》是人教版语文二年级下册(部编版)第七单元的一篇童话故事。讲述了蜘蛛因为寂寞而想到开店的法子，本来纺织是它的特长，但它经营商店的思维模式简单，三次遇到特殊顾客，最后以失败而告终的故事。课文分为两课时，本课为第一课时，教学任务：排除字面障碍、识字教学、厘清情节，为第二课时深入分析做准备。要求学生认识 15 个生字，会写 9 个生字。会写字中存在一定的规律："夫"是独体字，"完""定"是同结构同偏旁，"终""换""期""决"则是同结构不同间架的字。

---

① 本文发表于《新课程研究》2019 年第 2 期，原题为《基于学情分析的小学低年级识字课堂教学探讨》，内容有改动。作者：赵金鑫、王玉玲、刘岩峰。参与教学研究：张晓莹、潘镭、杨文雅。赵金鑫，北京小学天宁寺分校教师。

二、调整前的课堂教学模式与效果

(一)调整前的课堂教学

教学环节：先字再文逐段教。最初教学设计采用目前低年级广泛采用的教学顺序——先教每段的生字，然后再学习文段内容。比如，先教2～4自然段的生字，请学生概括内容，回答这一部分来的顾客是谁；再教5～8自然段的生字，请学生概括内容，回答这一部分来的顾客是谁；最后教9～11自然段的生字，再请学生概括这一部分来的顾客是谁。“来了哪几位顾客”，就这么一个小问题被肢解在三部分问出，每次问出之前都有大量的时间在学习这部分的生字。

识字方法：加加减减换换。学生所熟知的识字教学方法与大多数课堂一样，主要是加一加、减一减、换一换。例如，有的学生说“夫”字用减一减的方法，就是“失”字减一笔；或用加一加的方法，就是“二”字加上“人”。“终”字有的学生说用换一换的方法记，“红”的右边“工”换成“冬”就是终；“商”字有的学生说先用减一减的方法，就是“摘”字去掉提手旁，再把里面的“十”字换成“八”字。

教学手段：听说读写。课堂重视学生听说读写能力的培养，采用的教学手段也是听说读写。几乎所有教学任务都是需要学生通过“听”来获知，通过学生的“说”来完成，通过“读”与“写”来达到提高读书与书写能力的目的。在识字环节，教师让学生用笔画记号归类、口头交流，主要采用的也是“写”与“说”的方式。

(二)效果与反思

整堂课学生努力保持课堂纪律，但忍不住有小动作，学习中鲜有欣喜的表情，只是在按部就班地完成教师预设的教学任务。深入反思主要有以下三个原因。

(1)教学低效碎片化。使用先教字再学文的教学方法是因为老师认为学生要通过教师的“教”，才能认识课文中的生字，才有能力进一步学习课文。

而如今用家长都重视早期阅读，很多学生不需要教字就能够通读了。识字教学的比重非常大，而且所教汉字都是老师认为学生不会的汉字，而学生的差异较大，造成有的学生反复学习早就熟知的内容，有的学生却还学不会。同时，识字教学穿插在通读课文的过程中，将有趣的故事切成一个一个的碎片。学习困难的学生难以形成整体印象，普通学生也难以感受畅读课文的乐趣。

(2)识字教学不深入。加加减减换换的识字方法，利于以旧带新，联系已习得汉字的字形学习新字。但是汉字是音、形、义的结合体，这种方法只是在字形层面上帮助学生建立联系，而且这种联系常常是与语义无关的，比如，“终”与“红”。因为没有触及汉字的规律，所以，学生记字效果不理想，且容易遗忘。特别是对识字困难的学生来说，起不到支持作用。

(3)学生注意难集中。低年级学生的直观形象思维较为发达，他们更喜欢通过运动和直观的方式来学习。全程身坐正、手背好、听说读写的教学手段对他们来说缺乏吸引力。对一些学习特殊需要学生来说尤为困难。比如，注意缺陷多动障碍学生需要合理的“动”来弥补唤醒水平不足的生理缺陷，否则难以保持注意力。再如，孤独症学生的劣势是听觉，全程听讲对他而言难以抓住重点，常常不知所云。

三、调整的依据：学情分析

教师通过预习检查的方式，对学生识字量、识字方法与阅读理解进行了调查。并采用学习风格调查量表(VARK，7.0版)对本班学生的学习风格进行了调查分析。结果如下所示。

(1)阅读能力方面。教师通过前测试了解到全班几乎大部分学生都能自主阅读，并能提取简单信息，但在用连词说完整句上存在不足。在《蜘蛛开店》这篇文章中共有蜘蛛、河马、长颈鹿以及蜈蚣这四个主要人物，其中学生对“蜈蚣”读音较为陌生。朗读问题主要集中于“招牌”等轻声字上。

(2)识字写字方面。全班仅有两人有不认识的汉字(共9个)，同时有2个汉字教材未做要求，所以学生不熟悉(“竟、牌”)。在会写字方面，难写字集中为：“商”(25 人)、“期”(14 人)、“换”(12 人)，其他汉字只有个别同学不会，如“终”(4 人)，“决”(3 人)。其余的“夫”“完”“定”不存在困难。在识字方法上学生熟悉、喜欢“联想法”(20 人)、“加加减减换换”等(19 人)；对字源、字典释义了解较少。

(3)学习风格方面。经调查，本班学习风格主要为运动实践型风格(37%)和多重风格(34.2%)，学生偏好动手操作与多感官并用的学习方式。

整体来看在识字方面除了两名学生外，其余的学生认识课文中所有的汉字。在阅读理解方面，学生普遍有课外阅读的习惯，具有独立阅读简单故事的能力。也就是说，在不用教汉字的情况下，除极个别学生外全班普遍能够通读课文。对绝大多数学生来说，存在困难的不是认字而是写字，写字又集中于“商”“期”“换”三个汉字上。加加减减换换的记字方法是普校普遍采用的方法，联想以及想象法是笔者班级中尝试过的方法，这两种方法学生熟悉。而更能体现语义的字源、字典释义等方法学生尚需加强。

四、调整后的课堂教学

教学环节：先文后字结构清晰。经前期的调查可知，几乎全班学生都能自主阅读，并能从文中提取简单信息，但在用连词说完整句上存在不足。于是做了如下调整。原来是先分散识字、再分散阅读；现在改为先通读全文提取信息，再集中识字。情境导入后，请学生通读本课认读字(含学生预习中不会的汉字)，然后集中交流课文内容，如蜘蛛开了几次店，圈出分别是什么；顾客是谁，找一找它有什么特点。并且请学生用连词来说一说蜘蛛先后开了什么店。

识字教学：强化字形与语义的关联。基于对教材的分析，在识字课中，学生通过字源、字典释义、视觉支持等方式学习，加强对汉字的记忆，如“夫”的字源，让学生看字去猜测想象，因之前学过“大”这个字，学生们知道“大”是一个人，那上面的“一”则是古代男子在二十成年之后，所要进行加冠礼时的簪子(见图 1)。因此“夫”的本义是成年男子，请学生组词，如“农夫”“夫妻”“匹夫有责”等都与此意有关。又如“商”本义是盛酒的器皿，里面的一撇一捺是酒器的形状(见图 2)。由此能够与“摘”字右半边的“十”区分开。再展示其常用的四个字典义，请学生分别组词，说出本课中的“商店”的“商”属于其中哪一个义项。

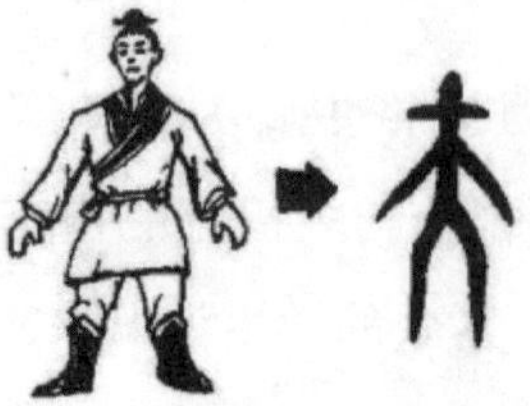

图 1

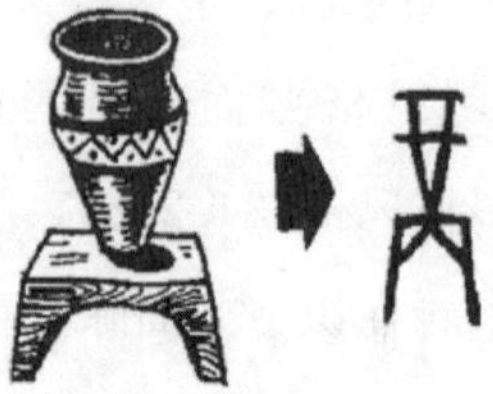

图 2

教学手段：直观动态，以直观的方式清晰呈现讲解的内容，通俗易懂。基于低年级学生特点和本班学生学习风格，教学改变单纯听说读写的教学方式，注意通过直观形象的方式和动态的方式增强学生的体验。比如，板书将蜘蛛、河马、长颈鹿、蜈蚣等几位顾客以彩图的形式呈现，并且突出它们的特点，在学生从文中找到顾客特点后，教师边说边把图片贴在板书上(见图 3)。例如，“同学们快看！长颈鹿来啦”(长颈鹿的脖子占了黑板的三分之一)。顿时，教室里“哇”声一片，有的学生还忍不住说：“长颈鹿的脖子可真长啊!”为后文蜘蛛为长颈鹿织了一个星期的围巾做好了铺垫。将

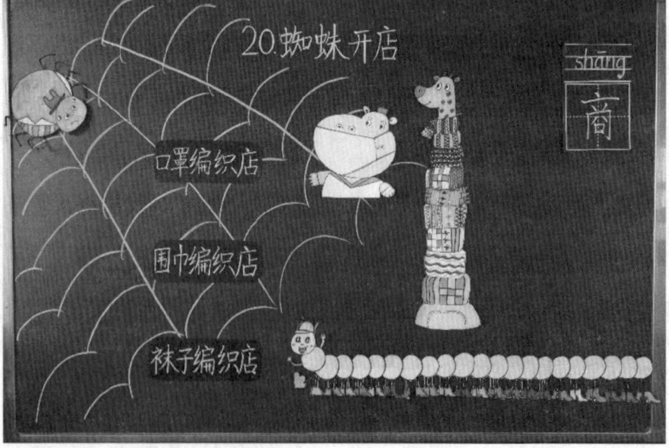

图 3　板书

原来的汉字说规律变为“动手摆一摆，按规律识记”的活动，同学们在自己的小黑板上动手操作，记忆生字的同时满足了不同学习风格学生的需要，同时调节注意力，更高效地理解汉字规律。

五、调整后的教学效果

调整后的课堂上学生情致盎然、注意力集中、课后测试表现有大幅度提升。具体表现为以下几点。

(1)课文感知更为深入。一篇课文的两课时是密不可分的，第一课时虽为识字课，但要为下节课阅读课做好准备。调整前的教学老师只问了一些学生不需要教就知道的事情，调整后的教学则通过深入研读课文、直观信息等帮助学生体验、理解顾客特点，从而为下一节课的深入分析奠定良好的基础。

(2)识字教学支持更强。调整前的加加减减换换的方法只涉及字形，学生已经非常熟悉，并感到无趣。引入字源、字典释义以及联想法后，不但有助于学生对字形字理的深入理解，而且将字形与语义深入结合，给学生识字提供了更大的支持力度。

(3)学习过程更为活泼。调整前学生全程听说读写、背手坐好的模式，让低年级的学生感到上课是一件需要坚持的事。而调整后的教学则让他们感觉上课轻松有趣，不知不觉一节课就结束了。课上能看到夸张有趣的图片，还能“合理地动”，缓解注意的疲劳。甚至连平时经常走神的注意力缺陷学生和很少能跟上全班进度的孤独症学生都保持着旺盛的注意力。

本课成功的关键是基于学情调整教学。先是了解学生需要什么、喜欢什么、怎样学习更有效，这些是高效教学的前提。在了解学情的基础上，提供多样化的方式以满足不同学生的需要。一个班学生众多，一定会存在个体差异，有的学生是读写型，适应传统的听说读写为主的课堂教学，而有些学生则是视觉、动觉或多重风格，难以适应传统的课堂。所以需要教师营造多种感官活动，为学生提供适合的支持环境。

基于学情分析的小学语文阅读教学调整

——以《纪昌学射》一课为例[①]

一、班级情况与教材分析

本班为普通小学四年级，学生共计40人，其中男生20人，女生20人。全班两极分化严重，有的学生思维活跃，发言精彩；有的学生学习困难，尤其以两位阅读障碍学生最为突出；还有的学生注意力不集中，难以全程保持注意力；甚至还有孤独症学生只能在开始讲课的前5分钟保持注意力，且几乎不发言。

《纪昌学射》是人教版四年级下学期语文教材中第八单元的一则寓言故事。单元目标为引导学生通过阅读故事体悟道理，激发学生读故事、讲故事的欲望。《纪昌学射》选自《列子·汤问》，讲述了纪昌拜飞卫为师学习射箭，按照飞卫的要求下功夫苦练眼力，最终成为百发百中的射箭能手的故事。故事以生动的事例体现了纪昌不怕吃苦、持之以恒的精神，阐明了无论学什么技艺，都要从学习这门技艺的基本功入手的道理。

二、调整前的课堂教学

与以往教学一样，教学调整前教学目标的设定主要依据教学参考用书，而后根据教学目标设计教学内容，并基本以教师口头提问的方式来呈现。课堂教学主体大致有三部分内容，第一部分为整体感知，教师提问“文章主要讲了什么事”，学生回答。这一环节预设简要带过，但实际花费了较多的时间，因为学生要么要点回答不全，要么过于详细不会概括。第二部分为

① 原文发表于《新课程研究》2019年第1期，原题为《基于学情分析的小学语文课堂教学探究》，内容有改动。作者：毕颖男、王玉玲、王莉萍；参与教学研究：李洁玲、桑海燕、潘镭、鄂静轩、陈甜天。毕颖男，北京小学广内分校教师。

细读课文，围绕“飞卫让纪昌练什么”，“纪昌怎样练的”，“纪昌练到什么程度”，“纪昌给你留下什么印象”，“飞卫给你留下什么印象”等问题展开。因为飞卫前后两次要求纪昌练习，所以这些问题重复了两次，也就是教师共问了 8 次。而在引导学生回答问题的过程中，教师又不断提问，有时换个角度启发，有时只是换个说法重复提问。第三部分为全文总结。教师问了 3 个问题：“眼力练好后结果如何”，“为什么要先练眼力再开弓放箭”，“你明白了什么寓意”。

整篇课文教授下来，面面俱到，所有知识点都提到了，但没能给学生留下深刻的印象。教师预设的问题缺乏严密的逻辑性，临时提问又过于频繁，造成了文章内容被理解得支离破碎。学生绞尽脑汁地呼应教师的提问，而教师千方百计地把一个完整的问题分解成数个小问题引导学生说出预设的答案。一节课下来，普通学生学习得筋疲力尽，而有学习障碍的学生已经听得云山雾罩的。学生回答问题质量不高，或者要点不全，或者回答出要点却难以自圆其说。

在这堂课中，教师负责按照教师参考用书设定教学目标，根据教学目标直接提问，一节课几十个问题，在课堂中一问一答地牵着学生学习。教师讲得口干舌燥，学生则是被动地听、被动地猜、被动地说，头昏脑涨，不知所云。这样的教学从表面上看，占满了课堂教学的所有时间，但大部分学生获取到的知识、能力是有限的，这是一种低效教学。

三、调整后的课堂教学

(一)基于文本研读优化教学设计

调整前教师的问题基本是按照文本顺序和总分总的思路呈现的。板书体现了其教学的四个要点：学习寓言的方法(读故事、明寓意)、纪昌学射的过程、纪昌的品质、寓意。几部分之间是教师用一个又一个的问题串联起来的，没有过多的逻辑线索。所有问题缺乏组织地抛出，让学生疲于应付，注意力集中在如何准确回答上，而忘记了全身心投入课文的学习。

好的教学设计应该将各类问题有逻辑地加以呈现，应是在深入研读文本基础上的高效设计。调整后的教学设计则从如何阅读一篇文章的角度带着学生去思考：从题目猜测讲述什么故事？(纪昌学射)→纪昌学射的过程是怎样的？→从学射纪昌有什么品质？→题目是“学射”为什么飞卫一直让纪昌练眼力呢？从纪昌的品质和练眼力的原因可见文本的寓意是什么？问题和调整前是类似的，但问题出现的顺序和方式是精心设计，不可更改的，产生了环环相扣的效果(见图1)。

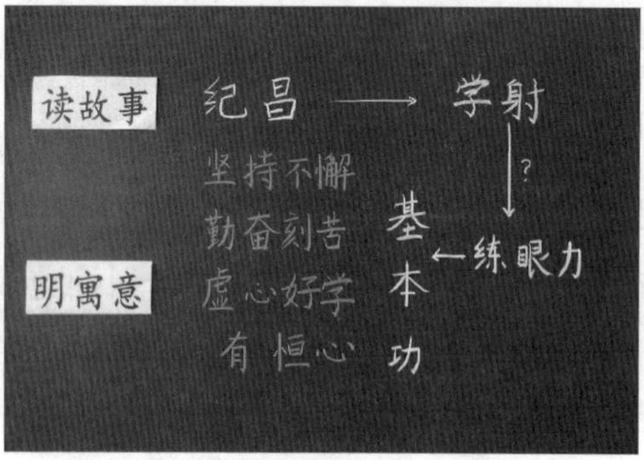

图1　《纪昌学射》调整后的板书

(二)基于学情分析组织教学内容

学生是课堂学习的主体，课堂教学设计的依据不仅是教材和教师参考用书，更应该是学生的学习情况。于是，我们通过预习单的形式对学生的学习兴趣和难点做了调查。

调查发现，虽然学生都能知道课文内容，但只有15.4%的学生能做到准确而简练地概括。其他学生存在的问题有：丢失主要信息(92.3%)、内容不简约(41%)。可见，虽然即将升入小学高年级，但大部分学生在简练概括课文内容上还需要教师的指导。于是根据这一情况，调整后的教学中教师注意提供具体的支持：依据文本的特点按事件的起因、经过、结果的思路帮助学生概括，准确而精练。

调查还得知，学生不理解或者感兴趣的词语主要集中于“梭子”(比例为56.7%)和“虱子”(比例为30%)。学生最感兴趣的细节是“把虱子看大”(比例为63.3%)，最感兴趣的问题是“为什么飞卫让纪昌先练眼力”(比例为

36.7%）。这也就解释了为什么在调整前的课堂中学生能抽象地概括纪昌是个刻苦的人，却举不出例子，更谈不上有感触，因为学生对纪昌练习中的两个关键事物梭子和虱子都不了解。飞卫让纪昌盯住动的物体不眨眼，纪昌就去盯当时能找到的最快的梭子；飞卫让他把小的东西看大，他就把能找到的最小的虱子用头发丝绑起来看。这两个生动的细节正体现了纪昌勤奋刻苦、严从师教的好品质。于是调整后的教学抓住了这两个有价值的细节。

1. 教学片段一

教师：什么是梭子？

生1：老师我知道梭子，梭子就是在织布机上用来织布的。

师：说得对，纪昌是躺在织布机下看梭子练眼力的，我们当一回纪昌，来体验一下看梭子穿梭的过程。

【播放视频：动画片《纪昌学射》的片段】

师：你有什么感受？

生2：老师，我都看不见，梭子穿梭得太快了！

生3：太不可思议了，我看一会儿都受不了，纪昌却坚持了两年！

2. 教学片段二

【师出示图片】

师：这就是“虱子”。老师把虱子放大了几百倍，实际上虱子比蚂蚁还小，如果黑板上有一个虱子，你坐在座位上用肉眼不仔细看，根本看不见。

生：这么小！

师：在《列子·汤问》中的《纪昌学射》有这样一段描述，请跟我读，昌以牦悬虱于牖，南面而望之。旬日之间，浸大也；三年之后，如车轮焉。以睹余物，皆丘山也。乃以燕角之弧，朔蓬之竿射之，贯虱之心，而悬不绝。

师生共读此文后，学生静静地读译文。此时学生的表情发生了变化：惊讶、赞赏、敬佩……

师：纪昌把很小的虱子看得像车轮那么大！

【手势：拇指小指相捏，然后左右手撑成车轮大小。】

生1：看什么东西都像山丘一样，这是什么感觉！

生2：纪昌真了不起，竟然花了三年时间练习把小东西看大！

生3：纪昌一箭就能射中虱心，这眼力真棒！

3. 教学片段三

教师：通过刚才的学习，你觉得纪昌是个什么样的人？请画出相关语句，小组讨论。

生1：我觉得纪昌是一个坚持不懈的人。刚才我们从资料知道，他花费了3年把小东西看大(课外阅读补充材料中的信息)，再加上之前盯着东西的两年，总共5年他都在练眼力，他都没放弃，他意志多坚定。

生2：我觉得他是一个有恒心有毅力的人。因为看梭子、看虱子很枯燥，而且我刚看时，只是一小会儿就坚持不住了，但是纪昌一直坚持，很是有恒心。

生3：纪昌还是一个勤奋学习的人。虱子那么小，我们肉眼都很难辨识，而纪昌却天天地看，从“每天”一词中可以看出纪昌非常的勤奋。

学生发言积极踊跃，而且主动联系教材内容和补充材料，且情绪激动，感触颇深，发言质量高。就连本班平时不太关注同学发言的孤独症同学听后都不禁伸出了大拇指，频频点头。

(三)基于学习风格设计多种支持

采用学习风格调查量表调查本班发现，本班学习风格以多重学习风格为主(62.16%)，单纯听觉优势的学生仅占30%。而传统教学采用的是一问到底的模式，学生只能是一听到底。对听觉不占优势的学生来说，注意力很容易涣散，甚至对特殊学生，如视觉优势的孤独症学生来说完全不知所云。于是调整后的设计是教师就学生感兴趣的梭子、虱子等细节增加了视频、图片、手势等直观形象信息，既利于集中学生注意力，又利于促进学生体验，提高学习效果。并且，教师不仅是展示这些直观信息，而且设计观看视频等活动让学生去模拟主人公的练习经历，让学生有充分的感受梭子之快、虱子之小，这些感受成为理解课文宝贵的财富。

调整前的课堂教学在纪昌如何学射的这一部分预设两组共 8 个问题，课堂用时共 25 分钟，学生的回答良莠不齐。教师课后调查发现，原本存在问题的学生依然存在问题。调整后教师采用表格填写的形式(见表 1)，让学生独立阅读文本、划要点、填表格，与同伴讨论，学生积极性被有效调动。表格填写这种方式为本班视觉优势的孤独症学生和其他视觉学习风格学生提供了优势感官渠道支持，并且优化了师生互动方式，提高学习效率。整个教学过程仅用了 12 分钟。教学过程中学生注意力集中，本班视觉优势、听觉弱势的孤独症学生在这一环节精力非常集中；教学后这个表格又作为作业供学生复习；更重要的是表格教给学生快速提取信息的方式。表格提取后的信息更为清晰，直接为后面的重点问题“纪昌具有什么品质”奠定基础。在后测的作业中，学生此部分完成正确率在 95%以上。

表 1　情节分析表

飞卫 要求什么？	纪昌 怎么学？	纪昌 练了多长时间？	结果
盯住目标	注视梭子	2 年	针刺不眨
小看大	注视虱子	？	大如车轮

四、教学效果

从课堂效果来看，教学设计的相关调整效果非常成功，具体表现为以下两点。

第一，学生兴趣浓厚，注意力集中。预习统计中，“梭子”“虱子”“飞卫为什么让纪昌先练眼力”这些问题都是学生存疑之处，也是课堂上学生最关注的内容。当学生通过看视频、看图片、读古文等资料，学生脸上显现出惊讶的表情。全班学生全神贯注，阅读障碍和多动症学生以往课上很容易走神，本节课精力集中。孤独症学生以往仅前 5 分钟能跟上全班进度，本节课则基本都在目不转睛并且饶有兴致地跟学。

第二，自然联系材料，发言质量高。以前在回答人物形象分析的问题时，学生多存在似乎都知道，却又无话可说的状态；到了教学难点处，学生多是绕来绕去就是说不到点子上。此次为突破纪昌人物形象分析这一重点，和“飞卫为什么让纪昌先练眼力”这一难点，教师在正式讨论之前做了多处铺垫。先以表格的形式提取信息要点，再辅以体验性资料和补充文段。在发言时，学生自然引入教师所提供的补充材料，并且激动地说自己的感受，带着感情朗读相关文段。并能轻松解答教学难点问题。可见，基于学生兴趣和内容分析的科学性铺垫起到了关键性作用。包括特殊学生也有不俗的表现，如孤独症学生以往很少举手，且即使举手也多有错误，但本节课他主动举手 5 次，且正确率在 90%以上，能基本正确地回答“道理”这类抽象的问题。

本课调整的成功主要基于对学情的准确分析，从而真正实现“以学定教”。首先，从单一的教学模式向多样化的教学模式发展，由以“教”为主向以“学”为主的模式发展，更加有利于学生学习方法的培养和学生未来的发展。其次，关注学生的兴趣和需求。对于多年教语文的教师来说，大多数时间喜欢凭经验进行教学，这样就会忽略学生的需求，成为教学中的阻碍。当教师将学生的兴趣点和需求准确把握，与教学设计结合时，才会真正创设以生为本的课堂。最后，采用多元方式有效支持学生主动学习。采用表格的方式支持孤独症学生和注意缺陷学生的结构化需求，并且为其他有视觉学习需要的学生提供支持。同时减少了教师烦琐的提问，增加了学生深入思考和高质量交流的时间。

正如著名教育家布鲁姆所说，如今的课堂正显现出刚性向弹性转变的趋势，更关注过程与体验，关注过程与体验中即时生成的东西。在动态的生成过程中出现新思想、新创意。

第四部分　学校本位，生态综合干预

——资源教师的力量[①]

作为班主任与任课教师，我们有时遇到某个学习特殊需要学生，为他营造了良好的支持环境，为他提供了一名任课教师力所能及的帮助，他的学习状态可能依然没有较大的改善。这可能会让我们感到受挫。其实，这未必是我们做得不好，而是提示我们这名学生有可能需要更多的支持：资源教师提供的更为密集的小组教学或一对一教学。

作为教师，我们总想能够支持到每个学生，一个都不能落下。然而，实际上学生是有差异的，做到对所有学生的有效支持不仅需要教师的爱心与敬业，还需要完善的支持服务体系。

一些国家与地区实施的“干预—反应”模式正体现了这种理念，它通过层次递进式的评估和干预来鉴别和满足学生的教育需要。它分为三个层次：第一层为高效教学，面向全体学生，能对80％的学生产生积极效果；未能产生积极效果的学生进入第二层次，约能对15％的学生产生效果；剩余的5％的学生将进入第三层级，这些学生一般为特殊教育服务对象，需要更为全面深入的评估，以及专业、密集的干预。值得特别指出的是，“干预—反应”模式不仅在特殊教育领域取得了很好的成效，而且适用于所有学生。

如果您是一名班主任，或者学科教师，可能看到此处您会释然：没能让每个学生都进步并不是我的错，的确如此。您可能还会松懈：既然那5％的学生应该属于特殊教育服务对象，那对他的支持就不是我力所能及

---

① 作者：王玉玲，北京市西城区教育学院教师。

的，这一点却可能是有偏颇的。

本部分案例的主人公正是需要进入第三层级个别支持的学生，他们中有少数随班就读的残疾学生，更多的则是普通学校普通班级非随班就读的“普通”学生。他们在学业上有特殊需要，但他们目前不属于我国特殊教育服务对象，并不被教师广泛了解。他们混杂于其他普通学生之中，不容易识别，更不用说评量与干预了。因此，本部分首先也是呈现给学科教师的，通过本部分您将了解到针对一些特殊需要学生更为专业的评量与干预方法，这对您尽早识别出这些有特殊需要的学生并指导家长也将有实质性的帮助。

当然，本部分更是写给资源教师的。本部分给您的帮助最为直接，您将了解到面对各类学习特殊需要学生要如何支持。

特别想强调的是，同样面对特殊需要学生，教师与医生、机构、科研人员是不同的，这种不同姑且概括为“基于学校情境”。

第一，我们的目的是帮助学生，而不是只研究学生所具有的某种问题。举例来说，我们关注的不是学生的阅读障碍，而是有阅读障碍的学生。虽然学业问题可以分类，学生却不能简单地归于某类。我们需要全面了解学生，给予全方位的支持。

第二，我们的方式应是教师能做的、擅长的。我们所做的专业支持，既不同于家教式的学业补救，也不同于学术研究和机构训练。除标准化测量工具的使用之外，我们还应积极研发运用于教师的评量工具与方法：观察、访谈、错误类型分析、课程本位测量等。我们并不排斥认知训练，但更倾向于将其自然融入教学中。

因此，作为资源教师，我们吸收各领域、各专业的优势，但并不是简单地拼接。我们应在广泛借鉴、学习各领域知识与技能的同时，把重点放在研发适用于一线教师的独特技术。

无论您是资源教师、班主任还是任课教师，您都具有其他领域专业人员不可取代的特殊作用，您能做的事情远比您想象的要多很多。

本部分所介绍的评量和干预方法是可学习的，而且是可生长的。因为这些方法不是孤立呈现的，而是在具体情境中描述的，更有助于您学习如何在真实的复杂情境中分析问题、解决问题。

本部分您将读到这样一些文章——

注意缺陷多动障碍(ADHD)学生常有行为问题和社交问题，教师用说教的方式并不容易帮助他们。《小契约，大能量》细致地介绍了如何用行为契约减少注意缺陷学生的课堂干扰行为；《原来他只是“不会”》以教育故事的方式讲述学生的社交问题。

《基于学校教育情境的阅读障碍评量与干预》《基于儿童阅读发展的整体观》《基于学生主动性的阶段性调整》《“障碍”亦“资源”》以案例的形式呈现了基于学校情境阅读障碍评量与干预的主张。

《看出七十二变》教师在研读文献的基础上研究出了一种多图片配对法为阅读障碍学生进行视知觉训练。这种单独训练某种能力的方式在我们实际教学中是很少采用的，我们更多采用的是综合性的方式，但教师基于研究主动探索的精神非常想推荐给您。

《“玩”和“现”这两个字不一样吗?》《“绒”字到底怎么写》《“棱长”还是“校长”》都是疑似书写障碍的教学案例，体现了补偿与适应两种干预思路的并用。

《她真的一无是处吗》的对象是多重障碍学习困难学生，《20 以内加减运算》的对象是存在数学困难的阅读障碍学生。两篇文章分别以教育故事和案例的形式，介绍了如何对复杂情况进行深入分析，并采用灵活有效的干预方式。

《佳佳变形记》中学生的情况更为复杂，她存在阅读障碍、数学学习障碍、注意力分散、情绪行为问题、心理问题，甚至曾被怀疑有“品行”问题，同时家庭环境不良。通过专业评量与综合干预她在一个越来越多人加入的“融合教育支持体系”中发生着可喜的变化，甚至已经不再特殊。

《让孤独症学生融入普校全班教学》介绍了如何通过科学的评量与干预支持孤独症学生融入全班课堂教学。《点燃生命之灯》介绍了对一位罕见疾病学生的理解与支持，这位特殊学生的故事，可能会给我们以触动与思考：生命的本质是什么？教育的意义是什么？

在本部分中，请您关注这样一些关键词——

学校教育情境，儿童阅读发展的整体观，综合性干预，生态性干预；

快速命名，语音意识，正字法；

个别化识字策略，字理识字；

阅读流畅性，重复阅读，成人示范；

补偿策略，适应策略；

支持体系创设；

学业问题，情绪行为问题，社交问题；

个别化教育计划，协同教学，最小支持原则；

多重残疾，罕见疾病，情绪密码。

基于学校教育情境的阅读障碍评量与干预

——以一名快速命名缺陷型阅读障碍学生为例①

一、研究背景

阅读是小学语文教学的重要内容，具有一定的识字量及流畅的识字速度是阅读能力发展的基础。在普校，有相当一部分学龄儿童在阅读习得方面存在困难[1]，及时发现并尽早提供教学干预，能有效降低他们阅读困难的严重程度，对其日后的学业技能、认知和情感发展都有积极的影响[2]，其中就包括发展性阅读障碍儿童。发展性阅读障碍(Developmental Dyslexia，DD)是一种常见的神经发展性障碍，是指智力正常，有足够的教育条件和学习动机，但依然表现出阅读困难的一类群体。[3]我国阅读障碍的发生率在 3%～10%。[4]在欧美的一些国家和地区，发展性阅读障碍作为特殊教育的服务对象之一得到了立法的保护与支持。在我国，这些学生就读于普通学校，教师大多还没有发展性阅读障碍的概念，误认为这类儿童的阅读困难是由智力、态度、习惯等问题导致。因此他们不仅得不到及时干预，而且多因被误解和不当的对待产生较为严重的情绪行为问题。

阅读能力并不是一项单一的能力，而是由多种不同层次的认知亚技能组成，其缺陷也可能发生在不同的认知层次上。在拼音文字的研究中，以语音意识为核心的发展性阅读障碍干预模式已经得到大量实证研究的支持，并深刻影响到了拼音文字的教学。[5]汉语书写系统由于其表意和表音的独特性，汉字读写的习得具有不同于拼音文字的特点。当前，关于汉语发展性阅读障碍核心缺陷的研究结论不尽相同。有研究者认为汉语发展性阅读障碍的主要认知缺陷是语素意识。[6]也有研究发现，汉语发展性阅读障碍核心

① 本文发表于《现代特殊教育(高等教育研究)》2019 年 8 月。作者：王玉玲，张旭。王玉玲，北京市西城区教育学院教师；张旭，北京联合大学特教学院副教授。

缺陷为语音缺陷、快速命名缺陷及两者结合的双重缺陷。[7]发展性阅读障碍不容易通过单纯的补救教学得到明显改善。[8]目前国内汉语发展性阅读障碍的干预研究主要分两类：第一类为基于认知过程层面的视觉干预、听觉干预、工作记忆干预、元认知干预、认知加工过程的综合训练；第二类为基于心理语言学层面的语音意识干预、语素意识干预、正字法干预、阅读流畅性干预等。[9]其中，阅读流畅性是用最快的速度，以适宜的韵律特征和深入理解进行准确阅读的能力[10]，其实现是各项阅读亚技能和执行功能系统共同作用的结果。重复阅读是已被众多研究证实的阅读流畅性的有效干预方法。[11]

本研究以一名小学二年级发展性阅读障碍学生为研究对象，以阅读流畅性为评估指标，以重复阅读为基本模式，兼顾多种阅读相关策略对个案进行综合教学干预，以考察基于重复阅读的综合干预模式对个案的影响。

二、个案情况及评估分析

(一)个案的基本情况

T，独子，北京市某普通小学二年级学生。顺产，家长反映 T 说话较晚，八九个月时偶尔说一两个字，2 岁 4 个月才开始说成句的话，其后进步很快。幼时为左利手，后自行改成右利手。骑自行车、滑滑板等大运动能力差。学习状态不稳定，对阅读尤其排斥。语文教师反映该生上课经常走神，坐不住，听、说、读、写各方面均存在问题：口语表达速度较慢，常有停顿，词汇量不丰富；朗读时经常添字、漏字、读错、颠倒或串行，读的句子越长，错误越明显；书写时字的整体框架结构掌握不好，容易将结构写反，经常有细节错误，或写半边字等现象，书写问题见图 1。

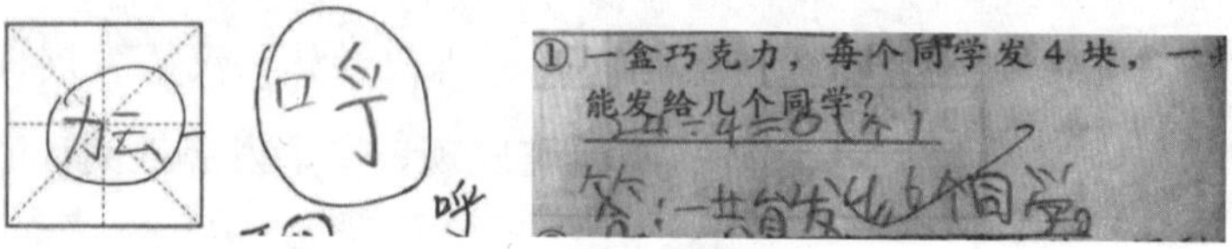

图 1　T 书写举例

(二)个案的评估结果

采用《韦氏儿童智力量表(第四版)》(Webster's Child Intelligence Scale，WISC-Ⅳ)对T进行评估，结果显示：T的总智商为106，属于正常水平。采用《阅读障碍评估工具》进行评估[12~15]，测试结果显示：T的阅读能力总分平均低于同龄儿童1.26个标准差，认知能力中数字快速命名低于同龄儿童5.47个标准差(结果见表1)。依据能力—成就差异模式，若个案智力正常而阅读测验总分以及在至少一个认知任务上的分数低于同年级儿童平均成绩一个标准差以上，则可判定为发展性阅读障碍。因此，T属于发展性阅读障碍儿童。

表1　T阅读障碍评估结果

测试能力	测验任务	标准分
阅读能力	汉字识别测验	−0.85
	词表快速朗读	−1.23
	三分钟阅读理解	−1.69
阅读相关认知能力	数字快速命名	−5.47
	语音意识测验	−0.49
	语素意识测验	−0.51
	正字法意识测试	0.67

因T阅读相关认知能力中只有“数字快速命名”一项低于同年级儿童一个标准差以上，故可判定其核心缺陷为快速命名。快速命名并非单一的认知成分，其认知构成至少包括语音加工、发音速度和快速视觉符号识别等多种成分，并涉及注意、感知觉、语义和运动等加工过程。[17]我们采用张树东等人修订的《视知觉发展测验(第2版)》(Development Test of Visual Perception-2，DTVP-2)[18]对T进行测试，结果显示：T视觉辨别能力明显落后，低于同龄儿童0.94个标准差(结果见表2)。根据美国《精神疾病诊断与统计手册(第四版)》(The Diagnostic and Statistical Manual of Mental Disorders，DSM-Ⅳ)注意缺陷多动障碍(ADHD)的诊断标准[19]，并据教师

报告，T存在较为严重的注意问题。上述评量结果表明，视知觉加工和注意力在T的快速命名缺陷中可能起着重要作用，这一评估结果与对T朗读和书写的观察以及和家长、教师的访谈等非正式评量结果能相互佐证。

表2　T视知觉发展测验评估结果

任务	空间位置	视觉辨别	视觉填充	图形恒常性	手眼协调	图形描摹	空间关系	视动整合速度	总分
标准分	0.76	-0.94	0.20	-0.24	0.28	0.08	-0.59	0.18	0.27

三、研究设计

本研究根据课程本位测量理论，对T在干预前后的阅读流畅性进步情况进行动态监测。将T使用的人民教育出版社小学《语文》(二年级下册)课文录入电脑，根据随机数字表在不同单元随机选出句子排列成测试内容，并严格控制每份试卷中各单元句数与四会字数量，以使各份测试卷难度相当。每份测量卷字数为120左右，分为学生用和教师记录用两个版本[20]，教师记录版本同时记录阅读流畅性指标与错误类型。测试卷共计40份，每次测量时随机抽取使用。

采取个案研究的方法，选择一名班中语文成绩中等水平的男生N作为对照组，N不接受干预，只参加阅读流畅性测试。具体研究设计如下。

1. 基线期：持续1周，对T与N均连续实施5次阅读流畅性测量。依照评估结果建立句子朗读流畅性基线水平。

2. 干预期：持续6周，对T每周进行2次干预教学，每次约40分钟，共12次。每次干预结束后，随机抽取未使用过的课程本位测量卷一份对T和N进行测试。

3. 追踪期：持续1周，在干预停止20天后进行，对T与N均连续实施5次阅读流畅性测量。

四、干预过程与方法

综合考虑T同时存在的快速命名缺陷、注意力和知觉加工以及缺乏阅读动机等问题，本研究为T制定了以重复阅读为基本模式，兼顾识字、注意力策略和认知缺陷训练的综合教育干预模式。

干预材料以学生自选绘本为主。绘本由教师事先准备，请T翻看并选择感兴趣的一本共同阅读。所选材料主要考虑三方面因素：绘本故事的趣味性、字词难度的适切性、阅读材料的可练习性。例如，《打瞌睡的房子》，故事内容鲜活幽默、戏剧性强，画面细腻生动；以重复的句型与叠句结构为主，使文字产生节奏与旋律，朗朗上口，激发T的阅读兴趣，使其对接下来的阅读充满期待。教学流程见表3。

表3　综合教学干预模式的流程

教学环节	用时(分钟)	干预依据与意图
分享阅读	13	阅读兴趣与动机激发。
朗读练习	10	基于重复阅读的心理语言学层面干预(阅读流畅性)。
识字教学	7	识字教学。
知觉训练	10	与教学自然结合的认知过程干预(元认识、注意力、快速命名、视觉辨别等)。

(一)分享阅读

分享阅读环节持续约13分钟，注重激发T的阅读兴趣，主要方法包括以下几步。

1. 预测内容。观察封面、读题目猜测故事内容。阅读中，看完前一部分猜后面会发生什么，看图片猜文字内容或者看文字猜画面。

2. 挖掘细节。例如，《打瞌睡的房子》中，引导学生注意重复的句型与叠加句的结构就像图画中一个人叠在另一个人身上；《要是你给小猪开派对》中，请学生按照一定的顺序找出巧妙地藏匿于大森林里的小动物们。

3. 唤醒体验。结合绘本内容，让T谈论自己经历过的类似体验，激活并强化T的相关字词语义网络联结，促进其阅读兴趣与动机，提高其注意力水平。

(二)朗读练习

朗读练习环节持续约10分钟，主要基于重复阅读进行心理语言学层面的阅读流畅性干预，主要体现在以下两个层面。

1. 提供合适的阅读材料。由于T的视觉注意力存在一定的缺陷，字过小和过密容易产生相互干扰。干预时，最初为T提供字体较大、行间距较宽的朗读材料，降低对其视觉注意力的要求。随着T朗读流畅性的提高，逐渐将字号调小，行间距缩窄直至常规。

2. 采用同步阅读协助。重复朗读过程中成人的协助非常重要。[21]教师先放慢自己的朗读速度，与学生同时朗读，遇到不会认读的字时，即时给予指导。经过几次练习后，教师逐渐留给学生越来越多的重要词汇或语句，进行合作朗读，再递进地加快朗读速度，突出语气的抑扬顿挫，增加朗读的表现力和趣味性。

(三)识字教学

识字教学环节持续约7分钟，注重识字策略的养成。通过字源讲解帮助学生加强对汉字的理解和记忆，同时允许学生按照自己的理解记忆汉字。识字训练之初，鼓励T在仔细观察生字字形的基础上，根据自己的理解和联想对部件的意义进行解读，使字形、字义、汉字正字法特点与被试自身的经验产生关联，提高被试对字形的敏感性，形成适合自己的识字策略。在此基础上，教师适时引入字理字源教学(见图2“裁”字的教学示例)，并将学过的生字、词语写在卡片上，快速闪示范，请学生快速读出，巩固字词的同时进行快速命名训练。

教师：请你说说你会怎么记这个“裁”字?

T：下面是衣服，上面想象成镰刀。

教师：哦，详细说说?

T：“十”在镰刀上，“衣”在镰刀下，镰刀在中间，变成裁剪的裁。

教师：你猜到了这个字最初造字的原理哦！看，这是“戈”，一种武器。“十”代表剪掉的东西(出示相关内容，见图2)。

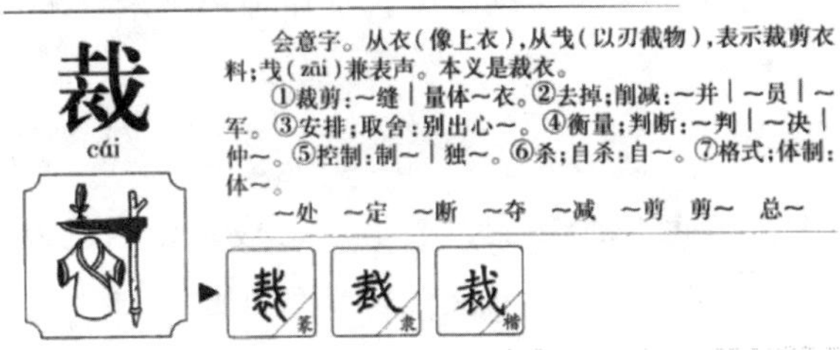

图 2　字源教学举例

(四)认知能力训练

认知能力训练过程持续约 10 分钟。T 核心的阅读缺陷是快速命名缺陷，视知觉加工和注意力在 T 的快速命名缺陷中起到重要作用。干预过程充分运用认知训练成果，并将其巧妙地设计到绘本教学活动中，以促进 T 学习效果迁移。如在学完生字后请学生快速朗读词卡上的生字，复习生字的同时进行快速命名训练；通过寻找绘本中与背景相似的小动物、寻找绘本中较难清晰辨别的动物等方式进行视觉辨别训练，训练的同时激发学生阅读绘本的兴趣；通过自我监控朗读进行注意力元认知训练。

自我监控是个体在进行认知活动的过程中，将自己正在进行的认知活动作为意识对象，不断地对其进行积极而自觉地监视、控制和调节的过程，也被称为元认知监控。[22]有研究显示，注意力自我监控策略介入，对小学生的专注行为和拼写行为有正向效果。[23]本研究从积极行为支持的角度，引导鼓励 T 对自己在阅读过程中出现的正向注意力行为进行观察、判断和总结，提升 T 的自我觉察和控制能力，从而减少注意力问题对阅读造成的负面影响。例如，一次朗读时，T 连续两行都没有出现读漏字、加字或串行等注意力不集中现象，朗读结束后，进行师生对话。

教师：你看，你刚才读了两行没走神呢！很厉害，你是怎么做到的？

T 想一想，回答：因为我认真读了。

教师继续追问：那你是怎么认真读的呢？

T：就是用笔指着看清楚再读。还可以用尺子指着、用手指着、用橡皮指着、用眼镜腿指着……

教师：这么多好方法呀，太棒了！我帮你都记下来，做成你的“读书秘籍”好不好？

T：好。

在干预中，经过反复体验积累，T 最后形成了由自己发现和总结出的可操作性自我监控策略库。在后续的阅读过程中要注重让学生体验、反复使用这些策略，以达到真正内化为可自动化使用的程度。

五、研究结果

研究选用的阅读流畅性指标为每分钟正确朗读字数(Correct Words Per Minute，CWPM)，计算方式为：每分钟正确朗读字数＝正确朗读字数/分钟数。基线期个案 T 的 CWPM 平均值为 56.6 字，对照学生 N 为 116.4 字，二者差距明显。干预期 T 的 CWPM 平均值为 113 字，N 为 125 字，差距明显缩小。维持期 T 的阅读流畅性保持了良性进步的势头，CWPM 平均值达到 130.2 字，N 为 135.6 字，差别进一步缩小(见表 4 和图 3)。此外，家长访谈结果发现，T 的阅读兴趣有明显提升，对学校布置的阅读任务不再排斥，甚至主动要求家长给自己买书。语文、数学教师均反映 T 上课的专注力有了明显的进步，学习态度更为积极，学业表现有明显提升。

表 4　T 和 N 阅读流畅性数据(CWPM)

次数	基线期		干预期		维持期	
	T	N	T	N	T	N
1	49	130	88	147	165	154
2	57	133	137	153	114	119
3	59	102	119	141	103	129
4	44	105	127	105	103	148
5	74	112	107	136	166	128
6			135	163		
7			125	166		
8			146	141		

续表

次数	基线期		干预期		维持期	
	T	N	T	N	T	N
9			120	124		
10			136	164.6		
11			142	135.8		
12			113	125		
平均值	56.6	116.4	113	125	130.2	135.6

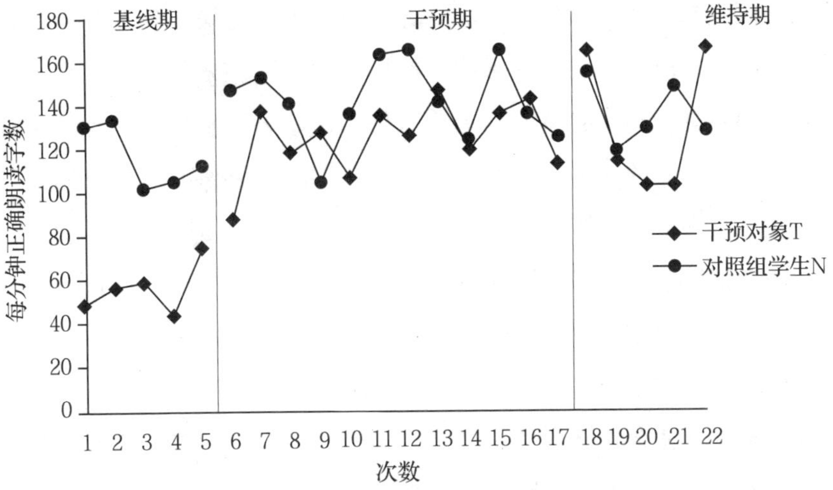

图 3　T 和 N 句子阅读流畅性进步监控图

六、讨论

从本研究对 T 的干预效果来看，经过 6 周的干预，其阅读流畅性就有了显著提高，并在干预停止的 20 天后仍保持在较高水平，这意味着新的学习经验和策略对 T 阅读成绩的提高起了关键作用。

近年来，标准化的正式评量因无法统合评鉴和教学而经常受到批判，而非正式评量模式更具实用性和形成性，可让教师的专业判断更居教学历程核心。[24]本研究中，不但对个案进行了智力测试、阅读能力评估、视知觉测试和注意力评估等正式评量，还包括作业错误分析、学习过程观察、教师、家长、学生访谈等非正式评量。正式评量与非正式评量相互佐证，明确了T核心问题、了解其个性特征，为教育干预提供丰富的证据支持。因此，阅读障碍干预的首要任务不是找到某种有效的方法，而是明确阅读障碍学生的核心问题与认知特点，从而采取针对性的干预策略，这一过程中尤其需要发挥非正式评量的作用。

阅读障碍学生往往在多个认知成分和整合上存在不同程度的缺陷，因此针对学生的认知缺陷采取综合性干预的策略更具优势。综合性干预策略主要指采取两种或两种以上的干预方法对阅读障碍进行干预，是英汉阅读障碍相关研究都采用的策略。[25]本项研究综合了认知层面的视觉干预、元认知干预和心理语言学层面的阅读流畅性干预等研究成果，并且没有只针对某几种缺陷进行孤立的集中训练，而是将这些干预自然地融入真实的阅读过程中，将重要的阅读技巧教学和完整积极的读写经验“有机”整合起来。因此，让综合性干预发挥更大效力的关键是避免各种方法的简单叠加，在真实的阅读情境中“有机”运用各种基于学生学习需要的干预策略。

经过教导而学习，而不是由学生自己发现而学习的策略，都不是自然的，好的教学必定是建构的。[26]本研究强调学生作为学习的主体，引导其自主探索与发现适合自己的学习策略。例如，字词教学在充分借鉴目前已有的字源教学方法之外，本研究为促进T识字策略的内化，鼓励T结合自身经验对字形做出意义化的解释，提高了T对字形加工的敏感性。再如，目前自我监控元认知策略主要采用直接教导的方法，而本研究不是将策略总结好“教”给学生，而是引导学生自己去探索、发现、总结，形成个人的“阅读秘籍”。干预结束前，问T如果干预停止，还会继续进步吗？T自信地说：“当然啦！因为我有‘秘籍’呀！”“以前考试看不懂就着急答，现在我一遍看不懂就看两遍，两遍看不懂就看三遍，看懂了再回答。我知道我肯定有办法看懂。”这个过程中T不但习得了策略，提升了元认知能力，更收获了自信。因此，即使撤除干预，T的进步依然在持续。

阅读障碍学生由于阅读的挫折体验，多伴随阅读动机低落的问题，而阅读动机的许多方面都会影响阅读，如阅读的自我效能、阅读的挑战性、对阅读的好奇、娱乐性阅读、阅读的重要性和成功的经验等。[27]因此，在干预的各个环节，让T体会到自主感和成功积极的阅读体验非常重要。本研究干预过程始终关注阅读动机的激发。最能提升动机的，是阅读有趣和难度适当的阅读材料之后所带来的成功经验。[28]本研究中的重复阅读并非机械的简单重复，而是让学生在重复中感到乐趣，如《打瞌睡的房子》重复式的结构和语句很容易产生厌烦感，但教师与学生每人一句比赛谁读得更快，教师示范时注意把控节奏，在情节转折处有意加强重音与语气，引得学生“嘎嘎”地乐出声来。T注意力全程高度集中，家长反馈说从未听过学生读得如此既准又快。因为学生体验到，阅读对自己而言不只是需要弥补的缺陷与被迫完成的任务，更是自己感到好玩有趣、愿意主动尝试的游戏，这个过程激发了他的内在动机。相比外在动机，内部动机是一种高度自主和自我决定的状态[29]，对阅读障碍学生愿意克服障碍起到非常重要的作用。

参考文献

[1]李虹，舒华．阅读障碍儿童的语言特异性认知缺陷[J]．心理科学，2009(2)：301—303.

[2]Farrington A L，Lonigan C J. Examining the Measurement Precision and Invariance of the Revised Get Ready to Read[J]. Journal of Learning Disabilities，2015(3)：227—238.

[3]Lyon G R，Shaywitz S E，Shaywitz B A. A Definition of Dyslexia[J]. Annals of Dyslexia，2003(1)：1—14.

[4]Shu H，McBride-Chang C，Wu S，et al. Understanding Chinese Developmental Dyslexia：Morphological Awarenes as a Core Cognitive Construct[J]. Journal of Educational Psychology，2006(98)：122—133.

[5]孟祥芝．走出迷宫一认识发展性阅读障碍[M]．北京：北京大学出版社，2018：14.

[6]Hu H，Meng X，Chen X，et al. The Subtypes of Developmental Dyslexiain Chinese：Evidence from Three Cases[J]. Dyslexia，2005(11)：311—329.

[7]刘文理，刘翔平，张婧乔．汉语发展性阅读障碍亚类型的初步探讨[J]. 心理学报，2006(5)：681—693.

[8]方金雅，王琼珠，李俊仁，等．中文阅读障碍[M]. 台北：心理出版社，2010：10.

[9]纳莹．汉语发展性阅读障碍的干预途径和现状[J]. 基础教育论坛，2017(7)：45—48.

[10]Wolf M，Katzir-Cohen. Reading Fluency and Its Intervention. Scientific Studies of Reading，2001(3)：211—239.

[11]胡永崇．学习障碍学生阅读流畅度的评量与教学[J]. 屏师特殊教育，2007(14)：10—19.

[12]舒华，李虹，杨志明等．小学生汉语阅读能力测验．2014，未公开出版．

[13]Liu Y，Georgiou G K，Zhang Y，et al. Contribution of Cognitive and Linguistic Skills to Word-reading Acuracy and Fluency in Chinese[J]. International Journal of Educational Research，2017(82)：75—90.

[14]Lei L，Pan J，Liu H，et al. Developmental Trajectories of Reading Development and Impair-ment from Ages 3to 8 Years in ChineseChildren[J]. Journal of ChildPsychologyandPsychiatry，2011(2)：212—220.

[15]Li H，Shu H，McBride-Chang C，et al. Chinese Children's Character Recognition：Visual-orthographic，Phonological Procesing，and Morphological Skills[J]. Journal of Research in Reading，2012(3)：287—307.

[16]Ho C S，Chan D W，LeS-H，et al. Cognitive Profiling and Preliminary Subtyping in Chinese Developmental Dyslexia[J]. Cognition，2004(91)：43—75.

[17]薛锦，舒华．快速命名对汉语阅读的选择性预测作用[J]. 心理发展与教育，2008(2)：97—101.

[18]张树东，谢立培，冯译，等．中国1～4年级小学生视知觉发展研究[J]. 心理科学，2017(1)：110—116.

[19]麻宏伟，潘学霞．注意缺陷多动障碍国内外诊断标准的比较[J]. 实用儿科临床杂志，2010(23)：1839—1840.

[20]张旭，段莹莹．课程本位测量对识字困难儿童的个案干预研究[J]. 中国特殊教育，2010(7)：87—91.

[21][26][27][28]泰克尔．有效的读写教学：平衡趋向教学[M]. 曾世杰，译．台

北：心理出版社，2010：158，272，295—296，330.

[22]林崇德，沃建中.7—11岁儿童自我监控能力的发展及对认知操作的影响[J]. 心理发展与教育，1999(4)：1—7.

[23]Harris K R，Friedlander B D，Saddler B，et al. Self-monitoring of Attention Versus Self-monitoring of Academic Performance：Effects among Students with ADHD in the General Education Clasroom[J]. Journal of Special Education，2005(39)：145—156.

[24]张世慧，蓝玮琛. 特殊教育学生评量[M]. 台北：心理出版社，2014：153.

[25]李欢，张晓玟，韦玲，等. 近十年英汉阅读障碍干预方法的比较研究[J]. 现代特殊教育(高等教育研究)，2019(2)：50—52.

[29]Ryan R M，Deci E L. Self-Determination Theory and the Facilitation of Intrinsic Motivation，Social Development，and Well-Being[J]. American Psychologist，2000(1)：68—78.

基于儿童阅读发展的整体观
——以语音意识缺陷型阅读障碍为例①

一、他是个怎样的孩子

聪聪(化名)，小学二年级男生，8 岁，足月剖腹产出生，健康无重大病史。父母均为硕士，家庭经济情况较好。母亲常辅导聪聪功课，为他读过《哈利波特》《三国演义》等，他听力理解好，口语词汇、句式丰富；自己读书速度慢，错误多；写字丢笔画。聪聪数学学业表现优秀，语文却非常吃力。

研究发现汉语阅读障碍儿童与普通儿童相比，朗读流畅性差(朗读速度慢且不合理停顿多)和准确性低(存在更多省略、添加、替代错误)[1]；阅读障碍儿童错别字及其错误方式是小学生汉字心理词典的外在表现形式[2]，因此我们选择观察聪聪朗读和书写情况。

二、观察分析

(一)朗读

聪聪和对照学生(同班朗读水平中等学生)朗读带拼音诗歌《等我也长了胡子》(204 字)，用朗读用时、正确率和流畅性作为分析指标。正确率为正确朗读字数占全文字数百分比，计算方式：正确率＝正确朗读字数/全文字数。流畅性为每分钟正确朗读字数(Correct Words Pper Minute，CWPM)，计算方式：流畅性＝正确朗读字数/分钟数。三项数据如表 1 所示。

---

① 本文发表于《现代特殊教育(基础教育研究)》2019 年第 8 期，内容有改动。作者：卢雪飞、王玉玲、张旭。卢雪飞，北京启喑实验学校教师；王玉玲，北京市西城区教育学院教师；张旭，北京联合大学特教学院副教授。

表 1　聪聪与对照学生朗读数据分析

	用时	正确率(%)	流畅性(字/分)
聪聪	7 分 26 秒	76.02	19.8
对照学生	1 分 30 秒	97.44	127

表 1 中聪聪用时比对照学生多近 6 分钟；正确率方面聪聪为 76.02%，对照学生为 97.44%，两人相差 21 个百分点；每分钟正确朗读字数方面聪聪比对照学生少 107 个。错误统计如表 2、表 3 所示。

表 2　拼音朗读错误统计

拼音错误	例子
b、d 混淆	一定 yídìng——yíbìng
p、q 混淆	一起 yìqǐ——yì pì
s、sh 混淆	睡觉 shuìjiào——suì jiào

表 3　声调朗读错误统计

声调错误	例子
三声读四声	探险 tǎn xiǎn——pàn xiàn
一声读四声	织网 zhī wǎng——zhì wǎng

聪聪浊辅音和清辅音混淆最多，三声读四声错误次之。规律性错误是否提示他看到的 b 和 d、一声和四声与我们看到的不同，所以导致他朗读慢、出错多？

(二)书写

1. 汉字书写

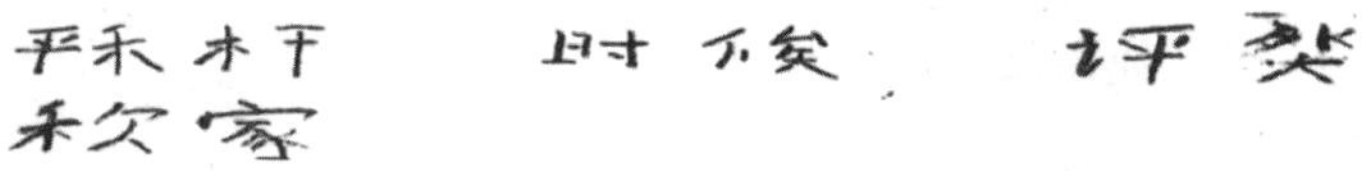

图 1　聪聪听写词语

图 1 中形近字混淆："象"写成"家"；左右部件颠倒："秤"写成"平禾"；"奖"除左右部件颠倒还镜像写："丬"写成"K"。图 2 中横写成竖："食"；部件混淆："已"写成"匕"。

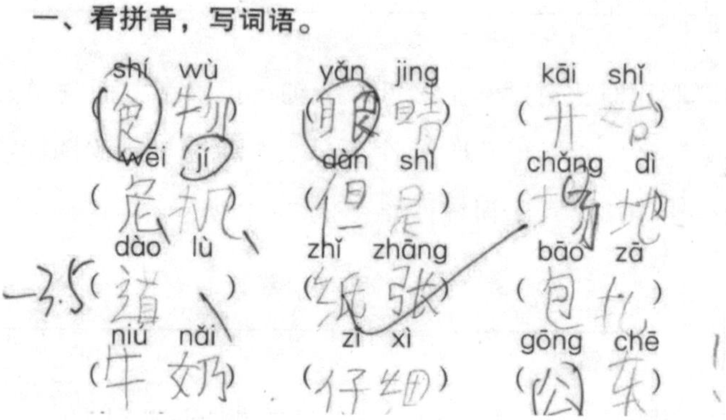

图 2　聪聪看拼音写词语

2. 拼音书写

图 3 中"花 píng"写"花 qíng"，"sǎo 地"写"sáo 地"。

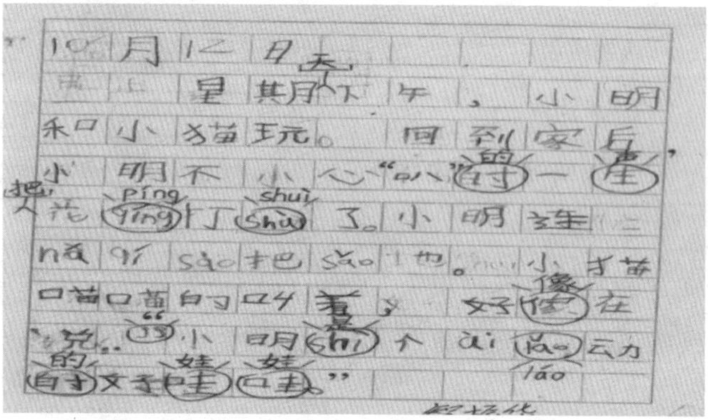

图 3　聪聪日记中拼音书写

朗读和书写相互印证：聪聪混淆了某些书面符号方向。他是阅读障碍吗？我们进一步对他做阅读能力评估。

三、专业评估

聪聪瑞文推理测验百分等级 90，智力水平良好。采用北京师范大学舒华教授课题组研发的《小学生汉语阅读能力测验》评估其阅读能力，数据如表 4 所示。

表 4　聪聪汉语阅读能力测验结果

	原始分	标准分
汉字识别测验	11	−0.89
词表快速朗读	18.33	−1.63
三分钟阅读理解	31.67	−0.81
数字快速命名	35.49	−0.98
语音意识测验	4	−1.13
语素意识测验	16	0.98
正字法测试	31	0.80

表 4 中聪聪汉字识别测验、词表快速朗读、三分钟阅读理解均低于标准分；相关认知能力中数字快速命名和语音意识低于标准分，后者低 1.13 个标准。根据智力正常、识字量低于同龄人且存在至少一个认知缺陷的儿童才能被诊断为阅读障碍的诊断标准，初步判断聪聪为语音意识缺陷型阅读障碍。

聪聪规律性混淆 b 和 d，汉字左右部件颠倒、镜像写是否与视知觉加工有关？采用北京师范大学张树东教授研发的视知觉能力测验评估其视知觉，数据如表 5 所示。

表 5　视知觉能力测验

	手眼协调	空间方位	图形描摹	视觉辨别	空间关系	视觉填充	视动整合	图形恒常性	总分
聪聪	−1.02	−0.32	−3.90	2.46	0.53	−0.69	−0.08	0.73	−1.30

表 5 中聪聪视知觉总体低于同龄人 1.30 个标准，手眼协调低 1.02 个标准，图形描摹低 3.90 个标准。

四、干预方案的制定与进行性调整

根据聪聪读写错误规律和评估结果，我们最初制定以语音意识为主的干预，实施中根据聪聪状态调整为以个别化识字策略和言语理解为主的干预，最后进阶为以字理识字策略、语音意识和整体性支持环境为主的干预。

(一)第一阶段：以语音意识为主的干预

1. 干预及实施

第一阶段我们制定以语音意识为主、兼顾视知觉特点调整的干预方案。经过一段干预发现效果不理想，识字能力未提高。例如，训练“一会儿”发音时选视知觉支撑性材料：三号字、多倍行距歌谣《云》(42 字)，过程如下。

生：云是魔术师，常常 liàn 戏法。一会/儿变小羊，一会/儿变公鸡。

师：(指“一会儿”)“一会儿”。

生：一会儿。

师：一会儿变小羊。

生：一会儿变小羊。

……

师：用“一会儿变”说这两幅图中的云。

生：云是魔术师，常常变戏法。一会/儿变小羊，一会/儿变公鸡。

训练“一会儿”发音很久，对话时聪聪能准确发音“一会儿”，但朗读书面歌谣又变成“一会/儿”，我俩都很挫败。

2. 反思与调整

第一，汉字学习是字形、音、义的联结，阅读障碍儿童没发展起字形、语音、语义三种表征间丰富的网络连接，只有各种表征联结达到一定强度，才会实现相互激活和扩散[3]，因此单独语音意识训练不符合汉字学习特点，对汉语阅读障碍儿童只训练语音意识值得商榷。

第二，语音意识训练不同于发音练习，儿化音又具有特殊性。聪聪语音意识弱，阅读带拼音文章充满畏惧，哪里弱补哪里的割裂干预让他体验了挫败和沮丧情绪。体验成功才能产生自信，所以激发学习兴趣与动机是首要的。

阅读依赖"词汇识别(即字词解码)和阅读理解"[4]两个过程，我们根据聪聪状态调整为以个别化识字策略和言语理解为主的干预。

(二)第二阶段：以个别化识字策略和言语理解为主的干预

1. 干预及实施

"简单阅读材料能在使用恰当阅读策略方面提供好的练习"[5]，如聪聪朗读《我爸爸》(229字)文字版，教师记录其认识的汉字，聪聪自主选择识记哪些汉字，形成个别化识字策略；教师读句子聪聪表演完成言语理解教学。

(1)个别化识字策略。

个别化识字策略是以学生为中心，针对其特点，采用讲故事、绘画等对字形、音、义进行捆绑的精加工识字策略。"精加工必须是学习者自己完成的，把新知识与已有旧知识相关联，经精加工信息进入个体已有知识网络，在需要时容易提取"，且"学习者对材料加工越细致、越深入，他们对知识的掌握就越牢固。"[6]

"聪"个别化识字策略如下所示。

①观察字形，给"聪"讲故事。

生："聪"是上课耳朵要听讲，这(指"总"字)是回家复习并练字，第二天考试就对了。

师：就很聪明。这边耳朵老听讲，这边是"总"字。怎么记"总"字?

生：他回家后总写东西，总复习，长大后就当老总。

师：总学习长大后就能当老总，老总很聪明。

②写"聪"字。

生仔细观察字形写"聪"字，但"耳"与"总"距离稍远。

师引导他观察、比较自己写的与印刷体的不同。

生：这两个(“耳”和“总”)应该离近点儿。

写完再比较。

生：近点儿好看了。

③给“聪”配密码。

生：字卡背面左边画“3”表示耳朵，中间一道斜线，右边画人代表老总。

个别化识字策略制作的字卡“适”：

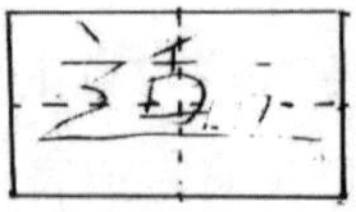

图 6 字卡“适”正面

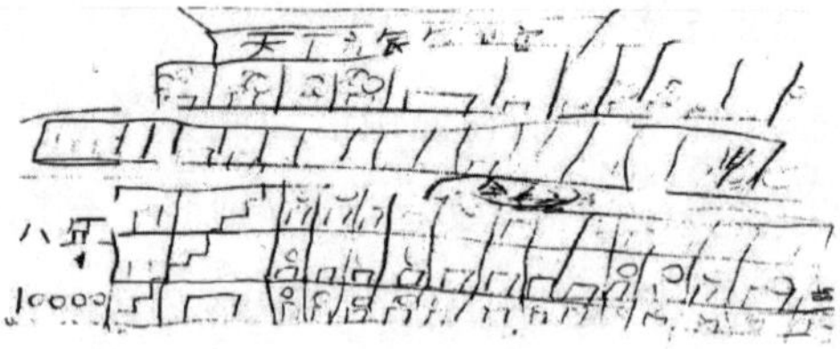

图 7 字卡“适”背面

字卡背面聪聪写了“天下旅馆、舒适”等 11 字(见图 6、图 7)。

(2)言语理解。

言语理解教学能保持聪聪口头言语理解和表达能力，提高对文章的理解。有教师示范朗读法，表演法等。例如，教师读“他敢跟大力士摔跤”，聪聪表演摔跤动作。

2. 反思与调整

第一，个别化识字策略未必符合汉字字理，但与聪聪个人经验紧密结合，能有效实现汉字音、形、义的捆绑加工，使其有成就感和自信心，该策略熟练掌握后能自动迁移到生活、学习中去识记汉字，扩大识字量。

第二，教师示范朗读能提高聪聪言语理解力和阅读流畅性。“提供明确的流利阅读示范，示范可能是教师、受过良好训练的成年人、其他同学甚至是一盘磁带”[7]已被证明能提高阅读流畅性，且“教师示范比磁带和电脑示范效果好”[8]。

另外表演、口头问答更符合聪聪特点。

聪聪识字量大增、信心和兴趣日益浓厚，第三阶段进阶为以字理识字策略、语音意识和整体性支持环境构建为主的干预。

(三)第三阶段：以字理识字策略、语音意识和整体性支持环境为主的干预

1. 字理识字策略

字理教学是根据汉字具体情况和学生身心特点并适当利用汉字构字规律进行的教学。[9]字理识字策略是教师支持下阅读障碍儿童发现符合汉字构字规律的识字策略。汉字学习中对字形能加以解释所组成的联结较字形不能解释的耐久性高[10]，象形、指事字有一定图画性，各部件代表不同含义，掌握字理识字策略能推理新字含义，培养儿童形象、逻辑思维。聪聪爱绘画、逻辑推理能力强，他发现造字规律时兴奋得两眼放光。所以学习既是儿童探索学科知识的过程，更是发现自己潜能的过程。“灾”字字理识字策略如下。

生：这是上下结构的字，上面是宝盖头，下面是“火”。

师(写“家、安”)：它们怎么读?

生：jiā、ān。

师：仔细观察发现了什么?

生：都有宝盖头。

师：宝盖头的字和房屋有关，“家”是屋里有猪(豕)才为家，“安”是屋里有女才安定。“灾”呢?

生(观察，思考)：啊！我知道啦！是屋里着火了！

师：屋里着火了还是困难吗? 就是——

生：火灾！

师：嗯，是火灾，对家来说就是(指“灾难”)……

师生齐说：灾难！

2. 语音意识干预方法——拼音游戏

研究表明，拼音游戏相对于传统教学更有利于阅读障碍高危儿童阅读能力和语音意识发展[11]，因此引入 GraphoGame 拼音游戏干预语音意识，每天让聪聪玩拼音游戏，每次 20 分钟左右。该游戏由芬兰于韦斯屈莱大学 Agora 研究中心基于对阅读障碍高危儿童长达二十余年追踪研究结果逐步发展而成，主要帮助儿童学习拼音文字中基本的形—音对应规则。[12]

3. 整体性支持环境的构建

支持教师、家长、班主任协作为聪聪构建整体性支持环境。

支持教师帮聪聪提高朗读流畅性；妈妈帮他在喜马拉雅开电台，他当主播朗读课文；班主任正向视角发现他点滴进步，给他朗读展示机会，聪聪赢得全班同学赞扬，整个人学习状态被激发！

五、干预效果

(一)语文学业成绩

聪聪语文学业进步明显，如表 6 所示。

表 6　聪聪期末考试成绩

	语文	数学
一年级下学期末	69	94
二年级上学期末	94	97

(二)朗读能力和动机

1. 朗读能力

聪聪和对照学生朗读文字版《上学一路歌》(337 字)，用时、准确率、流畅性数据如表 7 所示。

表 7　聪聪与对照学生朗读数据分析

	时间	正确率(%)	流畅性(字/分)
聪聪	2 分 15 秒	94.6	141
对照学生	3 分 23 秒	95.3	95

表 7 中聪聪比对照学生少用 68 秒，朗读速度提高明显；正确率方面聪聪为 94.6%，对照学生读为 95.3%，两人相差不到 1 个百分点；聪聪每分钟朗读正确字数比对照学生多 46 个。

2. 朗读动机

研究发现，营造良好阅读氛围、通过自主阅读激发内部动机、通过积极反馈与指导提高积极自我效能[13]，都能提高小学生阅读动机。聪聪从最初抗拒读文字书，到“爱上了大声朗读，回家后总想着拿起我(聪聪妈妈)的手机给您微信朗读”，最终在听书网上开电台主动朗读所有课文，并兴奋地说：“老师，有 361 个人听过我的朗读啦!”

六、反思

至本文成文为止，国内医学界和学术界对阅读障碍的干预研究都严重不足。本研究借助多位学者的诊断工具，根据儿童状态及时调整最终取得良好效果。经验有以下三方面。

(一)儿童阅读发展的整体观

阅读障碍儿童是活生生的、完整的人，因此制定干预方案要有整体观：既分析其优劣势，也分析其能力特点；要有针对性，但哪里弱补哪里的常规思路若给儿童挫败体验、沮丧情绪就该停止，要始终注意情绪、动机的激发。方案的制定和调整要基于儿童整体状态。

(二)“以学习者为中心”的调整观

“以学习者为中心”的教育理念既重视学习者的独特性(天赋、能力、情感因素、学习进度与风格、发展阶段特征及需要)，又关注学生学习(学习中最有效的知识、知识的获得及在促进其学习动机、学习过程和成就上最有效的教学方法)[14]，它提出教育决策的形成要基于这两方面。本研究始终秉持该理念：无论是根据其视知觉特点调整阅读材料，还是针对情绪动机调整干预内容顺序，甚至不同寻常的个别化识字策略与言语理解方式，都基于儿童特点与进步情况做进行性调整。

(三)支持教师、家长、语文教师协作观

支持教师、家长、语文教师协作构建整体性支持环境，儿童感到被理解、接纳，以轻松愉悦状态学习、生活。支持教师用科学方法支持儿童发

现识字策略；语文教师和家长转变观念，正向视角发现儿童的点滴进步。整体环境是支持的、鼓励的，儿童自信和价值感被激发，潜能被唤醒，从而自动前进。

参考文献

[1]张婵，盖笑松．汉语阅读障碍儿童与普通文通朗读错误研究[J]．中国特殊教育，2010(2)：49.

[2]彭聃龄．汉语认知研究[M]．山东：山东教育出版社，1997：1—34.

[3]沃恩，汤普森．教会学生阅读(方法篇)[M]．顿祖纯，译．北京：教育科学出版社，2008：62.

[4]刘翔平，顾群．学习障碍儿童的心理与教育[M]．北京：中国轻工业出版社，2010：84.

[5] 沃恩，汤普森．教会学生阅读(方法篇)[M]．顿祖纯，译．北京：教育科学出版社，2008：63.

[6] 北京市教育委员会人事处，北京教育学院，北京市中小学中等职业学校老师培训中心组．学科教育心理学[M]．北京：北京师范大学出版社，2012：161.

[7]康静梅，陈丹．西方阅读障碍儿童干预训练的四种途径及其启示[J]．外国教育研究，2015(6)：32.

[8]吴雅卿．字理在识字教学中的运用[J]．内蒙古师范大学学报(教育科学版)，2011(8)：104.

[9]赵玉琦．遵循汉字规律改革字词教学[M]．北京：光明日报出版社，1989：4.

[10]陈柳．GraphoGame 拼音游戏在汉语阅读困难高危儿童阅读发展中的作用[D]．北京：北京师范大学，2014.

[11]Lyytinen H，Ronimus M，Alanko A，et al. EarlyIdentificationof Dyslexia and the Use of Computer Game-based Practice to Supportreadingacquisition[J]. Nordic Psychology，2007，59(2)：109—126.

[12]怀特海．教育的目的[M]．庄连平，王立中，译．上海：文汇出版社，2012：2.

[13]刘玉娟．小学生阅读动机的发展及影响因素[J]．中国特殊教育，2012(10)：90—96.

[14] 徐希勒．以学习者为中心的课堂教学[J]．考试周刊，2009(27)：223.

基于学生主动性的阶段性调整

——以阅读障碍学生个训课为例[①]

一、个案基本情况

G，北京某小学四年级学生，女，10岁，身体健康，无重大疾病史，家庭经济状况中等。瑞文推理测验百分等级90，智力水平良好。读写速度慢，书写过程中经常有多一笔或是少一笔的细节错误，偶尔出现部件丢失的情况。语文、英语学习极度困难，数学学科受到识字量低的影响，无法在规定时间内获取有效的题干信息，也受到较大的影响。

通过访谈班主任了解到，G的家庭环境较为特殊，父母离异后再婚，爷爷奶奶抚养兄妹俩长大。从日常观察中发现，G长期受到学业上挫败感的影响，在课堂上的参与度不高，不愿意积极表达自己想法，遇到困难不愿意向别人求助，在班里没有朋友，总是一个人闷在角落里。

二、观察及评估分析

(一)朗读情况观察

观察发现，G的阅读速度慢，停顿多，阅读正确率低，有较多猜字情况发生。通过与阅读能力中等水平的同学L做对比，G的阅读流畅性较中等水平同学差距较大(见表1)。深入分析发现，G阅读流畅性差的主要原因是识字量过低、字词解码速度慢。

---

① 作者：李玎玲，北京市西城区复兴门外第一小学教师。

表 1　G 和 L 的阅读流畅性数据对比

学生	用时	总字数	正确字数	阅读正确率	阅读流畅性
G	280 秒	157 字	127 字	80.9%	27 字/分钟
L	55 秒	157 字	154 字	98%	168 字/分钟

(二)书写情况观察

(1)记字情况

分析 G 的试卷、作业发现，G 自发书写困难较大，记不住字形。例如，“看拼音写词语”“组词”“听写”等涉及记字形的题目中，都有大量空白(见图 1、图 2)，只能写出少量题目。G 进行识字量测试时，她只能写出 5 个正确答案，一边写一边叹气：“这些字我都不认识，记了也是秒忘。”过低的识字量，加之强烈的挫败感让她拒绝继续作答。

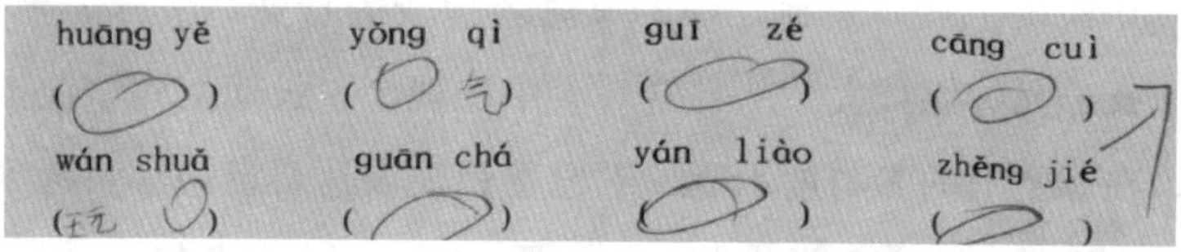

图 1　看拼音写词语

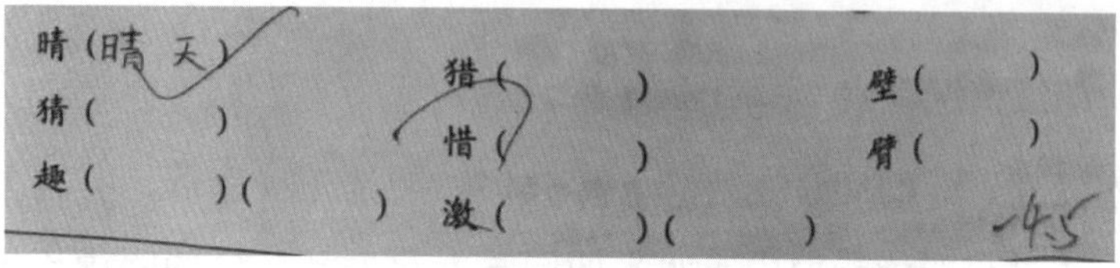

图 2　组词

(2)抄写情况

分析学生抄写情况发现，G 经常出现“多一笔或是少一笔”的细节错误，有时还会出现“字写一半，漏写一半”的情况，如抄写板书时“局”字多写了一竖，“启”漏写了部件“口”(见图 3)。即使把正确的字与错误的书写一同给她辨认，依然存在困难，有一次，她仔细看着“纽”和“扭”，说“这两个字一样啊”。

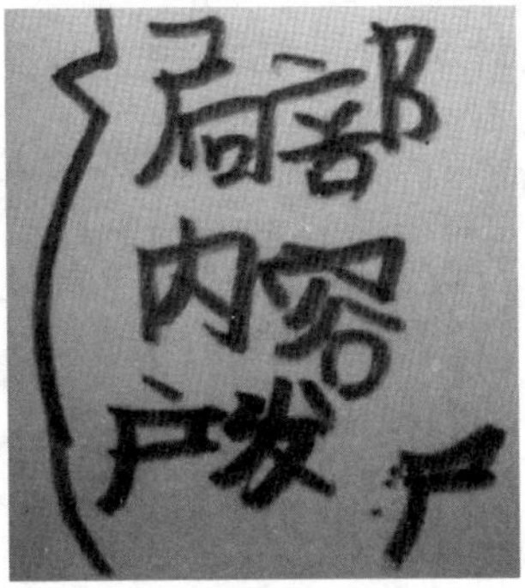

图3　抄写板书

在访谈老师家长并进行量表筛查，排除了G存在注意问题的干扰因素后，我怀疑G在视知觉辨别能力上存在不足，对汉字的细节加工不够完整，所以才会出现丢笔画、丢部件等细节错误。

《美国精神障碍诊断与分类手册(第三版修订本)》(DSM-Ⅲ-R)将阅读障碍定义为：显著的识字及阅读理解缺陷，智力水平正常，实际阅读成绩却与自身智力水平不相符，排除感觉缺陷、精神系统疾病、生活环境、教育条件等因素，具有神经生理基础的大脑的特异性阅读困难。[1]根据朗读与书写的观察访谈，以及多位阅读障碍专家的非正式评量，我怀疑G为阅读障碍学生。

(3)心理状态评估

在访谈班主任老师及科任老师后，我了解到G的课堂参与度不高，不与他人交流。在与G一对一交流时发现她不相信自己可以记住那些她眼中密密麻麻的汉字，说自己秒忘，并且表现出对书写和阅读的强烈排斥。

采用《自我效能感综合量表》(SEIS)对学生G进行自我效能感评估验证，评估结果显示：参照常模水平，学业自我效能感维度低于同龄儿童1.87个标准差、自我调节效能感维度低于同龄儿童2.22个标准差、一般自我效能感维度低于同龄儿童1.75个标准差，自我效能感相较同龄儿童属于偏低水平。因此，低自我效能感导致学习动机水平低，从而出现排斥识字和阅读的情况。

二、干预方案的设计与阶段性调整

针对G自我效能感低、识字困难和阅读困难这三类主要问题，我做出了如下干预设计：前期进行以箱庭疗法为主的心理干预，意在提升学生的自我效能感。实施过程中根据学生状态，逐步调整为以方法教导为主的集中识字干预，帮助学生在建构识字策略的过程中积累一定的识字量。最后在自我效能感与识字量提升的基础上，加入阅读教学，将识字与阅读有机结合。

(一)第一阶段：以箱庭疗法为主的心理干预

综合考虑G特殊的家庭成长环境和低自我效能感，学习动机不足的现状，我认为学生不仅需要来自外界环境的支持与鼓励，更需要内部的自我认同，帮助她实现自我价值，获得自我治愈的力量。箱庭疗法作为心理干预的常用方法，具有良好的游戏性和可操作性，能够更好地帮助G走出心理上的困境。而且在初次尝试时发现G非常喜欢这种方式。

箱庭疗法是一种从人的心理层面来促进人格变化的心理治疗方法，常用于小学生心理健康辅导工作。这种疗法在沙盘中强调自由与受保护的空间，给学生一个被接纳的环境，轻松完整地呈现自己，在游戏中治愈，促进心灵成长与发展。[2]

箱庭疗法干预过程分为如下四步。

① 邀请G体验沙的触感，并在沙箱中构建世界。

② 不干扰G作品制作的前提下，记录作品制作过程，静默陪伴。

③ 以坦诚、平和的语言询问箱庭作品中每一个玩具的代表意义并讨论。

④ 请G为作品起名字，陪伴她拍照、记录。

比如，有这样一段对话——

师：你能向我介绍你的作品吗？

G：两位公主坐飞机来到一个地方度假，后来她们想去到城堡里，但前面的路被沙子挡住了，她们没有力气把沙子清理干净。这个时候奥特曼和士兵帮助她们把地面清理干净了，路现出了原本的蓝色。她们走在蓝色的路上，去到城堡里。

师：奥特曼和士兵真热心，帮助公主解决了困境。那城堡是建在度假的地方吗？

G：不是，城堡是公主们的“老家”。

师：公主们去“老家”要做什么呢？

G：老家有她们的亲人，在那里可以一起玩儿……

图 5　G 的箱庭作品

通过几次观察作品，我发现学生 G 的作品中频繁出现以“公主”为主人公的世界，通过交谈了解到，她同样很喜欢“公主”类的故事书和绘本。因此，在尝试了解学生 G 的箱庭作品心象中，结合家庭生活环境，教师觉察到这是学生对现实生活中渴望像公主一样被疼爱的期许与投射。

在了解到学生 G 渴望被关爱的内心需求后，陪伴教师给予了无条件的积极关注与接纳，同时尊重学生的无意识表达。与箱庭世界的对话过程既是 G 与玩具对话，也是与自己的内心世界对话的过程。教师允许 G 按照自己的意愿进行玩具选择、空间分配，不担心被评判或干涉，体会自己对时空的控制感，唤醒自我力量。班主任也为 G 进行了在学习任务上的个性化调整，及时鼓励强化，使她将箱庭世界中所体验到的“成就感”与“满足感”，潜移默化地迁移到学习中并发挥作用，帮助她收获自信，提升她自我效能感的同时，提升了她的学习动机。

(二)第二阶段：以方法教导为主的集中识字

普通小学语文课主要采用“加一加”“减一减”等字形辨别、机械的音形记忆的方法，这对普通学生而言是适合的。但对于识字困难的学生G而言，机械地抄写不利于汉字音形义的紧密结合，难以帮助她建构她自己的识字策略，因此识字过程艰难，且容易遗忘。

识字教学过程分为如下六步。

① 选字：为增强教学的针对性，识字内容选择G书写过程中容易写错的字，或是学生特别感兴趣的字。

② 认字：请G结合生活经历，说一说汉字的使用情境，掌握了解字音及字义。

③ 识别：针对G视知觉辨别困难，将汉字放大，重要的部分描红，便于G观察汉字的结构特点。

④ 策略：针对G难以机械记忆汉字的问题，将汉字赋以意义，呈现字源，引导她联想汉字的造字情境，创编小故事、口诀，体会汉字音形义的有意义联结。

⑤ 练字：针对G容易遗忘字形的问题，通过多感官刺激的方式，在她脑海中印刻字形的整体结构，强化其心理表征。

⑥ 积累：为便于复习，同时提升记字的自我效能感，建立专属于G的字库，尝试组词并造句。

比如，“突”字的学习过程——

师：你能说说，生活中哪些情境下会用到“突”字？

G：和别的时候不一样的时候，突然。

师：你说得很棒，突是指突然的、急剧的变化。

师：接下来请你仔细观察“突”字的字形，说说你的发现。

G：这个字是由上下两个部分组成的。上面的不认识，下面的是“大”多一点。

师：看看接下来的图片(见图6)，再详细说说你的发现？

G：一只狗跑进了一个洞。

师：你观察得很仔细，这就是这个“突”字最初的造字原理。狗冲进洞穴里，所以古人把这一情景给记录了下来。上面的部分是人居住的石洞，即“穴”，下面的部分是翘着尾巴的狗，即“犬”。一只狗突然冲进洞穴里，打破了原本洞穴中的宁静，让人们感受到惊慌。所以古人把这一情景给记录了下来，表示突然的、急剧的变化。请你把这个字牢牢记在脑海里，闭眼上回忆一下它的结构……

经过一段时间的集中识字，G 逐渐认同了识字策略的重要性。在一次个训课结束的时候，她兴奋地对我说：“看来记字真的需要一些方法啊！”从一开始难以根据字源进行有意义联想，到逐渐认可字源加有意义联想的识字方法，G 从中体验到识字乐趣的同时收获了信心，相信自己可以通过正确的方法努力，牢牢地记住汉字，不再是“秒忘女孩”。

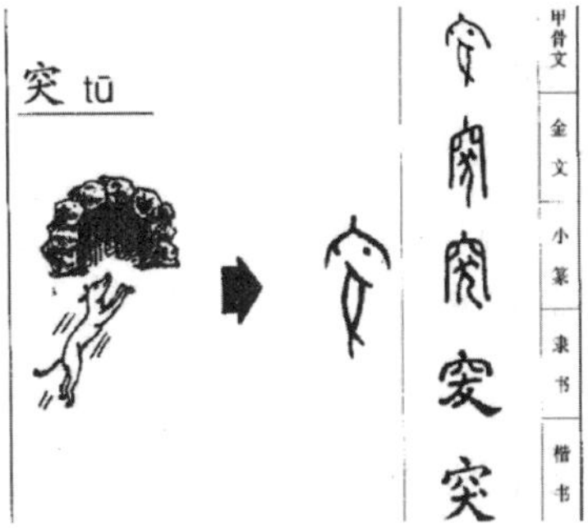

图 6　“突”字的字源教学举例

(三)第三阶段：以自发体验为主的乐享阅读

经过一段时间的识字教学后，单纯的识字教学已经不能满足 G 的需要了，她更需要阅读。阅读教学首先需要注意的是从学生能力和兴趣点出发，选择适合学生的读物，其次要注意在教学中不给学生压力，激发学生的阅读兴趣。

第一次阅读教学我选用了绘本版《窗边的小豆豆》。这本绘本几乎一句一段，学生压力不大。教师读，请学生用手指追随，边读边交流。问 G 猜猜这个上课不专心还存在阅读困难的小豆豆长大后会成为什么样的人。G

万万没想到比自己还要“差”的小豆豆将来竟然会成为著名的节目主持人，她瞪大了眼睛，对读完这本书满怀期待。她排斥阅读的禁忌自此被打破了。

之后，教师通过创设情境、巧妙设问、角色互换、戏剧表演等方法，让G沉浸于故事情境中，感受到阅读的乐趣。

识字方法上，原有的教师教导为主的方法同样不能满足G的需求了。她需要而且已经可以自主地探索识字方法了。并且除了字源法，她还迫切地需要合理的自主联想。这种自主的联想能够将汉字与自身的学习、生活经验产生丰富联结，有助于汉字音、形、义的有机结合，进行深度加工，减少遗忘的发生，建构最适合自己的记忆策略。

《窗边的小豆豆》中有一章的题目是《盒饭》，G指着“盒”字说这个字不认识。教师没有直接教导，而是问：“这个字中有没有认识的部分？”G说：“上面的‘合’字认识。”教师说：“没错，那你猜猜‘盒’的读音？”G试探地说：“‘盒’与hé接近？”教师热情地反馈说：“你猜对了，合字加上下面的‘皿’还念hé。”G感到非常兴奋。

这部分内容提到了“海的味道和山的味道”的盒饭。教师请G猜猜“海的味道和山的味道”的盒饭里面究竟装了哪些食物。G说：“‘海的味道’一定有海鲜，有鱼有虾；‘山的味道’可能有酸甜的水果，有香喷喷的米饭，还有清香的蔬菜。”教师又不失时机地鼓励学生理解得真好。“多么美好的盒饭啊，那‘盒’字你还记得怎么写吗？”G有些记不住最后一笔，思考良久，最后总结说：“我对‘盒’字有了新的认识。把海的味道、山的味道都合并在一起的容器就是‘盒’，所以‘盒’字的上面是‘合’，合并、合在一起。下面是‘盒’的底子，要有一个大大的横，才能装下很多食物……”

乐享阅读，将汉字与阅读紧密结合的识字方法让学生对识字信心十足，也重拾了阅读兴趣，这对书面语言的积累同样有着重要意义，有助于学生提升阅读理解能力和表达能力。识字策略的建构过程是教师无法替代的，需要学生调动自主性，开动脑筋思考，结合个人经验，把识字过程放在情境中，体会古人在造字的过程中，字形的背后所传递出的意义与情感，才能更好地识记，以减少工作记忆能力差所带来的识字影响，扩大识字量。

三、干预效果及反思

一学年结束后，学生G的语文学习成绩进步明显，由原来的18分提升到了56分，阅读兴趣和阅读能力均有所提升。阅读速度和正确率均有所提升，每分钟朗读字数较对照生L由每分钟相差141字减少为108字，取得了良好的效果。以前在班级中没有好朋友，总是独来独往的她，现如今受到了越来越多的同学们的欢迎，课堂表现更加积极主动，更好地融入了学校的学习生活之中。

在个案干预过程中，我根据学生的心理状态和阅读动机及时调整干预策略，取得了较好的干预效果，总结经验如下。

(一)关注阅读障碍学生的心理健康

学生不仅是学习者，更是儿童，需要被关爱和鼓励，可阅读障碍儿童在学校生活中长期体验挫败感，对他们的自我效能感和情绪心理状态造成了长久的影响。因此，在干预初期，我们需要关注学生的心理状态，了解学生的心理需求，运用适合的心理干预方法，帮助学生满足自我实现的心理需求，唤醒自我力量，调整心理状态。

(二)重视学生学习的自发性与主动性

即便学生在识字、阅读方面存在大量困难，但不容忽视的是，他们的身体里仍存在着对新知的好奇与探究的本能。通过教师的引导，唤醒学生对字词的“有意义联系”与“自发思考”，这样的“加工过程”和“思考过程”是学生自发进行的，不是机械的、灌输的。因此对学生自己而言，意义也是更加深远的、持久的，有助于学生元认知能力的提升，在经验习得后自主建构学习策略，并将策略迁移于日常学习生活的识字过程。

参考文献

[1]刘翔平．学习障碍儿童的心理与教育[M]．北京：中国轻工业出版社，2010：48.

[2]张日昇．箱庭疗法[M]．北京：人民教育出版社，2006：10.

“障碍”亦“资源”

——注意缺陷多动障碍共患阅读障碍学生的评量与干预[1]

一、个案背景

小丽(化名)是一名二年级女生，第一次见到小丽是在一间教室里，她正独自一人补数学作业，我轻轻走到她身边跟她打招呼，并好奇地问她为什么留在教室里补作业，小丽见我很关心她就跟我聊起最近学习中的各种烦恼。小丽说她特别不喜欢阅读，我翻着她的语文和数学练习册，发现她基本都是空着不写的，我问她为什么不写，她说自己完全看不懂，看到大片的文字感觉就像世界末日一样让她非常恐惧，通过小丽描述的神情，我能感受到她对阅读是非常抗拒的。小丽见到我很耐心地倾听她的种种“遭遇”，一下子就和我亲近起来，我想大概这是她第一次感受到有人对她的诉说表示理解和同情。在我看来，小丽是个机灵、热情、真诚、礼貌的孩子，所以如果不是我事先看过她的资料，我怎么也不相信她被医院确诊为注意缺陷多动障碍(ADHD)，而且属于注意力重度障碍。

我是学校的兼职资源教师，负责对特殊儿童进行个别辅导、补救教学，并对普通班教师和家长提供咨询与支援服务，所以小丽的班主任第一时间向我求助。

班主任告诉我小丽学习非常困难，上课特别容易分心走神，手上经常有小动作，有时候还会发呆，完全不能专心听讲。她对知识遗忘得特别快，做练习时读不懂题，书写常常出错，听写的表现远远差于抄写。当面对有挑战的任务时，小丽的情绪特别容易起伏，有时还有畏难、退缩的心理。在班里因为学习表现不好，跟别人的差距太大，所以小丽非常不自信。班

---

① 作者：方玲，北京市西城区西单小学教师。

主任特别想知道该如何帮助她提升课堂听课的质量，让她能喜欢学习，并树立自信心。

家长说小丽在家不能独立完成作业，经常分心，手里总是玩东西，外界一点小动静就会影响她，完不成作业时，她也会非常担心和害怕。尽管家长用讲道理、谈心及物质奖励等各种办法激励她，但都不成功。因为小丽的作业问题，全家人都变得越来越焦虑了。

二、评量分析

(一)课堂观察与分析

教师反映，小丽课堂听讲问题突出。为此，我进行了课堂观察。

小丽在课堂上不能专心听讲，跟教师没有有效的互动，有时她想举手回答问题，手已经举起来，但又把手缩了回来，然后就再没有主动举过手。她的身体总爱动来动去，还很容易受外界的干扰，当她感到无聊时还会干扰别人。在教师要求小丽完成语文练习题时，她嘴里会不时小声嘟囔“学习没意思，我就不想学”等抱怨性言语。她在阅读的时候需要用手指读，阅读速度非常慢，我发现她有很多不认识的字。课堂上她时不时看看我，但一看到我的眼睛就不好意思地转开了。课后我问小丽为什么她举起手又放下了，她说因为害怕自己答错了，怕同学们笑话她，但她也表示特别希望语文教师能叫到她。

对小丽的语文课堂观察发现，一节语文课中，她晃椅子共计 20 次，手中玩东西(玩练习册、玩手、乱画、玩笔和尺子)共计 15 次，晃身体共计 12 次，东张西望共计 7 次，发呆共计 2 次，受他人影响共计 2 次，与他人发生矛盾共计 2 次，注意力分散行为共计 60 次。

(二)阅读能力评估结果

小丽身上有 ADHD 学生常见的一些多动、分心、冲动等方面的问题，同时还有一些是其他 ADHD 学生不存在的问题，如读不懂题、书写困难。为此，我采用北京师范大学舒华教授课题组研发的《阅读障碍评估工具》对她进行评估。

评估结果显示：小丽在阅读能力的三个项目(汉字识别、词表快速朗读、三分钟阅读理解)上都低于同龄学生平均水平 2 个标准差以上，在阅读相关认知能力中的数字快速命名、语音意识测验、正字法测试三个项目上均低于同龄学生平均水平 4 个标准差以上(见表 1)。依据能力—成就差异模式，若智力正常而阅读测验总分以及在至少一个认知任务上的分数低于同年级儿童平均成绩 1 个标准差以上，则可判定为发展性阅读障碍。因此，小丽属于发展性阅读障碍儿童。

表 1　小丽阅读障碍评估结果

测试能力	测验任务	标准分
阅读能力	汉字识别测验	-4.05
	词表快速朗读	-4.00
	三分钟阅读理解	-2.18
阅读相关认知能力	数字快速命名	-4.52
	语音意识测验	-4.99
	语素意识测验	-0.87
	正字法意识测试	-4.65

这一评估同时也在一定程度上解释了为什么小丽阅读困难、识字困难、书写困难。她汉字识别与正字法能力过低，也就是说她难以像普通学生那样将汉字拆解成部件加以认识。小丽因为识别汉字有困难，所以在书写时，特别是听写时回忆汉字的难度就更大了。

(三)观察访谈与综合分析

结合以上的评估及观察，我可以确定小丽不仅有明显的注意力问题，还存在严重的阅读障碍、书写困难，而且她已经有较多的情绪行为问题以及与同伴交往的问题。为此，我又对小丽和家长进行了一段时间的观察访谈。

观察访谈中得知，小丽因阅读、书写、注意力问题同时存在，且较为严重，及她在课堂听讲、各科学习、完成作业都困难重重，所以小丽在学习中承受着巨大的压力。大部分时间小丽都需要教师和家长的监督，她非常疲惫地应付各种作业，有时她会趁着教师和家长没注意就溜走了，偷偷去做自己的事情，所以小丽经常被教师和家长负面地关注和评价，导致小丽在面临学业时感到压力越来越大，并渐渐失去对学习的兴趣，变得更加焦虑和挫败，继而对学习产生强烈的抵触情绪。

家长告诉我小丽有不想去上学的想法，我也发现小丽有时向我抱怨学习太难了。虽然她并没有对学习完全失去信心，而且也想通过自己的努力改变现状，但这些无形的障碍还是阻碍了她，在这样的状态下她只能勉强完成各种学习任务，并且强化了她内心的无力感，直接影响到她自信心的建立。她的自我效能感越来越低，也越来越不自信，如果这样发展下去，小丽在班级里会慢慢被边缘化，人际交往也会存在更多问题。

可见，除了已经呈现的各种问题之外，小丽还产生了较为严重的心理问题，而且她的心理问题的出现使她外显的各类学习、行为、交往问题更加恶化。帮助小丽建立自信、减缓学业焦虑成为支持她的当务之急。

为了帮助小丽找回自信、发挥所长，用积极健康的心态面对学习中的挑战，同时考虑到她的生理特点及心理状态，我决定采用游戏治疗的方式来缓解她在学习中的焦虑情绪，帮助并鼓励她从新的角度认识和接纳自己，同时借助她自身优势激发她的阅读兴趣，并提高她的识字能力和注意能力。

三、干预过程

(一)调整自我认知，树立自信

由于家长和教师对小丽的评价较为负面，受环境的影响，小丽也认为自己不够好。在学习上，从一年级开始，她就认为无论自己怎么努力都无法追上班里的同学，学习变成了一件非常不快乐的事情。加上升入二年级以来，学业难度不断加大，教师对学习的要求也更高，小丽因学习产生的焦虑感和抵触情绪变得更严重了。基于这种情况，我设计了一个活动，以帮助小丽看到自己的长处，找到自信。活动主题是“认识我的好与不好”，目的在于帮助小丽疏解焦虑情绪，从更积极的视角对待学习中遇到的困难。

我给了小丽一张纸，要求她分成两部分，一半写自己的“好”，一半写“不好”，但在“不好”的一边只写一点，在“好”的一边要尽量多写(见图 1)。

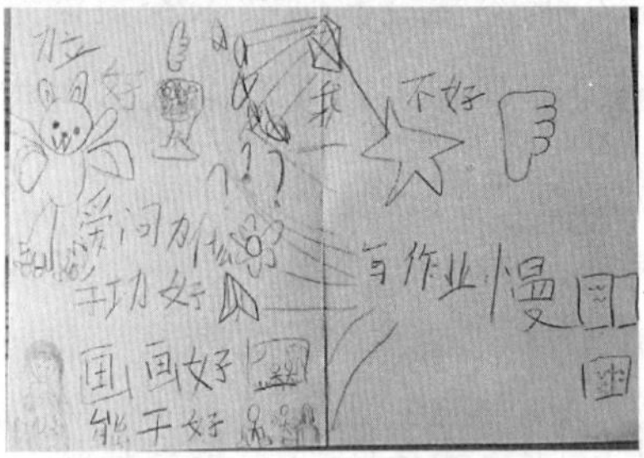

图 1　小丽完成的作品

一开始小丽就很快在“不好”的一边写上了“写作业慢”，还想写更多时，被我制止了，而在好的一边写出“手工好”之后，她就再也想不出自己的其他优点了。我给小丽做了个比喻，让她把这张纸想象成一个天平，如果只认为自己的缺点很多，优点却很少，那天平明显就向“不好”的一边失衡了，我们要让天平尽量向优点的一边倾斜。听后小丽马上兴奋起来，又想到了自己画画好。在我的启发下，小丽意识到自己在家能照顾弟弟，而且为了帮助妈妈，从 4 岁开始她就学会做很多家务了，说着说着，她发现自己原来很能干，像她画出的小熊一样又可爱又能干。

接着，我们讨论起了她的分心，小丽告诉我她的爸爸妈妈经常说她的心思都没放在对的地方。我马上回应她说：“如果换一个角度看，容易分心也意味着你对新鲜事物的好奇心特别强，发散性的思维特别好。”小丽听后高兴地点点头，然后兴奋地告诉我原来她的“分心”其实也可以变成“爱动脑筋”的优点。最后，我们归纳了她所有的优点，并根据这些优点一起设计出了一个卡通形象，取名叫“力立”，是一只可爱的憨憨小熊，而且是一只有力量的小熊，它会帮助小丽一起来对付天平的另一侧——写作业慢。当小丽经历自己的优点从无到有的过程后她感到特别欣慰，对自己有了新的认识，她发现其实每一个人都有很多潜能，只是没有注意到而已。我想当我们开始悦纳自己，所带来的力量就像多米诺效应一样，后续的影响力是巨大的。

(二)量身定制，游戏化的注意力训练

小丽心理问题很大限度上来自注意缺陷带给她的困扰。因为多动、分心、冲动，她很难保持良好的学习状态，甚至很容易与同伴发生冲突。因此，在树立自信心之后，改善注意力则是当务之急。首先，我与班主任、学科教师、家长进行沟通，为小丽提供一个理解的支持性环境。并借助医院、高校的力量为小丽进行注意力训练。同时，我也为小丽进行着特殊的注意力训练，一种基于心理视角的综合性干预。

小丽曾经跟我分享过她画的一张画，并告诉我她特别希望自己以后做主持人，画中她正在主持一个环保节目，而且有很多人在后台帮助她，小丽在画中写下作为主持人应该具备的各种能力，其中有自信、专注、聪明、漂亮、语文好、头脑灵活。想到这里我感到小丽是多么想要被积极地关注和认可，于是，我把她的这个愿望纳入心理视角的注意力训练之中。为了让小丽更加自信，且充分地发挥她的潜能，内化提升新的自我形象，我设计了看图讲故事的游戏活动，要求小丽对着镜头讲故事，并把她讲故事的视频分享给她的家人看。其间我会设计各种注意力小练习，并给予她积极且充分的关注，使她能完全沉浸并享受这个过程，让她自由地展示和发挥自己。

在这个游戏中，小丽非常投入，而且特别认真。我给她提了两个要求：第一，在讲故事中要仔细观察图片，让听到的人也好像身临其境；第二，讲完后我会把图片收回，并根据图片内容提出三个问题，小丽如果答对了就得 1 分，答错了就扣 1 分，满 3 分就会得到小奖励。小丽特别喜欢这个游戏，在摄像机前感到特别自信和开心。

她边看图片边讲故事，当她讲到图 2 右下方的小熊时，她说“小熊正在打坏蛋”，意思与图片完全不相符，我马上提醒她，她再次看图片并做出用棒子敲的动作，然后讲道：“小熊正一只手在上，一只手在下做敲打的动作。”我马上给予她肯定，并与她探讨和梳理观察图片的方法，小丽总结道：

“我可以用笔在图片中做记号，把细节标记出来，在说出答案前先停一下。”这两点正是帮助她改善专注度不足和冲动的特点的好方法，听到这我马上给予了热情的肯定。讲完后我要收回图片时，她没有直接给我，而是反复仔细看了几遍才交给我，我问的第一个问题是：“抛接球的小丑抛接了几个球?”小丽马上说“抛接了 3 个”，然后我问她是否确定，她表示很确定，我说答案是 4 个。我拿出图片给她看，她用手指着图片中快要砸到小猪头顶的球，解释说那个球不像球，我们相视一笑，然后我鼓励她继续答题。接着我问第二个问题：“骑车的小丑手中拿了几根棒子?”小丽肯定地说“有两根”，我问她确定吗，她非常肯定没有改变答案。我告诉她回答得很正确。第三个问题也答对了。我恭喜她连得 2 分，并再次肯定她的策略有效，爱动脑筋。

有趣的活动设计，再加上我的鼓励，小丽非常开心，也进一步巩固了自信(见图 3)。这个活动一方面激发了小丽维持注意力的动机，另一方面锻炼了小丽维持有意注意的能力，还满足了小丽想要被积极关注的心理需求。

图 2　讲故事的图片

图 3　小丽在讲故事

(三)激发阅读兴趣，形成识字策略

小丽的心理问题与她的学业困难有着密切的关系，如果学业困难得不到解决，她的自信也难以真正形成。学业困难中，阅读与识字影响最大，因为即使是数学课也需要阅读应用题，而识字又是阅读和书写的基础。于是，学业支持上我准备从阅读和识字开始。同时，我想借助 ADHD 的优势。说起 ADHD 儿童，一般的印象是容易分心、冲动、多动这些缺点，但其实这也说明他们更容易跳出固有的思维模式发现新奇事物，而且善于宣泄情绪而不压抑情绪，活跃且有巨大的能量。如果能把这些优势挖掘出来帮助小丽克服她所面临的困难，就能帮助小丽扬长避短了。

小丽告诉过我说她感到看到大片的文字就像世界末日一样，可以想象阅读对她来说是多么的困难，一个有阅读障碍的孩子在阅读中会遇到常人前所未有的挑战。为了帮助小丽喜欢上阅读，对语文学科的学习不再抵触，克服记忆汉字困难的问题，我从激发阅读和识字动机的角度进行了尝试。

我特意准备了一套文字少、图片多、内容非常有趣的绘本，目的是让小丽体验和经历良好的阅读过程，使她能够自主地喜欢上阅读。我想有趣的故事加上精美的插图一定能吸引小丽，因为她很容易兴奋，而且特别喜欢探索。当我把书拿到小丽面前时，她马上翻看起来，当她发现书中的精美插图后她产生了极大的兴趣，并不停地翻看那些图片，而且迫不及待地想要知道书中的内容，但由于识字量太少，她只好求助我读给她听。在读故事的过程中，我们一边读一边笑，好几次我们都情不自禁地大笑起来，小丽笑得肚子都疼了，我时不时让她也跟着我念故事中的词语，她非常配合，并慢慢跟着我读了很多的文字，这次阅读经历让小丽发现原来阅读文字比看图片更有趣。此后，分享阅读成了我们经常做的愉快的事，甚至现在已经成为她的爱好，她与家长常常一起享受这一愉快的过程。

每次一起阅读我们都会从读的故事中找出一些生字进行学习。为了让小丽发挥出灵活丰富的想象力，我设计了自由想象记汉字的游戏，帮她开拓适合自己的学习汉字的方法，使枯燥的文字在她的脑海里变成一幅生动有趣并带有故事化的画面。例如，学习“望”字时，她是这样联想的：一位公主站在王宫上，所以‘王’字就在“望”字的底下，后来这位公主总是望着月亮，“望”的上面就有个‘月’字，‘亡’看起来很像一个火把。所以小丽就想象出了这样一个画面：一位公主站在王宫上，手里举着一个火把，然后望着远处的月亮。于是“望”字就在小丽脑海中变成了充满意义、形象生动的画面，她一下子就记住了。在学习“球”字时，小丽老是忘记“球”字上面的点，她马上联想到一个国王正在踢球，那个点就是他的球，所以非常重要不能丢。慢慢地，小丽已经可以在学习生字的时候熟练运用这种联想记忆法了，学习生字不再是“令人畏惧”的任务了，甚至非常好玩，而且成了她擅长的事。

四、干预效果与反思

(一)干预效果

干预一段时间后我对小丽的一堂语文课进行了观察，课堂问题行为观察记录如下：晃身体共计 3 次，晃椅子共计 4 次，手中玩东西(玩手、纸、头发、笔、咬指甲、堵耳朵)共计 17 次，趴桌子 10 次，没有东张西望、发呆和受他人影响的行为，没有跟其他同学在课堂上发生矛盾，共计注意力分散行为降低到 34 次。主动举手共 7 次，其中被叫到回答问题 3 次，2 次回答正确，1 次没有回答正确。

与干预前相比，小丽的注意力分散行为已从一堂语文课的 60 次降低到 34 次，其中晃椅子此类注意力分散行为降低到 5 次以下，玩东西的行为有所上升，从干预前的 15 次上升到 17 次，东张西望的行为降低到 0 次。通过干预前后两次数据对比发现，小丽的注意水平有所上升。

虽然手中玩东西的行为有所上升，从干预前的 15 次上升到 17 次，但 ADHD 学生本身是有动的需求的，他们是用动来保持大脑的唤醒程度。而且，这反而恰恰证明小丽的进步，她习得了一种适应策略：如何在满足自己动的需要和维持课堂纪律之间找到平衡。她正在逐渐了解自己的特点，并有意识地进行自我调节。

干预后语文教师告诉我小丽的语文考试成绩有了很大提高，尤其在语文基础答题部分基本没有什么错误，完成得很好，作文也写出了可圈可点的句子，语文教师对小丽的进步感到很吃惊。数学教师告诉我小丽在课上能积极举手发言，变得越来越自信，有一次她问题回答得特别好，全班学生自发地为她鼓掌。数学教师特别好奇地问我对小丽做了什么，因为她的变化太神奇了。小丽告诉我各科教师都给她制定了适合她完成的作业量，她感到完成作业没有那么困难了，完成作业的压力几乎没有了，同时也发现阅读是一件让人快乐的事。小丽现在变得更加自信，也对自己的特点有了更多的接纳和认识。

(二)干预反思

第一，抓住学生的核心问题。一个学生的问题并不是单一的，会涉及如行为、情绪、学业、生理、家庭等各种问题。学生的时间有限，各种问题同时干预既耗时又低效，所以抓住核心问题，确定优先原则至关重要。需要注意的是，外显的行为问题和学业问题是教师、家长及学生关注最多的问题，而内隐的心理及生理的问题却经常被忽略。但如果学生已经产生了较为严重的心理问题，心理干预必须成为干预的核心。

第二，采用生态性的干预方式。生态性的干预方式是指面对一个具有各类复杂情况的学生，不是孤立逐一解决各类问题，而是在充分评量各类问题之后，借助学生自身的优势，将心理干预、学业问题、注意力问题综合考虑，相互借力。需要注意的是，我们更容易看到一些特殊儿童的缺点，但其实它的另一面也许会是独特的优势与资源。

看出七十二变

——多图片教学提高阅读障碍学生视知觉能力①

一、个案基本情况

小 Q，10 岁，就读于普通小学，五年级。老师反映他学习动机水平不高，从小学一年级开始，体育、语文、数学、外语成绩一直较落后。平日里，小 Q 阅读的多是带拼音、图画多的读物，三年级的生字卡中有一半左右不认识。数学老师说他逻辑推理能力不足，信息整合和概括能力差，学习速度很慢。一对一辅导应用题时，常常要讲好几遍，小 Q 才能明白一些，读不懂题干的现象经常发生。英语老师认为他基础差，上课爱走神儿，但还算比较听话，不太自信；阅读文本时，主动提的问题基本上都和生词有关。语文老师认为他基础不好，词汇量少，阅读理解停留在字面意思上，阅读速度慢，朗读时经常加字、漏字、读错等，阅读理解错误率高，书写有错误，拼读慢且经常错，不喜欢读书。他的这些表现让老师们怀疑他是阅读障碍学生。阅读障碍是指儿童具有正常的智力和教育机会，没有明显的神经或器质上的缺陷，但阅读能力明显落后于同龄人的学习障碍亚型，是占学习障碍各类型中人数最多的一种障碍。[1]

通过家长访谈老师了解到，小 Q 有一个双胞胎哥哥，他比哥哥听话，但不太喜欢运动，读书不多，对读书的兴趣不大，参加过课外辅导班，但各科学习成绩一直不好。

二、专业评估与观察分析

(一)阅读能力的观察与评估

为了深入了解小 Q 的智力水平和阅读能力对其各科学业的影响，我们

---

① 作者：陈甜天，北京启喑实验学校教师。

对他进行了专业的评估。

我们采用《韦氏儿童智力量表(第四版)》(Webster's Child Intelligence Scale，WISC-Ⅳ)进行评估，结果显示：小Q的总智商为97，属于正常水平。采用北京师范大学舒华教授课题组研制的《阅读障碍评估工具》进行评估，测试结果显示：小Q的汉字识别的测验、三分钟阅读理解、语音意识测验结果分别低于同龄学生1.83、1.11、1.98个标准差(结果见表1)。依据能力-成就差异模式，若个案智力正常而阅读测验总分以及在至少一个认知任务上的分数低于同年级儿童平均成绩1个标准差以上，则可判定为发展性阅读障碍。[2]因此，小Q属于发展性阅读障碍儿童。

表1　小Q汉语阅读能力测验结果

	测试任务	标准分
阅读能力测验	汉字识别测验	−1.83
	词表快速朗读	0.06
	三分钟阅读理解	−1.11
阅读相关认知能力	数字快速命名	0.22
	语音意识测验	−1.98
	语素意识测验	0.09
	正字法测试	−0.1

(二)视知觉的观察与评估

从广义的层面说，视知觉是指理解、组织视觉感知刺激的能力。[3]对小Q的作业进行观察分析，老师发现其书写错误多，错误类型以形近字混淆、丢笔画、笔画方向错误等为主。比如，小Q在抄写时会把“拨”写成“披”，把“寸”写成“才”，把“协”和“切”混淆，“落”字写成“氵茖”，“眠”字丢了一横，把“啼”写成左“巾”右“帝”(自创字)，“修”字右下方的三撇本是三笔，变成两笔，而且撇变成了点(见图1)。这些错误单独用“马虎大意”恐怕难以解释，可能与其视觉加工有关。

此外，老师发现，让小Q看图片《游乐场》并一一说出里面有什么时，

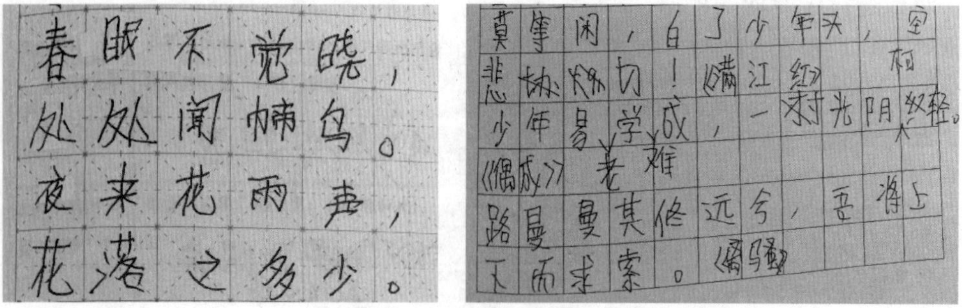

图 1　小 Q 书写作品

小 Q 会指着女孩说“这是男孩”。在老师的多次引导下，小 Q 才发现人物梳着两条辫子、穿着裙子等细节，所以更加不能排除他可能存在视觉加工的问题。

采用张树东等人修订的《视知觉发展测验》(Development Test of Visual Perception-2，DTVP-2)对小 Q 进行测试，结果显示：小 Q 视知觉总分低于同龄学生 1.07 个标准差，显著落后于同龄学生。其中，空间方位、空间辨别、图形恒常性测验结果分别低于同龄学生 1.86、1.05、1.24 个标准差；图形描摹、视觉填充、空间方位均低于同龄人 2 个标准差左右(见表 2)。

表 2　小 Q 视知觉能力测验结果

测试项目	手眼协调	空间方位	图形描摹	视觉辨别	空间关系	视觉填充	视动整合	图形恒常性	总分
标准分	−0.62	−1.86	−2.37	−1.05	0.40	−1.94	1.53	−1.24	−1.07

当老师请小 Q 完成教师自绘的图形填充(见图 2)试题时，小 Q 表示选 5，在老师的引导下，他才回答正确(答案是选项 1)，随后小 Q 解释，之所以选错，是因为他只看到了大方框中左侧两个顶角朝左的图形，没有看到右边上面的那个三角形。

根据以上小 Q 的老师的介绍、小 Q 的访谈以及相关测试结果，小 Q 在视觉广度上可能存在着明显的不足，即小 Q 处理视觉信息时，容易抓住部分细节来“替代”对整体信息的捕捉，从而忽略关键的视觉信息。博塞等人

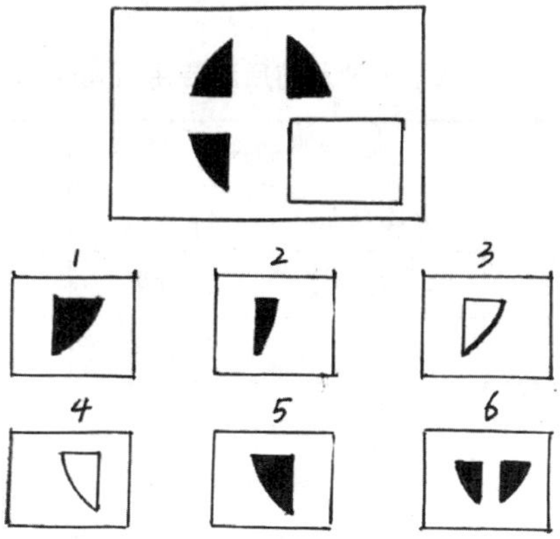

图 2　自绘图形填充题

在 2007 年曾提出，视觉加工过程反映的是视觉注意广度方面的能力，并据此提出了阅读障碍的视觉注意广度缺陷理论[4]。该理论认为，视觉注意广度缺陷会阻碍文字字形快速解码过程，进而降低阅读效率[5]。此外，“视觉广度不足”某种程度上可解释为“同时加工的刺激数量不足”。阅读障碍者在许多任务中都较一致地表现出同时性加工多个视觉刺激的困难。[6]小 Q 显然也表现出了这样的困难。

那么，如何增强小 Q 的视觉注意广度，提高他同时加工多个视觉刺激的能力，并增强他视知觉能力呢？

三、研究设计

本研究干预方案的编制借鉴了张树东等人修订的《视知觉发展测验》的设计思路。[7]“视知觉发展测验”包括 8 个分测验，其中的“空间方位”分测验，共 25 个项目，要求被试在备选图形中选出所给图形，备选图形与目标图形相似。“视觉辨别”分测验，共有 18 个项目，要求被试从复杂的背景中一一找出目标图形，是一种高水平的视觉辨别能力测试，被试需要排除不重要的干扰信息，并且每一个项目的目标图形数目不同。

干预材料：共三组，干预前和干预后使用第一组材料进行 20 次测查，干预期用第二组材料，在干预达标停止干预一周后，使用第三组材料进行测查，了解被试能力迁移效果(详见表 3)。

表 3　教学干预及前后测使用材料明细

	A	B	C	D	E
第一组材料	布氏鲸	火焰乌贼	灯笼鱼	美东白兜	海沟
第二组材料	沙棘果	黑布林李子	龙贡果	欧楂果	榅桲
第三组材料	菩提树	大叶黄杨	芭蕉树	木棉树	桂花树

整个研究分为三个阶段，第一阶段是准备阶段，选择小 Q 确实不认识和不知道的一组事物，如一组共五种罕见的水果类或深海生物类等。每种物品准备 5 个不同的图片，如大小不同的，有叶子和没叶子的，一串的和单独的。第二阶段是干预阶段，学生需要借助视觉观察来匹配事物(比如，将黑布林李子和黑布林李子放在一起)，具体方法见下文“干预过程和方法”。同时使用表 4 记录小 Q 自我总结出的使用策略。第三阶段是维持期，在干预达标一周后，教师使用第三组材料进行探测。

前后测时无论小 Q 回答正确与否，不给予任何反馈。干预时每次给予反馈，并和小 Q 进行讨论和复盘。干预每天约 1 小时，上午 30 分钟，下午 30 分钟，中间大约间隔 4 小时，每周 2 次，持续 3 周，干预期间采用表 4 进行记录。

表 4　教学干预记录表

	匹配	学生语言记录
物品 A		
物品 B		
物品 C		
物品 D		
物品 E		

四、干预过程和方法

“多图片配对法”，即让被试从多张图片中选出与目标图片表示相同物品的图片，这一过程需要排除干扰信息，运用视觉辨别策略全面把握视觉信息的整体和局部特征，能作为提高视知觉能力的途径和方法。

干预流程：学生配对图片——学生暴露问题——教师引导复盘——学生在提示下小结预防性策略——运用策略做新练习——体验成功——再次小结策略。

干预内容：学生需要在同种事物不同外形之间找到共性(如一串的藤蔑果，单个的藤蔑果)，还要在不同事物的相似外形之间找到差异(如一碗藤蔑果，一盘龙珠果)，这样才可能在多个干扰项中找到正确的匹配项(如将藤蔑果和藤蔑果放在一起)。

(一)多图片配对法

教师将被试不认识的一组物品图片(如水果、植物、动物等)以及每种物品几个不同形态的变体图片分开摆放，将目标图片给学生，然后，教师将目标图片的变体、干扰图片一一摆放在学生面前，教师发出指令“请将物品 A 和物品 A 放在一起”，学生回答正确老师表扬，回答错误，教师引导其自主观察和发现，并鼓励学生自己小结策略。

具体操作时，教师先交给小 Q 一张目标图片，告知图片显示的物品名

图 3　A、B 为欧楂果，C 为黑布林李子，D 为沙棘果

称。接着，将另外两张图片摆放在小Q面前，请他选出一张与目标图片相匹配的图片。达标标准是连续2次正确率达到90%或者1次干预正确率100%。

举例来说，如图3所示，老师先给小Q一张图片(A：欧楂果)，请他把这张图片和眼前摆放的两张图片(B欧楂果和C黑布林李子)中的一张放在一起。又或者，老师给小Q一张图片(B欧楂果)，请他在两张图片(A欧楂果和D沙棘果)中选择一个匹配在一起。

干预过程中注意梯度的变化。首先，要求上循序渐进，开始时干扰选项是一个，随着学生回答的正确率和速率越来越高，干扰项可以增加为两个。最初不要求答题速度，鼓励学生尽量答正确，只要回答正确，教师就给学生热情的鼓励；当学生总结和掌握了一些策略后，可以鼓励学生做得又快又好，然后，逐步减少辅助。如果学生说不上来，一开始教师会在等待几秒后，用手示意或语言提示学生，随着学生能力越来越强，教师的提示和辅助也逐步减少。

(二)视觉辨别策略

考虑到小Q在空间方位、视觉辨别、视觉填充、图形恒常性方面明显落后于同龄学生的特点，教师干预过程中注重引导他发现适合自己的视觉辨别策略，来提高他的空间方位、视觉辨别、视觉填充、图形恒常性方面的能力。

小Q最初经常答错。当小Q答错的时候。教师询问他："你怎么想的呀?"追问之下，小Q会说"只看到了A和B两张图片的树叶的形状差不多，没有看果实"，"只看到果实的部分都有软刺儿，没有注意到果实的疏密特点(D中果实是一串串的)"。之后，教师启发道："你想想有什么办法能让自己下次既看到树叶，也看到果实呢?"在这个过程中引导小Q注意视觉辨别存在的问题，想出应对策略(见表5)。

表 5　小 Q 在多图片配对中自我小结的一些策略

先看中间，再看周边	先看整体，再看部分	拿近点儿看
记住一个特征	先停一下	多想一下
要观察颜色的深浅	从上看到下，从左到右	再看一遍

五、结果和反思

(一)结果

1. 干预结果

采用多图片配对法对小 Q 进行一对一的干预，第一学期经过 3 周的干预，小 Q 匹配正确率有了明显的提高，如图 4 所示，干预前，小 Q 采用第一组材料测试时，20 次尝试中只有 9 次正确，干预期正确率逐渐提高，直到 90%正确率时停止干预，立刻用第一组材料再测试，正确率提高到 80%。一周后，使用第三组材料测试，小 Q 正确率达到 70%。

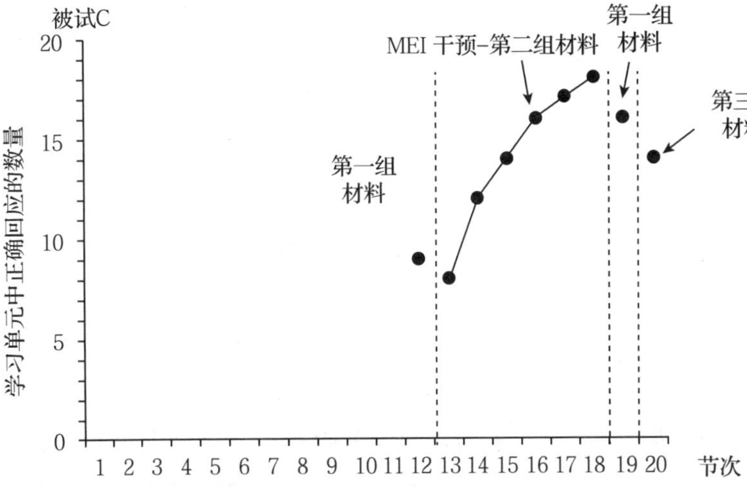

图 4　第一学期小 Q 干预前后探测、干预期正确反应数量

第二学期，考虑到小 Q 上次用新异的第三组材料测试，正确率为 70%，还有提高的空间。于是，教师又采用新材料，按照同样的方法重复进行了一轮干预，小 Q 很快达到了标准，正确率、速度都有明显提高。

这一结果反映出在多图片配对教学干预下，小 Q 区辨视觉刺激的回应正确率在干预后有了明显的提高，采用新异的第三组材料测试，比干预前有明显进步。

2. 阅读能力评估结果

干预前后，由北京师范大学李虹课题组采用北京师范大学舒华教授课题组研发的《小学生汉语阅读能力测验》等阅读能力及基本认知能力测验对小 Q 分别进行了测试。在评量者的主观印象中这样写道："小 Q 同学曾于四年级时在北京师范大学接受个别评估测验，存在明显的汉字识别、快速阅读理解和语音意识缺陷，符合阅读障碍的典型定义。比较两次测验成绩，可以发现学生的语音意识和快速命名的测验成绩有明显提升，但阅读速度进步有限，识字量仍明显落后于同龄人。建议教师和家长继续加强对学生识字量和阅读速度的关注，持续追踪学生的学习表现。"

3. 学业表现

从四年级到五年级，家长反映小 Q 在以下方面有明显进步：写作上，干预前完全不能独立完成写作练习，而且不会说完整话，干预后所有的作文，周记，自己都能独立完成。注意力集中度有所提升，做数学作业时，他可以集中精力，自己思考解题步骤，独立完成作业能力相比四年级之前有很大提高，在这一点上，比双胞胎哥哥表现还好(以前是哥哥明显各方面都比小 Q 好)。

(二)反思

洛伯(Lobier)等人 2014 年采用以非言语材料作为刺激的视觉分类任务，探查 12 名具有视觉注意广度缺陷的法语阅读障碍成人的相关神经活动特点。他们的研究结果再次表明，阅读障碍者在双侧顶上小叶的激活强度低于同年龄正常阅读者。所以说，阅读障碍者注意广度缺陷很可能是有其生理基础的。教师不仅在多图片配对提高小 Q 视知觉能力方面做了一些探索，还追踪了多图片配对小 Q 阅读能力的影响，取得了一些进展，对此，教师有如下几点反思。

第一，多图片配对法在一定程度上印证了发展性阅读障碍学生有视觉注意广度缺陷。本次干预虽然只是一个学生的个案研究，但其效果的显著性，在一定程度上可以说明，采用图形非言语材料作为目标刺激，并结合类别辨别任务进行非言语反应，以此来测查视觉注意广度，在排除了可能的语言因素干扰的基础上，仍发现作为阅读障碍儿童小 Q 在该任务上的行为表现显著落后于同年龄阅读者，进一步说明了阅读障碍者很可能存在视觉注意广度缺陷。

第二，多图片配对法能提高阅读障碍学生的视觉注意广度。本干预结果显示，采用新一组图片测试小 Q，他确实比干预前观察到的信息更多更丰富了，正确率从 45%提升到 70%。由于测试中没有反馈，干预与测试使用的材料不同，这在一定程度上避免了练习效应的影响。根据我们对小 Q 进行的阅读流畅性能力、汉字识别准确性的后测，数据显示：小 Q 在多图片配对中注意缺陷有所改善，多图片配对法对阅读障碍消除有所帮助，尤其是在语音意识和快速命名方面。

第三，多图片配对法成功的关键有两点。一是同一个事物的多个样本或范例有助于小 Q 从更多的角度来分析、概括和把握事物，进而形成对新事物的整体概念，避免了以往片面地抓取一点来模糊整体的缺陷。二是引导小 Q 自主发现，自我总结观察的小方法和小策略，有利于其在新环境中使用这些个人化的策略。

第四，可继续改进之处：首先，老师可以引导小 Q 充分发挥主观能动性，积极运用自身的能力和策略，积累和学习新的知识，如自己整理一个积累本。其次，老师借鉴多图片匹配的思路，多个范例教学，这将有助于提高学生的学习效果，干预需要注重生态环境，老师应将学生一对一干预下增强的能力迁移到不同的环境中去。

参考文献

[1]刘翔平，刘希庆，徐先金．阅读障碍儿童视觉记忆研究[J]．中国临床心理学杂志，2004(3).

[2]Ho C S, Chan D W, Lee S-H, et al. Cognitive Profiling and Preliminary Subtyping

in Chinese Developmental Dyslexia[J]. Cognition，2004(91)：43－75.

[3][7] 张树东，谢立培，冯译，等．中国 1～4 年级小学生视知觉发展研究[J]. 心理科学．2017(1)：110－116.

[4]黄晨，赵婧．发展性阅读障碍的视觉空间注意加工能力[J]. 心理科学进展，2018(1)：72－80.

[5]赵婧．发展性阅读障碍的视觉注意广度技能[J]. 心理科学进展，2019，27(1)：24－30.

[6]Valdois S，Peyrin C，Lassus-Sangosse D，et al. Dyslexia in a Frenche-Spanish Bilingual Girl：Behavioural and Neural Modulations Following a Visual Attention Span Intervention[J]. Cortex，2014(53)：120－145.

“玩”和“现”这两个字不一样吗?

——小学生书写困难的分析与干预①

书写既是学习过程中的一部分重要内容，又是当前我国学生考试的主要形式。如果书写有困难，学生很难发挥真实水平，严重影响孩子的自信。一项针对13～14岁学龄儿童的调查研究发现，书写困难的发生率在9.7%左右。这说明在普通中小学的普通课堂里潜伏着大量书写困难学生。其中有一部分学生的书写问题使用以往常规教学方法进行日常教学及个别辅导，效果并不明显。随着年级的升高，书写要求急剧增加，他们就会越来越抗拒或回避学习，不能完成课堂作业或测验，不能按时交作业，撒谎或找借口以逃避学校或写作业。他们可能会变得焦虑、抑郁、易怒或出现其他不良行为等。

这些学生急需专业支持。然而他们多在普通学校就读，普校教师由于缺少“书写困难”的常识，面对学生出现的同音字、形近字混淆替代，丢偏旁、笔画，书写不工整等现象，更多的是指责学生学习态度不认真、缺少练习或家长疏于管教等，只能建议家长严格管教、学生加倍练习。事实上单纯的重复书写并不能帮助这些学生解决书写困难问题，反而摧残学生的自尊与自信，强化失败体验，严重者甚至与教师和家长产生对抗心理与行为。

本文以一位普通小学四年级学生为对象，通过作业分析、书写过程分析以及学生访谈等方式，结合相关理论，探究书写困难背后的原因，从而找到适合学生的干预方法。短期内取得了较好效果，具有一定的推广价值。

---

① 本文发表于《现代特殊教育(基础教育研究)》2019年第7期，原题为《普小学生书写困难分析与干预》，内容有改动。作者：李艳杰、王玉玲。李艳杰，北京市西城区培智中心学校教师；王玉玲，北京市西城区教育学院教师。

一、个案基本情况

个案学生是个10岁男孩，就读于北京市一所小学。他在三年级升入四年级的期末考试中，语文、英语成绩待合格，其中语文52.5分，数学成绩62分。平时老师和同学都认为他表现幼稚，自我控制能力和交往能力差。课堂上偶有下座位、出怪声的现象，经常课上思绪神游，跟不上老师和同学上课的节奏。

其中问题最为凸显的是书写，并已经影响到各科作业完成情况和考试成绩。比如，他的语文听写本、抄写本中存在大量错误，其中包括形近字替代、同音字替代、丢字、字序颠倒、笔画移位，偏旁分离、字距行距拥挤或分散、部分镜像等问题。在书写过程中他很难以字、词为单位完整加工，而且抄写一个生字要看2～4次才能完整写下来。

二、观察分析

教师在收集个案学生的资料中发现，他在听写中将“贪玩”一词写成“贪现”(见图1)。翻开他的抄词本发现也曾出现同样的错误，教师用红笔圈出后要求他将正确的“贪玩”书写三遍(见图2)。在之后的《学习 探究 诊断》练习册中他依然犯了同样的错误(见图3)，对于一个四年级的学生来说实在有些蹊跷。

图1　听写本中出现的错误

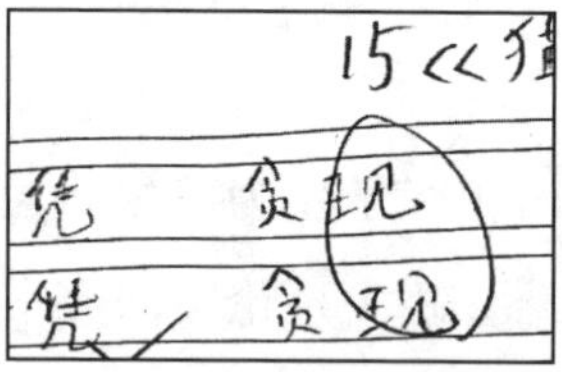

图2　抄词本中出现的错误

图3　练习册中出现的错误

(一)视觉辨认困难

当教师在纸上写出正确的“贪玩”这个词语后，学生可以正确认读。当教师拿出他的听写本，让他对比观察时，他第一反应是自己没错，并提出疑问：这不一样吗？

“贪玩”和“贪现”一样吗？教师当时也觉得很诧异，他居然能把“玩”和“现”这组我们普通人认为毫不相关的两个字认成同一个字。当教师把“玩”和“现”用 Word 文档字体中 200 左右的字号，加粗、对比呈现时，他恍然大悟说：“这两个字太像了！就像双胞胎一样！”

教师也恍然大悟，原来别人很容易辨认的两个字，对于个案学生来说竟如此难以区分。

“玩”和“现”的错误出现后，教师开始更多地关注个案学生在形近字方面出现的问题。另一组特别具有代表性的字就是“远”“选”和“运”。教师先后从语文单元试卷、生字本中找到出现的问题(见图 4、图 5)。他将“选择”写成了“远择”，将“运输”写成“远输”。在追问错误原因时教师发现他能正确读出“选择”和“运输”两个词语，也能正确表达词语的意思，即他在字音、字义方面均没有问题，问题指向为单纯的字形加工。

个案学生写出的大量形近字、同音字混淆替代，字形书写中增减笔画，会不会是他的视力存在问题？学生确实近视，但是他佩戴了眼镜，效果很好，并不存在看不清字的问题。这样问题就指向了另外一个教师们并不熟悉的概念——视觉感知能力。良好的视觉感知能力是书写能力的前提。视觉感知能力包括视觉辨别、视觉空间意识、视觉记忆、视觉完形和视觉背景识别等。视觉辨别是精确分辨细微差异的能力，特别在识别书面语言符号时，与书写的准确度相关。

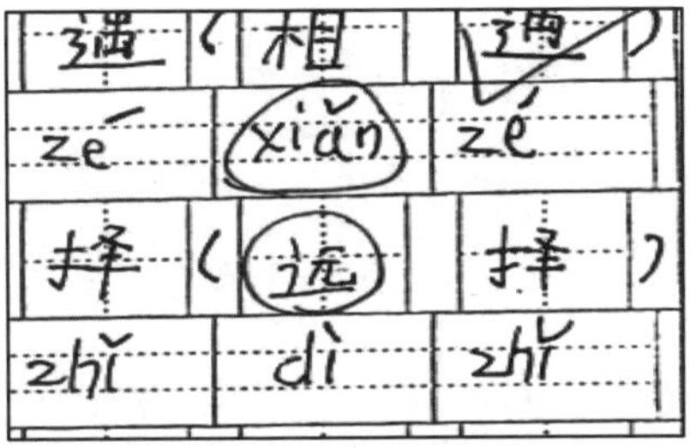

图 4　生字本中的错误

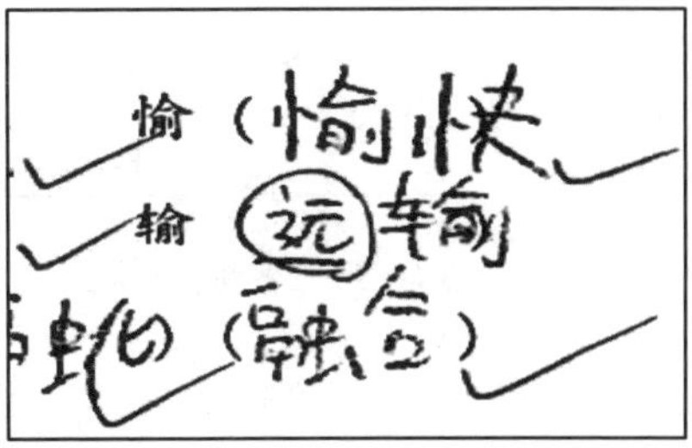

图 5　单元测试卷中的错误

(二)注意力问题

在个案学生已经能够正确识认、区分汉字字形的基础上，间隔几分钟后，教师再次要求他正确书写词语，学生依然会出现将“选”写成“远”的情况。不过他能马上意识到自己写错了，立刻改过来(见图 7)。这种“明知故犯”的错误出现，教师首先怀疑个案学生存在注意力问题。

存在注意力问题的学生主要表现在与年龄不相适应的注意力不集中、多动、冲动、任性，部分学生还合并有情绪障碍、学习障碍等。在多次辨认基础上，仍然将两个形近字混淆可能是视觉加工的问题，也可能是注意力不集中的问题。而马上意识到自己写错了，这是典型的“冲动”表现。类似的问题也发生在课堂上：学生常在课堂上随意打断老师或同学说话，坐在位子上不举手示意接老师话茬，回答问题时经常口误并马上改正。

教师在训练、辅导过程中还发现，注意力问题严重影响个案学生的字形加工。虽然在与教师进行的一对一训练有效减少了多动和冲动的影响，但是学生在书写和语言表达中明显受冲动影响思维方式，用字频更高的“现”代替“玩”，用“远”代替相对低频的“选”和“运”字。还有他在书写过程中出现大量的涂改，都说明思维的冲动让他将头脑中第一反应写出来后又感觉不对进行修改(见图 6、图 7)。

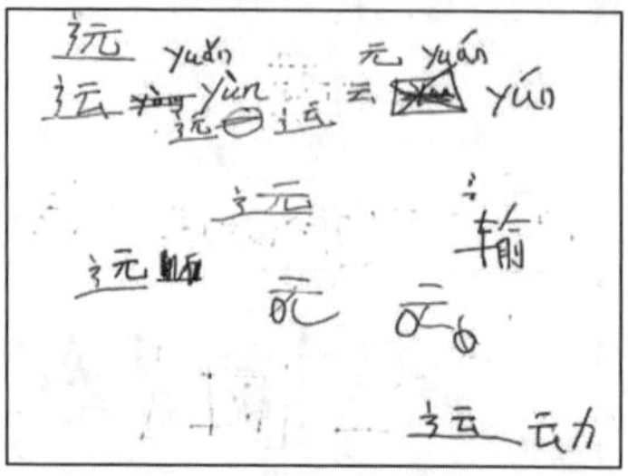

图 6　形近字辨析过程

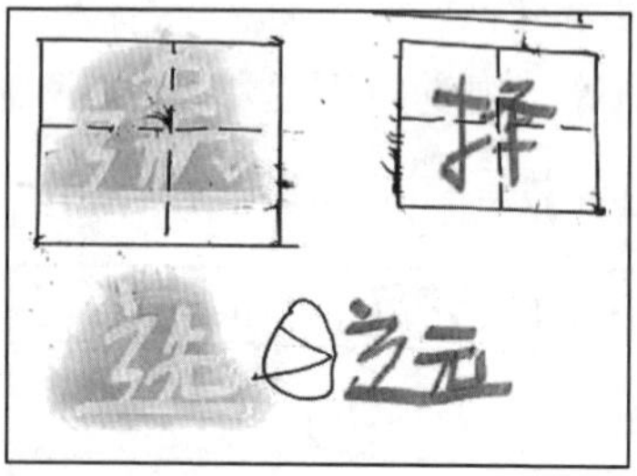

图 7　形近字书写修改

家长在访谈中提到个案学生 3 岁后曾进行两年的感统训练，7 岁入学检查有多动倾向，但未进行药物治疗，断断续续进行过培训机构的注意力训练，效果不明显。

采用美国精神疾病手册第四版(DSM-Ⅳ)注意缺陷多动障碍(ADHD)诊

断标准，其中包括“注意”和“多动/冲动”，如果孩子在“注意力缺陷”症状中有 6 条或者 6 条以上表现为“常常”或者“总是”，则孩子存在注意力缺陷症状。如果孩子在“多动/冲动”的症状中有 6 条或者 6 条以上表现为“常常”或者“总是”，则孩子存在多动及冲动症状。而个案学生“注意力缺陷”和“多动/冲动”两个维度上“常常”与“总是”都是最高得分 9 分，可见其不但存在注意力、多动冲动问题，而且问题非常严重。ADHD 有 3 个亚型：注意障碍为主型、多动/冲动为主型和混合型。依据量表得分个案学生属于混合型。

(三)动作协调问题

个案学生不仅存在视觉辨认困难、注意力问题，在动作协调方面也有待提高。在拉手、掰手腕等简单互动活动中发现，个案学生全身肌肉力量不足，课上基本都是瘫坐在椅子上，或者趴卧在桌子上。尤其是在他书写运笔时，手部精细控制不够，在抄写、听写和自发作文中书写速度慢，存在一定困难。

个案学生在出生时因窒息进行抢救，身体机能各方面发育较双胞胎哥哥迟缓。因个案身体问题，家长过度保护，3 岁前有专职保姆照顾，满足他所有要求，不让他哭，避免疝气引发危险。个案学生在大运动协调能力方面也远远落后于同龄人，以小学生体育达标一分钟跳绳为例，四年级男生一分钟跳绳 115 为良好，个案学生每分钟只能跳 50 左右勉强及格。这些可能是产生注意力问题和动作协调问题的生理、心理原因之一。

三、干预过程及策略

书写是在大脑协调下语言、视觉和运动共同参与的一项工作。基于个案学生在学习过程中同时存在视觉加工、注意力、动作执行等各种问题，教师反复尝试、调整帮助学生找到问题症结，在训练辅导中不断地探索、实践帮助他找到解决问题的策略。

(一)放大字号，放慢速度，找到适合学生的节奏

在训练过程中，教师发现放慢知觉速度、将汉字放大充分感知、反复细致辨别能够非常有效地减轻视知觉辨认困难对他的影响，他抄写和听写正确率都有大幅度提高。例如，在辨别“玩”和“现”这对“双胞胎”过程中，在教师的追问下，他开始思考“玩”和“现”这两个字相同和不同之处，再进一步辨别“元”和“见”这两个字的相同和不同之处。他会边看边说，“元”字上面是两横，“见”字上面是竖、横折，“元”和“见”的下面都是撇、竖弯钩。在教师提示下，他观察到两个字下面两笔的位置不同，并在字上边说边用笔圈画出异同。

放慢速度不仅给个案学生留出充分视觉感知的时间，同时对他的注意力问题有一定的帮助，减少冲动错误。开始教师利用电脑屏幕放大字形，后来发现屏幕的闪烁及屏幕上的无关信息容易分散他的注意力，最后采用最简单传统的大字卡呈现。从教师写字卡逐渐过渡到学生写字卡，也充分调动了他的积极性，每次写字卡时，他都会尽力集中注意力尽量写得正确、美观。

(二)关注细节，细致辨别，引导个案学生自主发现错误

在认识汉字或词语的时候，教师开始有意引导个案学生关注细节的辨别。例如，学生在学习“间隔”这个词时，“隔”字反复出现书写错误。教师在个别辅导时，先放大字形，引导学生观察“门”里的笔画。他先是脱口而出里面是个“羊”，又改为“少一横”，再让他仔细观察时，才发现里面只有一个横。哪怕是在已经能够正确识认、将“隔”字正确抄写在字卡上的情况下，让他与抄写本中出现的错误对比，他仍然坚信自己没写错。教师提示后他才恍然大悟，原来他把“门”里面的竖写出了头。

教师引导学生类似情况要慢下来，细致观察后再做判断。持续两三次训练后，他再看到作业本中语文老师圈画出的错误时，不会再说：“没错啊!”而是主动拿出语文书将自己的书写错误与正确字形进行细致的对比，自主发现书写不规范或出现错误的地方，并进行修改。

(三)说字形，画故事，开发个案学生独特的学习方式

教师发现个案学生非常喜欢天马行空的涂鸦，课堂笔记本上画、书上空白处画、有时作业本上都会画。于是，在辨析识字的过程中为了加深记忆，教师让他尝试说出字形，画出与记忆字形相关的图画。这种做法一下子激发了个案学生的创作兴趣，开始有模有样地讲起字的故事。如图 8 所示，他从“筑”字的竹字头开始，边画边解释“⺮”表示建筑需要用竹板，“工”表示工人干活，再加一个“凡”字。

图 8　画图理解“筑”字

当沉浸在自己感兴趣的创作时，他专注地边说边画。最后个案学生得意地邀请教师看他“筑”成带台阶的小亭子，全程注意力非常集中。可见，这种边说边画的形式非常符合他的学习需要。他感兴趣并且擅长的绘画将原本痛苦的识字变成了有趣的活动，无意注意代替有意注意，注意困难神奇地“消失”了。而且，借助图画将汉字字形进行有意义的加工后，加深了学生对字形的理解记忆，弥补了视觉辨认困难带来的不足。

四、干预效果与反思

(一)干预效果

经过一个学期，每周两次的一对一辅导，个案学生在书写方面有了很大的提高。语文成绩也从不及格提高到良好水平。最重要的是个案学生整个精神面貌发生了巨大的变化，令家长和教师们异常惊喜。他的一些异常行为减少；课堂上发言的声音洪亮了；写作业的速度更快了，书写作业频频得到教师肯定(见图 9)；能和同学一起参加跳绳比赛了。

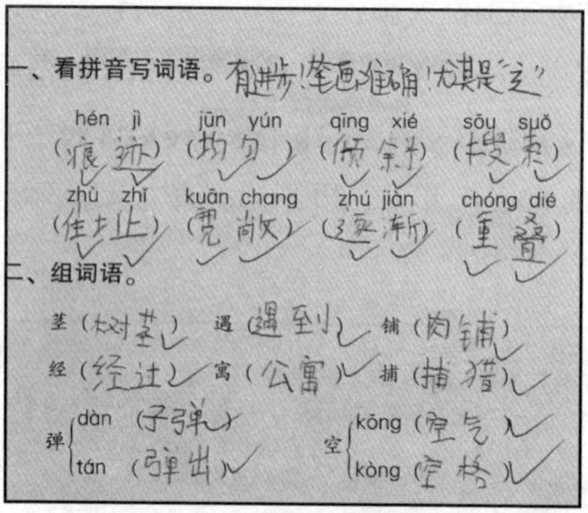

图 9　单元试卷上的教师鼓励

(二)教学反思

1. 客观归因最关键

像个案学生这样在视觉辨别、注意力和动作协调等方面都存在困难的学生，干预都能取得这么好的效果，不但书写质量提高，而且学科成绩也相应提高，问题行为也有所改善，首先应归功于准确的原因分析，也就是全面、客观的评估。而这样的评估是一线教师能够胜任的。

如果当教师看到个案学生把“玩”和“现”弄混后，不只是简单批评“不认真”“太粗心”，不只是让学生把写错的词语再写 5 遍，而是细心观察，耐心询问，客观分析，尽力探询学生行为背后更深层的生理和心理因素，发现“真相”并不困难。

2. 引导个案学生主动寻求方法

知道原因后有针对性地解决就是关键了。无论学生问题有多复杂，有些干预原则都需要始终坚持：基于学生需求多感官参与发挥其主观能动性。有效地调动学生的视、听、味、嗅、触觉，使学生多感官参与，有助于学生充分吸收、体验，整合后的信息更全面、更深刻。教师曾尝试使用橡皮泥拼字形，提高学生触觉参与，但拼每一个字需要的时间长、速度慢，而且不同颜色橡皮泥容易使学生分心，效果不明显。当个案学生找到适合自己的边说边画记住字形的办法后，他在说、画中加深对字义的理解，加强对字形的记忆，既有兴趣，又有效率，事半功倍。

参考文献

[1]顾群，陈佳闰，王璐瑶，等．注意力障碍儿童个案矫治效果分析与建议[J]. 绥化学院学报，2016(7)：116.

[2]姜贝，池霞．儿童书写——能力研究现状探析[J]. 教育生物学杂志，2018(6)：33.

[3]麻宏伟，潘学霞．注意缺陷多动障碍国内外诊断标准的比较[J]. 实用儿科临床杂志，2010，25(23)：1839—1840.

[4]毛荣建，顾新荣．汉语发展性书写障碍研究的现状探析[J]. 北京联合大学学报(自然科学版)，2014，28(3)：89—92.

[5]朱海峤，王欣欣，张勤．儿童注意缺陷/多动障碍及其分型的诊断研究[J]. 中国儿童保健杂志，2002(1)：53—54.

[6]Sason S G，Nicholas H. A study and review of developmental dysgraphia in relation to acquired dysgraphia[J]. Brain and Development，1995(17)：1—8.

[7]Leung M M，Lam C S，Lam S S，et al. VisualProfile of Children with Handwriting Difficulties in Hong Kong Chinese[J]. Res Dev Disabil，2014，35(1)：144—152.

“绒”字到底怎么写

——小学生书写困难的分析与干预①

一、她书写困难的根源在哪儿

小Y，女，8岁，就读于北京某小学。二年级时语文、数学、英语各科均处于班里中等水平。班主任兼语文老师反映她汉字书写问题突出，课堂师生对话思维不在同一水平上，课上常走神，影响听课效率。

访谈小Y得知她和父母一起住，家里新添了小妹妹，每天邻居阿姨负责接送她。自述最喜欢美术和数学，爱看带插画的课外书。父母给她报了书法、钢琴、国际象棋等课外班，其中国际象棋已考到十级。在家写作业时只要亲戚在客厅聊天，她就会分心导致作业出错，且会写得更慢。

小Y抄写本、听写本和《学习·探究·诊断》中的字结构匀称，字形美观，笔画清楚，但错别字数量多类型多，书写问题突出。造句本常出现“我写了一遍又一遍生字”“我的压力好大”等负面情绪的句子。

二、观察分析与专业评估

(一)观察与分析

用作业分析法发现小Y词句听写有如下特点：

有时间限制的听写词语作业中，错别字类型很多，包括同音字错误(“来得及”写成“来得急”)、形似错误(“吹笛子”写成“吹苗子”)、左右部件颠倒(“叶丛”写成“十口丛”)(见图1)、语义相关混淆(“钓鱼”写成“垂鱼”)、非字错误(“歌唱”写成“哥攵唱”)、丢偏旁(“颜料”写成“彦料”)、丢笔画(“排列”的“列”少第一笔横)、添笔画(“厚”的“日”上加一横)等。更有

① 作者：卢雪飞、王玉玲、张旭。卢雪飞，北京启喑实验学校教师；王玉玲，北京市西城区教育学院教师；张旭，北京联合大学特殊教育学院副教授。

一个字先后出现三种写法且全错，如“把“绒毛”写成“线毛”，“绒球”写成“矢球”“纟成球”(见图 2)。有时小明第一次写的是对的，她仿佛看不见正确的，依然写出了错字，如“预”字出现部分镜像写，“计”写成“记”(见图 3)。

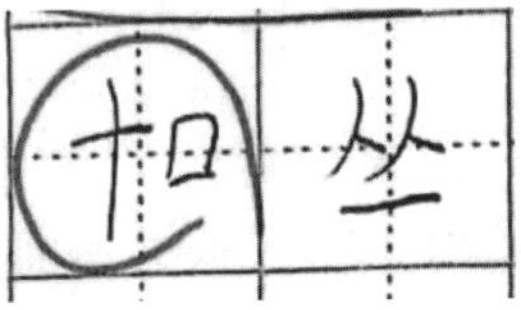

图 1　听写词语左右部件颠倒

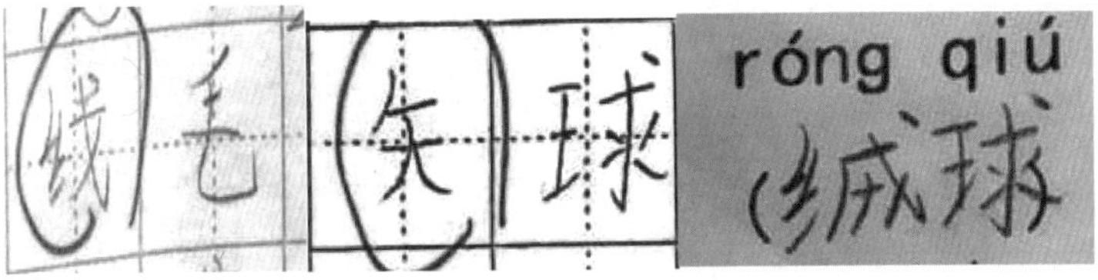

图 2　听写本和学探诊中的词语错误

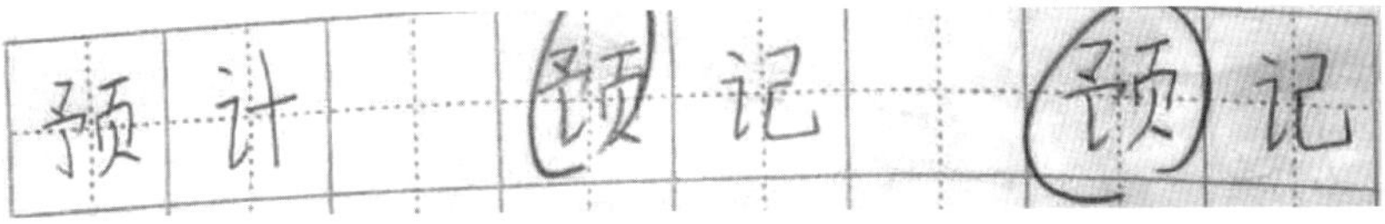

图 3　听写本中的词语错误

时间较宽松听写句子时也出错但小 Y 能意识到并改正。先写出起笔相似的字，待字形完全写出后才意识到错误再改正，如“高高飘扬的国旗”先写出“高高要”，待“要”字写完后才意识到错误，再次起笔写出“飘”字(见图 4)。“绿叶”写成“绿色”意识，到错误马上更正，“手”写成“看”马上更正等。

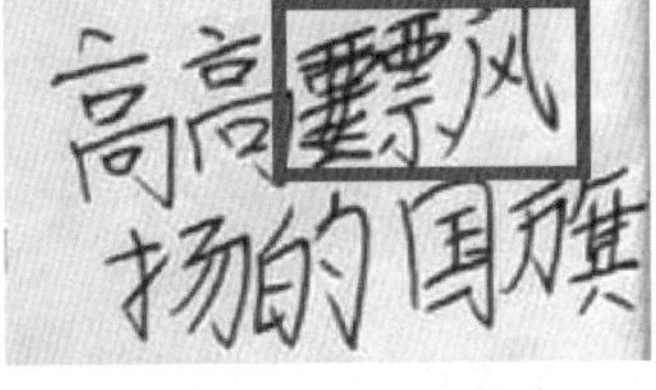

图 4　听写句子中的错误

这是否意味着当她听到一个字音时，脑海里先涌现出的是几个形似字、相关字，当她起笔完成字形书写后通过视觉支持才能意识到字形错误，再筛选出正确字形手写输出呢？这是形近字字形表征不清晰导致的，还是注意力不足，抑制功能弱造成的？造成她书写困难的原因是什么呢？

(二)专业评估

目前书写方面的正式评估工具还缺少，教师采用北师大舒华教授课题组研发的《小学生汉语阅读能力测验》评估其阅读能力，以做间接参考。

小Y瑞文推理测验百分等级75，推理智力水平良好。接着对小Y进行阅读能力评估，结果见表1。

表1　小Y阅读障碍评估结果

<table>
<tr><th>测试能力</th><th colspan="2">测验任务</th><th colspan="2">标准分</th></tr>
<tr><td rowspan="3">阅读能力</td><td colspan="2">汉字识别测验</td><td colspan="2">−1.8</td></tr>
<tr><td colspan="2">词表快速朗读</td><td colspan="2">−1.3</td></tr>
<tr><td colspan="2">三分钟阅读理解</td><td colspan="2">−1.0</td></tr>
<tr><td rowspan="7">阅读相关
认知能力</td><td colspan="2">数字快速命名</td><td colspan="2">−0.8</td></tr>
<tr><td colspan="2">语音意识测验</td><td colspan="2">−1.6</td></tr>
<tr><td colspan="2">语素意识测验</td><td colspan="2">−0.9</td></tr>
<tr><td rowspan="4">正字法意
识测试</td><td>图形</td><td rowspan="4">−1.6</td><td>0.3</td></tr>
<tr><td>位置错误</td><td>−0.9</td></tr>
<tr><td>部件错误</td><td>−1.3</td></tr>
<tr><td>假字</td><td>−1.5</td></tr>
</table>

由表1可知，小Y汉字识别(−1.8)、词表朗读(−1.3)、三分钟阅读理解(−1.0)、语音意识(−1.6)、正字法意识(−1.6)均低于同龄人一个标准差以上。根据阅读障碍定义：智力正常、识字量低于同龄人且存在至少1个认知缺陷的儿童才能被诊断为阅读障碍，小Y属于典型的阅读障碍儿童。

小Y正字法意识中的位置错误(−0.9)、部件错误(−1.3)和假字(−1.5)均低于常模1个标准差或以上。有研究显示正字法意识中的位置意识和部件意识都与儿童汉字识别成绩显著相关[1]，同时部件意识可显著预测儿童当年及一年后的书写成绩[2]，小 Y 书写问题是其正字法意识低的外在表现。

除了上述语言认知层面的因素，是否还有其他非语言的认知因素导致了她的书写问题呢？视力有问题？小 Y 不戴眼镜，不存在视力问题。但良好的视觉感知能力是书写能力的前提[3]，她是否存在视知觉问题？教师采用北京师范大学张树东教授研发的视知觉测试对小 Y 进行了评估，结果见表 2。

表 2 小 Y 视知觉发展评估结果

测试任务	空间位置	视觉辨别	视觉填充	图形恒常性	手眼协调	图形描摹	空间关系	视动整合速度	总分
标准分	0.35	1.40	1.15	1.04	1.01	1.18	5.36	4.31	3.40

评估显示小 Y 视知觉正常，由此可进一步推断小 Y 书写中大量形近字、相关字、同音字的出现不是因视知觉加工所致，那是否还有识字机制中的其他因素造成了这种现象呢？

根据美国《精神疾病诊断与统计手册(第四版)》(The Diagnostic and Statistical Manual of Mental Disorders ，DSM-Ⅳ)注意缺陷多动障碍(ADHD)的诊断量表[4]，各科老师填写量表，报告小 Y 注意情况。统计发现小 Y“注意力缺陷”维度上的“常常”“总是”共计 7 项；而“多动/冲动”维度上“常常”“总是”为 0 项。根据达到 6 项为诊断标准，可见小 Y 不存在多动、冲动问题，但存在较严重的注意力缺陷。

三、实施干预

(一)倾听理解，给予心理支持

小 Y 已经对写字产生较为严重的焦虑情绪，因此书写干预首先由缓解其紧张情绪开始。

小 Y 看到同学小 ZH 独自一人玩积木，她声音低沉地说：“其实小 ZH

挺好的，可没人能理解他。我点头，追问她："也没人能理解你吧？"听到这句话，她圆圆的小脸皱成一团，眼泪涌了出来，哭着说："我爸妈都不理解我！我写作业很慢，每天写 2 个多小时，我很努力地写，可爸妈他们两个人都唠叨我，数落我，我真的尽力了……"啊，书写困难孩子的心理状态就连她的父母都无法体验和理解啊！"我知道，知道你已经尽力了！"说着我拥她入怀，让她在我怀里尽情地哭泣。

我先与小 Y 妈妈微信沟通，让她看到孩子书写错误的规律，从而理解孩子并非写作业故意磨蹭、拖拉，而是真有困难。再向她推荐了《有故事的汉字》，告知她小 Y 通过图片、故事等辅助识字效果好。很快妈妈就买齐了这套书，小 Y 开始津津有味地阅读汉字中的故事。

与班主任兼语文老师沟通后，她将信将疑，只说小 Y 现在开始爱美，把主要精力都用在头花变化上。然而有一天她敏感地发现了小 Y 听写的蹊跷之处，并发来照片与我交流(见图 5)：用"粉"字组词，小 Y 先写出正确的"粉色"，再写"粉笔"时就成了"米色笔"。这个例子生动说明了并不是小 Y 不是不会写，而在于注意抑制能力不足，受到之前的"色"字的干扰，才写出了非字"米色"。我与班主任耐心沟通，她开始理解并进一步关注。

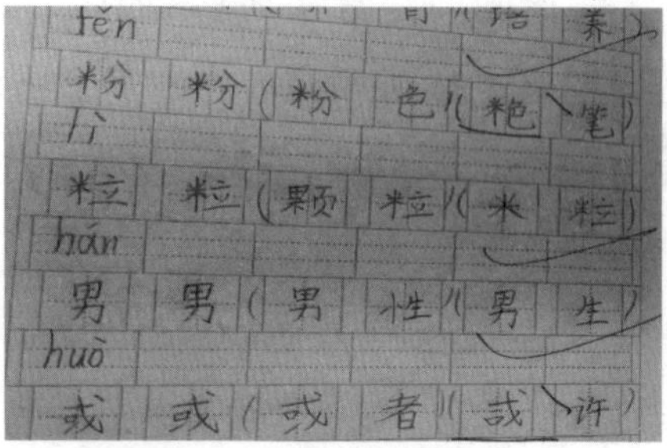

图 5　用"粉"字组词的蹊跷情形

(二)改变认知观念：写字不好看还是写字不正确

一次辅导课我看到小 Y 的心理小屋预约单上写着："最困扰我的问题是写字不好看。"我拿出如下两张古诗默写纸(见图 6、图 7)和她一起看，请她判断哪个字写得好看。

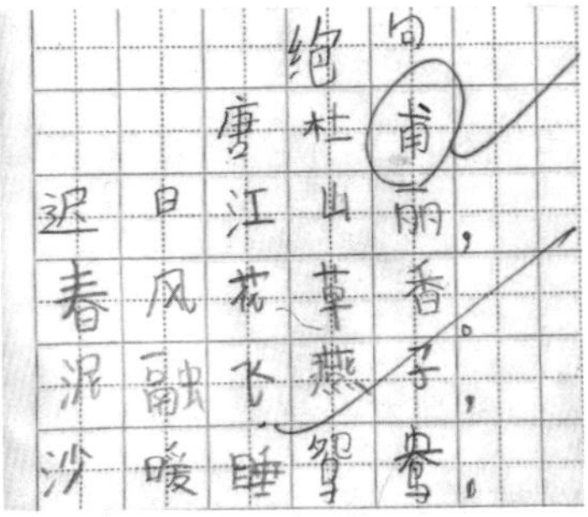

图 6　小 B 书写

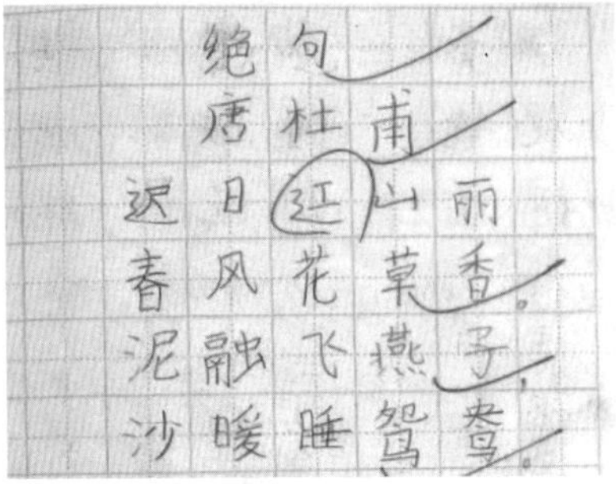

图 7　小 Y 书写

她仔细观察、比较后，指着自己的说：“这张字好看。”“对呀，你写的字很整齐、很好看！但这张字的确有点儿问题，是什么呢?”她继续观察，思考了一会儿，说：“我的字写错了。”“看来不是写字不好看，而是不正确，我们一起寻找把字写正确的方法吧，这样你就不困扰了。”小 Y 听了面露笑容。

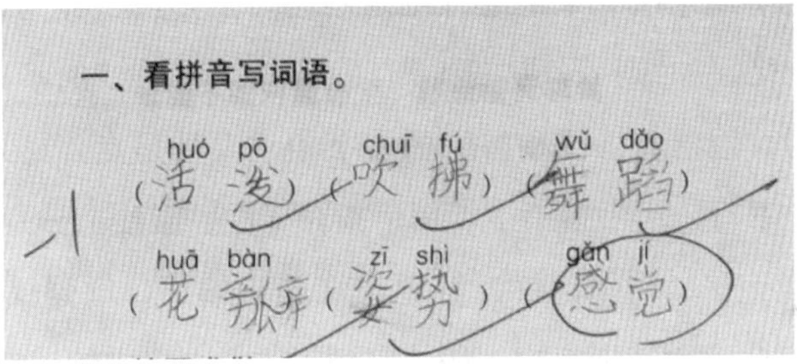

图 8　练习题分析

分析练习题(见图 8)时，我先引导小 Y 用正向视角看到正确数量远超错误的，再看到连“瓣”“舞”笔画繁多的字都能写对，告诉她：“可见你能写出正确的字，但这个为什么错了？是拼音没拼对。你口头拼对拼音再写就能全对！所以你写字能力很强的!”这样陪伴她一步步观察、分析、判断，修正既有的偏差认知，树立自信。

小 Y 的既有认知是比较顽固的，需要在和她接触中时刻注意抓住机会，渗透引导，让她在读写活动中反复体验到写对字的成就感。

(三)探索有效方法，运用体验成功

只有理解是不够的，我们要用专业的知识和方法来陪伴她找到适合的识字方法，这才能真正帮她跨越困境。

寻找适合的识字方法经历了如下阶段。

1. 给难记字编故事，易混字多感官输入，找到有效记字方法

汉字学习过程中对字形能加以解释所组成的联结，较字形不能解释的耐久性高[5]，所以面对常丢上面两点的“碰”字，我让小 Y 仔细观察一会儿，自己想办法记。她看着字，思考片刻，边说边把两只手握成拳头向中间碰撞：“碰”是两块(上面的两点)石头(石字旁)碰到一起，飞到亚洲(“碰”字右半边的下半部分)。然后小 Y 用“碰”组词，写出“碰撞、碰倒、碰面……”。赋予字形一定意义的方法使她牢牢记住了易丢的两点，尤其使她体验到方法的有效性，认识到自己不笨。

易混形近字，先让小 Y 静心仔细观察与辨别，说出异同，再多途径输入字形加深记忆。如“则”写成“见刂”，我问“贝”与“见”的不同之处，仔细观察、比较后，她指着“贝”和“见”的右下角说，贝是点，见是竖弯钩；接着用笔在纸上书写，用手指书空，用手指在干沙、湿沙上分别书写“则”(见图 9)，让视觉记忆、动作记忆、触觉记忆同步输入，增强汉字识记效果。识字全程小 Y 注意力特别集中，她体验到了注意力集中的感觉和好处。

此后遇到笔画偏多的字(悠)，需关注细节的字(“半”三横还是两横)，

图 9　在干沙上书写“则”字

她或采用编故事的方法，或找出沙盒来手指书写。例如，“悠”字她说一个人（亻）手里拿着（攵）一个小枕头（丨），心里（心）觉得很悠闲。这样形、音、义的捆绑加工记忆效果好，她越来越感到写出正确的字并不难。

2. 拼摆汉字王，建立形旁、声旁意识

形声字教学中强调声旁功能，引导儿童归纳声旁作用，促进其声旁意识发展，对儿童学习记忆生字和阅读发展都有积极作用。[6]小Y对拼摆汉字王积木玩具很感兴趣，拼摆“扌”的字时摆出“拌、披……”12个字（见图10），我们一起观察这些字的共同点，再分析“扌”的含义，思考“半、皮……”的读音与“拌、披……”读音的联系，然后我随机指字，我指到哪个字，她就读哪个，最后她在短短几分钟内将12个字全部正确地写在了卡片上（见图11）。这次她强烈地感到：“我能写出正确的汉字！我能一次写出很多正确的字！”此后，小Y的动机被充分激发出来，她在资源教室里摆字、写字、做字卡、编字典……迟迟不肯离开。在识字、写字活动中，她频频体验到了成就感，更有信心了。

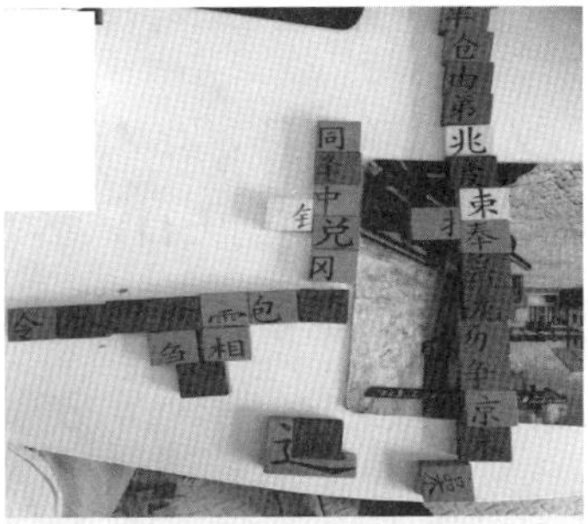

图10　拼摆汉字王

图11　听写拼摆的汉字

3. 图形辅助识记、辨析象形形近字

对字形极其相似的象形形近字，我采用图片辅助识记，这既符合汉字造字规律，又符合小学生的认知特点：从感性到理性，从具体到抽象。[7]喜欢美术的她图形敏感性高，“瓜”“爪”图片（见图12、图13）使她的注意力高度集中在图与字上。

图 12　瓜字配图

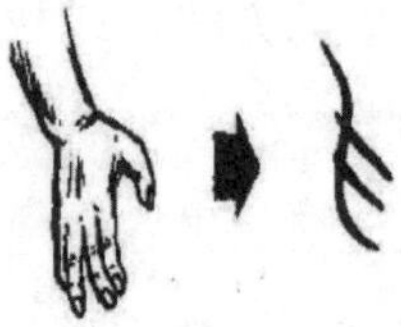

图 13　爪字配图

她仔细观察瓜、爪图，指着图中的瓜与字中的提点，说：“下面的提、点是结的瓜，爪就是几根手指，所以没有提、点。”然后口头组词，书面写词，巩固音形义间的联系。

4. 编顺口溜辨析同音/音近形近字，编辑形近字字典

相同声旁不同形旁的形近字是小学生识字的重难点，字词教学的质量不能只看“听写正确率”，而应看“理解和运用的正确率”。学生能准确运用同音/音近形近字表明其观察能力较强，思维水平较高，表达能力较强。慢慢地，小 Y 不满足于只用形近字组词了，而是想办法用一组同音形近字编顺口溜。面对“妆、壮、状”她先组词，看着词语想句子，边想边说边调整，说完顺口溜再写下来。

这能让小 Y 清晰地对形近字的音形义做精确表征，存入“心理字典”，日后运用时能准确快速提取。读自己创作的顺口溜朗朗上口，小 Y 异常兴奋，乐得合不拢嘴，很有创作的成就感。这极大地增强了她比较形近字、运用形近字的兴趣，探索出了适合、有趣、有效的区别形近字方法。

“女人爱化妆，男士很强壮，他们去上学，结果被告状。因为男士在打仗，老师还给发奖状，上面写着‘找家长’。”

后来她提出要编辑出版“小 Y 形近字辨析字典”，如“妆、壮、壮”先注音，再组词，最后造句。组词的过程是词义清晰化、精确化的过程，是促进形音义准确捆绑加工的过程，这样每次识记的形近字都以词条形式印在“小 Y 字典”里。

小 Y 造句中积极，正向的情绪也更多了，如“中国的山河壮丽，要山有山，要水有水，真是好啊！”。所以，学习障碍的干预不仅仅指向学业，更要关注到儿童整个人的状态：他们是学习者，但他们首先是儿童。

四、效果与反思

(一)效果

小Y对识字、写字变得兴趣浓厚，个别辅导课上能全身心、多感官地投入学习，能自主发现、总结并主动运用适合自己的方法提高识字效率。但看拼音写汉字的练习正确率时高时低，干预后最高正确率100%，最低87%，这说明小Y已经初步具有相关能力，但尚不稳定，还需继续巩固。

(二)反思

1. 启发学生正确认知自身特点

一般学习障碍儿童不清楚自己的优势与不足，不了解自己的学习风格与特点，加之多次的失败学习体验导致了自卑心理，所以在自我认知方面存在偏差。只有当儿童具有正确客观的自我认识和评价，才能积极调整学习态度，全身心投入学习过程，并为克服困难甘愿付出更多努力，进而看到学习效果，获得成功的积极情感体验。

2. 引导学生主动探索适合方法

适合的才是最好的，书写困难儿童与普通儿童识字、记字方法不同，所以要引导他们主动探索适合自己的方法：无论是拼摆汉字积木王，还是给汉字编故事，配图片，甚至用形近字编顺口溜，都是儿童自主探索发现的方法。自己探索发现的方法才爱用，才真能学会，能学会的就会更喜欢，喜欢的东西会学得更好，从而形成良性循环。

3. 多感官学习提高读写能力

已有研究发现多种感觉通道的训练能改善3～5年级阅读障碍儿童汉语读、写能力[8]，所以在干预课上要充分调动儿童积极性，创造机会让儿童运用视、听、嗅、触等多种感官参与学习活动。用笔在字卡上书写、用手指书空、用手指在干沙或湿沙上书写，边表演动作边解释字形与字义……这些方式都能促使儿童调动所有感官参与，促进信息的准确吸收，学得又快又好。

参考文献

[1]李虹，彭虹，舒华．汉语儿童正字法意识的萌芽与发展[J]. 心理发展与教育，2006(1)：37.

[2]史冰洁，李虹，张玉平，等．部件特征和正字法在儿童汉字书写发展中的作用[J]. 心理发展与教育，2011(3)：301.

[3]Leung M M，Lam C S，Lam S S，et al. Visual Profile of Children with Handwriting Difficulties in Hong Kong Chinese[J]. Res Dev Disabil，2014，35(1)：144－152.

[4]麻宏伟，潘学霞．注意缺陷多动障碍国内外诊断标准的比较[J]. 实用儿科临床杂志，2010，25(23)：1839－1840.

[5][7]赵玉琦．遵循汉字规律改革字词教学[M]. 北京：光明日报出版社，1989：4，53.

[6]舒华，毕雪梅，武宁宁．声旁部分信息在儿童学习和记忆汉字中的作用[J]. 心理学报，2003(35)：15.

[8]Ho，S H，Lam，Y C，Au，A. The Effectiveness of Multisensory Training in Improving Reading and Writing Skills of Chinese Dyslexic Children[J]. Psychologia，2001，44(4)，269－328.

“棱长”还是“校长”

——小学高年级书写障碍学生的识别与支持[①]

在普通小学中，有一些学生，即使升到四五年级甚至更高年级，写出的字还是歪歪扭扭、难以辨认。这并不是因为他们疏于练习，而是由于生理原因而造成了书写的困难。但是由于大家对书写障碍缺乏了解，大多数情况都会被老师、家长误认为是懒惰、马虎造成的。由于字迹的难以辨认，学生的语文考试成绩长期不理想，甚至有时也会影响到数学的学习成绩。书写的艰难、长期挫败感与被误解，让他们一直处于恶劣的情绪体验中。久而久之，对他们的整个学业，甚至情绪、社交都造成一定的影响。因此，对书写障碍学生的及早发现与支持显得尤为重要。

一、个案基本情况

小林(化名)是普通小学五年级学生。据数学老师反映，学生在数学方面没太大问题，属于中等水平。他的注意力不太集中，逻辑思维能力不太强，但都在正常范围内。只是数学中一旦涉及书写汉字就比较困难，如曾经将“棱长×棱长”写成“校长×校长”。

语文教师反映小林阅读没有问题，但书写问题非常严重，已经到了一般人不太好辨认的程度。主要表现为字迹潦草、结构不合理、笔画错误特别多、不会写的字特别多。因为这所学校有好几个校区，每次期末考试都是换校区阅卷。五年级上学期期末考试，语文老师亲自去为阅卷老师读了一遍小林的作文，小林的作文得了 26 分(满分 30 分)，如果不读的话，就有可能得不了分或是得分很少，因为阅卷老师根本看不懂写了什么。

班主任兼语文教师认为小林书写问题的主要原因是太懒，让他回家好

---

① 本文发表于《现代特殊教育》2019 年第 8 期，内容有改动。作者：吕静，北京市西城区培智中心学校教师。

好练练，但是他不认真练，因此导致他书写问题越来越严重。小林的父母一、二年时级对孩子教育抓得比较紧，但是他一直没有太大提高，三年级之后就不太重视了，辅导较少。而作为班主任老师的语文老师一直没有放弃，总是在小林的书写方面不断进行督促辅导，主要方法就是要求他回家反复抄写，但是也没有明显效果。通过与教师和学生访谈得知，教师和家长常用的强化练习的方式效果不佳，甚至加剧了小林的情绪问题。

二、识别书写障碍

小林真的只是因为懒惰吗？通过老师的介绍以及我与孩子的接触，可见小林是一个很机灵的五年级男生。通过课堂观察可确认他的朗读、阅读和理解都没有问题，上课分析课文的时候也能回答得思路清晰、头头是道。而一到书写就像完全换了一个人：通篇的字迹都很凌乱，听写不会写的字很多，抄写错误也很多，尤其是作文，需要连认带猜才能读出来。

访谈小林时，他委屈地抹起了眼泪："明明是想写好的，不知道为什么写出来就成这样了。"他解释说即使勤加练习，书写出的字仍旧存在着很多问题：错误很多、难以辨认。

小林是否存在智力与注意力问题呢？从课堂观察与小林其他学业表现，基本可以排除这两个问题。谨慎起见，我们采用瑞文智力推理量表和美国精神疾病手册第四版（DSM-Ⅳ）注意缺陷多动障碍（ADHD）诊断量表进行正式评估，结果显示：小林智力与注意力均属正常水平。

根据上述正式评估与非正式评估结果可知：小林智力正常，在态度认真、勤于练习、同等教学条件下，与同龄学生相比书写情况仍然相差很多。由此，怀疑他存在书写障碍。书写障碍是学习障碍的一种亚型，学习障碍是指在听、说、读、写、推理或数学等方面的获取和应用上表现出显著困难的一群不同性质的学习异常者的统称。这些异常现象一般被认为是中枢神经系统功能失常。[1]如果个体只是在书面语的表达上存在障碍，那么属于书写障碍。[2]书写障碍的诊断标准是：儿童在书写技能和年龄之间存在差异，并且这种差异显著影响了其需要书写技能的日常学习和生活。[3]其特征表现为书写困难、书写混淆、过目即忘等。[4]

目前国内还缺少书写障碍的官方正式评估。通过小林书写作品错误类型分析与书写过程观察等非正式评估，可基本断定他为典型的书写障碍(见图 1、图 2)。

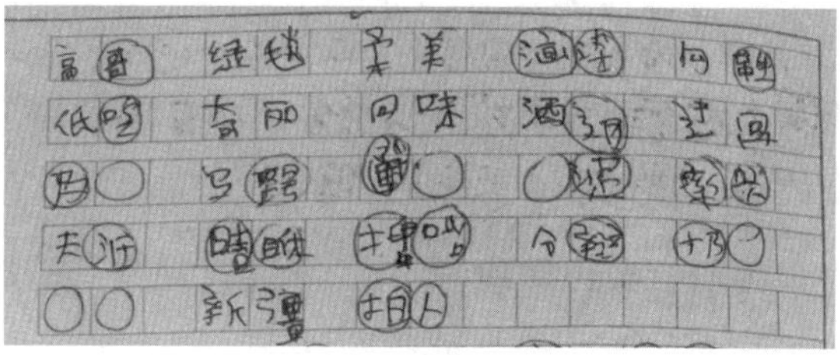

图 1　小林听写的词语

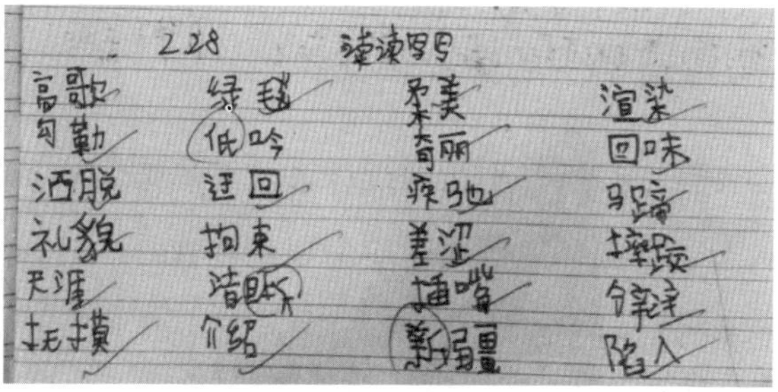

图 2　小林抄写的词语

书写困难：学生写字速度比较慢，写字非常用力，手指抓握的位置较一般人距笔尖更近。

书写混淆：经常把字音、字形相近的字写错而且有分辨的困难，如把“疾”写成“及”，把“渲”右边的“宣”与“画”混淆，且频繁出现笔画增减问题，如“吟”“柔”“染”等。

过目即忘：经常想不起字怎么写，图 1 为听写情况，在已做复习的情况下，小林仍然有一半汉字完全忘记或者记忆不全；抄写时下笔迟疑，每抄写一个字要看好几眼，几乎写一两笔就要看一眼。

其他：图 1 可见汉字空间布局不合理，如“绿”“洒”“疆”等过于靠上或者过于靠下；一些汉字出现细节问题，比如“天”字出头，访谈小林可知他知道不该出头，但书写时难以控制。但通过观察与访谈可见小林使用剪刀、系鞋带等精细动作与同龄学生水平相差不大，制作美工作品时甚至表现得好于不少同龄学生，进一步印证他的书写困难具有一定的特异性。

汉语发展型书写障碍可以分为 3 种类型：动作型书写障碍、视空型书写障碍和语言型书写障碍。[5]、[6]其中动作型书写障碍具有不协调和失用两个主要特征，在抄写、听写和自发作文中都有困难；视空型书写障碍的主要特点是视觉空间障碍，具体表现为书写部位的定向障碍，位置错误等；语言型书写障碍表现为语言产出和理解困难。[5]通过观察与访谈等非正式评估可见：小林的语言理解没有困难，但汉字的定向问题较大，视觉记忆问题突出。由此判断他书写的主要问题为视觉空间障碍。

三、对书写障碍学生的适应性支持

所谓适应性支持，是指并不是通过训练改变障碍，而是了解障碍特点，通过改善心理状态、周围环境等来适应障碍的存在。

(一)学生本人的心理支持

书写障碍学生由于长期被误解，自我效能感降低。首先，正式告知学生，他的写字表现不是因为懒，而是有客观原因的，并且老师相信他本人已经是努力想写好。其次，告诉学生，书写困难并不可怕，一些国家和地区允许考试时打字或者口述，就像近视要戴眼镜一样平常。而且将来工作后很少用笔书写，不用过于担心。于是，学生很自然地提出能否允许他采用笔写之外的方式参加考试，但学生所在学校经讨论研究拒绝了考试合理便利的申请。因为目前医院无法提供书写障碍证明；学生即将面临小升初，担心特殊考试形式会加剧其升入中学后适应不良。这种情况下，教师从积极的角度给与学生反馈：学校经过研究，觉得你的书写情况还可以，而且在不断进步，因此就不需要实行特殊的考试形式了。这样的说法，肯定了学生的努力，让学生对自己增强了信心，也提高了学生对书写练习的主动性。

(二)周围人的正确理解

与学生的语文教师以及家长沟通，介绍书写障碍的概念、成因和表现，让其理解学生不是因为懒惰或是马虎才不能把字写好，而是因为脑功能的缺陷造成的。因为书写障碍的概念在我国还远没有普及，教师和家长对这一说法非常陌生。于是结合学生书写作品进行分析，让家长看到学生的书写问题并非懒惰导致。

(三)支持性教学策略

单纯的反复多写多练，对书写障碍的支持效果并不明显。可针对学生的特点采取相应策略。例如，针对学生过目即忘、看一笔写一笔的问题，指导学生写一个字时先整体观察，看清楚再写；针对学生视觉辨别困难，容易出现细节错误的问题，请学生用彩色笔将生字中错误的部分更正过来，视觉强化。

同时通过改善外部环境支持学生。比如，为学生提供格子较大的作业本，允许学生把字写大一点。空间越大，书写难度越小，表现越好。再如，延长书写时间。学习障碍的特点之一是在时间压力下表现更差，而在没有时间压力的情况下，学生表现则会好很多。

(四)考试合理便利的尝试

美国针对学习障碍等九种残疾类型出台了相应的便利申请指导手册，帮助考生规范地申请合理便利。考试时书写障碍学生可以通过电脑打字、口述等方式来代替笔写。但在国内，学习障碍(包括书写障碍)学生还没有正式成为特殊教育服务对象，也没有出台相应政策。在学校不同意提供考试合理便利的情况下，我们在考试后对作文进行了合理便利方式的尝试。

在考试中，学生作文共计300字，用时约40分钟。试卷字迹凌乱，难以辨认。而且学生由于有很多字不会写或是写不对，严重影响了其实际的表达水平，与其他同学差距明显。课后，我们把学生带到资源教室，请学生用手机中的讯飞语记APP，用语音转文字的方式来完成作文，再传输到电脑上，由学生稍加修改。整个过程完全由学生独立完成，500字，用时约 40 分钟。学生语音完成的作文结构合理、语句流畅，在五年级的同龄学生中至少是中等偏上水平，和他之前手写作文差异比较大。

虽然这次尝试并不是真正的考试调整，但起到的作用依然巨大。学生本人惊讶于自己的作文表达，并对之后的作文充满自信。实际上，学生本人作文写作并没有问题，只是由于书写障碍造成书写速度过慢、影响作文思路，从而影响作文质量。久而久之，家长和教师等都误认为他作文水平低。

四、支持效果与反思

五年级下半学期的期末考试，小林的语文考试成绩没有降低，反而有了提高，其中作文从及格提高到良好水平。六年级开学以后，小林的自信心明显提高，当问他学习怎么样时，他高兴地说："挺好的!"教师反映，他的作业比之前工整了很多(见图 3)，而且自信心和学习的主动性也都有了明显的提高。

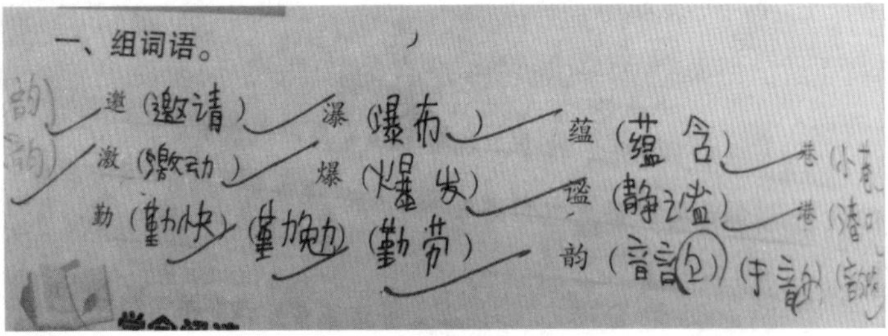

图 3　学生 6 年级书写作业

正确理解是最重要的支持。从临床教学的学理与技术而言，基本概念的认识先于正确的诊断，而正确的诊断又先于有效的疗育。[7]小林的教师由于缺少书写障碍的概念，只关注了学生在书写方面的表面问题，如笔画的增减、镜像问题的出现及其他错误，并因此而焦急，试图通过加强练习的方式帮助学生来改变现状，提高书写的正确率。并且在练习强化不起作用的情况下，进一步怀疑学生学习态度存在问题。这不但没有为学生提供有效支持，反而加剧了学生的情绪问题。只有正确理解学生，懂得字迹潦草错误不是学生不努力造成的，才能更有针对性地帮助他，支持他。

重视学生的主观能动性。在老师和家长的鼓励下，小林有能力更自信、更主动地寻找改变的方法。当学习者相信自己有能力成功地完成某一件事情的时候，也就是说，当学习者有较高的自我效能感时，他们更有可能去做出相应的行为。[8]学生需要获得感：获得鼓励、获得肯定、获得支持。如果补偿策略不能达到理想效果的时候，我们也可以考虑用科技手段代替学生手写的方法，来适应学生的缺陷，让学生能有更好的书面表达方法。目前，由于多种因素考试合理便利还比较难以实行，但在学校可接受的范围内为学生提供合理便利依然有不可低估的作用，因为这对学生的自信和主观能动性可以发挥巨大的作用。

参考文献

[1]刘翔平．儿童学习障碍 100 问[M]．北京：北京师范大学出版社，2011：3.

[2]毛荣建，顾新荣．汉语发展性书写障碍研究的现状探析[J]．北京联合大学学报，2014(7)：90.

[3] American Psychiatric Association. Diagnostic and Statistical Manual of Mental Disorders(DSM-Ⅳ)[M]. 4th ed. Washington DC：American Psychiatric Press，1994.

[4][7]杨坤堂．书写语文学习障碍．台北：心理出版社，2004：20，65.

[5]O'Hare A E，Brown J K. Children dysgraphia：Part I an illustrated clinical classification[J]. Child Care Health anddevelopment，1989(15)：79－104.

[6]Deuel R K. Developmental Dysgraphia and Motor Skills Disorders[J]. Journal of Child Neurology，1995，10(1)：6－8.

[8]奥姆罗德．学习心理学[M]．汪玲，等，译．北京：中国人民大学出版社，2015：103.

20 以内加减运算

——学习障碍学生的评量与干预[①]

笔者作为支持教师，对北京某普通小学一名二年级学生做了数学学习障碍评估。结合该生注意力及工作记忆特点设计了干预策略，并对其进行了为期三个月的干预。在干预期，学生的运算速度和准确性有明显提高，在干预期后，学习效果仍能得到保持，证明干预方法有效。

一、基本情况

学生 L，北京市某普通小学二年级学生。班主任老师反映，该生在数学学习方面存在较严重的学习困难。从一年级入学起，L 的数学学业表现一直远低于同班同学。

(一)家庭情况

L 是家中的长女，还有一个不到 1 岁的弟弟。平时妈妈带着她和弟弟与外祖父母住在一起，爸爸和祖父母住在一起。L 没有接受过学前教育，入学前不会写字，没有练习过数数，不能进行 5 以内的加减法。L 母亲高中文化程度，父亲初中文化程度，对 L 的教育目标是“没有要求，快乐就好”，在孩子遇到困难时，父母常常宽慰孩子“不要勉强自己”。二年级后，在老师的提醒下，父母开始关注孩子的学习情况，由于三代同堂，上两代人经常因为孩子的教育问题发生矛盾。父母觉得没有能力帮助孩子学习，给她报过课外辅导班，但效果不佳，后来请了家教，语、数、外的作业都由家教来辅导完成。L 每天做完作业后会用平板电脑看视频，动画片、电视剧或综艺节目她都喜欢看，喜欢看《小马宝莉》《芭比公主故事》类有插图的图书，喜欢画画、跳舞，但都没有足够的耐心学下去。

---

① 作者：李若南，北京启喑实验学校教师。

(二)行为表现

L和班内同学关系融洽，有玩得来的小伙伴。课上表现良好，老师提问的时候，会的问题能够举手回答。不过，二年级开始，L在班里变得不爱说话，数学课上回答问题的次数明显减少。

(三)学习表现

数学老师反映，该生从一年级入学起，数学成绩一直在班级末尾，每个方面都与同伴存在差距。从她错题分布看，计算、基本概念、解决问题方面都存在问题。低年级比较重视口算，她的口算速度慢，错得多，特别是听算，错得特别多。课堂上，她很乖，从不违反纪律，眼睛一直看着老师，但是老师感觉她并没有把注意力一直放在课堂学习上，有时候会走神，很多题都需要老师单独给她辅导，慢慢讲解的情况下，她也能明白。一年级的时候，数学老师和班主任曾经把家长找到学校，面对面地和家长沟通过孩子的问题。从拿回家的练习册完成情况来看，练习册上有家长辅导过的痕迹，可见家长会对她进行一些辅导，但是效果不佳。

(四)健康状况

L在自然分娩状况下出生，出生后没有患过重大病症，健康状况良好。

二、个案评估

(一)专业测验

1. 智力测验

L瑞文推理测验标准分处于75%，智力水平良好。5月对L进行了韦氏(第四版)智力测验，测验结果显示，L的总智商为105，处于中等水平。通过对10个分测验进行进一步的分析，L在言语理解和加工速度维度的分项测试表现稳定且发挥较好；在工作记忆维度的分项测试表现较弱。

2. 阅读障碍评估

本研究采用北京师范大学舒华课题组研制的阅读障碍评估工具测量，L的汉字识别能力低于同龄学生1.54个标准差，词表朗读速度低于同龄学生

1.50 个标准差、三分钟阅读理解低于同龄学生 1.34 个标准差；在阅读相关认知能力方面，数字快速命名低于同龄学生 2.52 个标准差，语音意识低于 1.35 个标准差，语素意识低于 0.01 个标准差(见表 1)。根据智力正常、识字量低于同龄人且存在至少一个认知缺陷的儿童才能被诊断为阅读障碍的标准，L 为阅读障碍。

表 1　L 阅读能力评估结果

测试能力	测验任务	原始分	标准分
阅读能力	汉字识别测验	21	−1.54
	词表快速朗读	38.55	−1.50
	三分钟阅读理解	52.00	−1.34
阅读相关认知能力	数字快速命名	34.35	−2.52
	语音意识测验	10.00	−1.35
	语素意识测验	12.00	−0.01
	正字法意识测试	31.00	0.05

3. 数学学业成就测验

本研究采用北京师范大学张树东教授课题组数学测验工具，结果显示：L 数学学业成就总体水平低于同龄学生平均水平 0.32 个标准差，其中，口头比较、书面应用都低于同龄学生平均水平 1 个标准差以上；倒着数数、读数、相对数量接近 1 个标准差(见表 2)。这表明 L 存在一定的数学学习困难，书面应用水平也提示其阅读障碍对数学学科造成一定的影响。

表 2　L 数学测验结果

正着数数	倒着数数	数点	点数比较	口头比较	书面比较	读数	相对数量	数字线	感知估计	书面计算	书面应用	口头计算	口头应用	数学总分
0.16	−0.76	−0.47	0.43	−1.05	0.42	−0.88	−0.86	−0.28	1.11	0.47	−1.15	0.03	0.90	−0.32

(二)质性观察

笔者从二年级上册的教材中选取练习对 L 进行考查，结果如下。

1. 20以内的加法

(1)速度较慢，进位计算时要数手指，如5+8，6+9。

(2)对“凑10”不敏感，如遇到3+7，4+6不能迅速地反应出结果是10。

2. 20以内的减法的问题

(1)速度较慢，退位时一边数数手指一边嘟囔。

教师：为什么每次做减法都要掰手指呢？11－2，你是怎么想出来的呢？

学生：我没有那么多手指，只有十个手指。多出来两个，我心里数出来两个，没到5，用10减，还剩，2+3=5，再把这3个去掉就等于7，结果就出来了。2心里先留好，心里数好1，2，接着数1，2，3，4，5，到5，剩下的手指就是7。

教师：你是把2存好？

学生：10－3，因为2+3等于5，10－3等于7，2+7=9。

教师：做12－5时你怎么想的呢？

学生：就等于7，2就是12的2，12已经有2了，2已经被减掉了10－3就可以，10就不用减5了。如果是11－4，就是先减一个1，10再去减3。

(2)个位相减时，总是用大数减小数，如17－9，她会在个位用9－7结果为12。

3. 表内乘除法

能够正确完成，速度慢。做除法需要从头背乘法表，一直背到题目涉及的数才能写出结果。如40÷5，她会从“一五得五”开始背。

4. 运算符号

计算中会出现“+”与“×”混淆，“+”与“－”混淆的情况。在询问她数学学习的困难时，她自述“老是看不清符号，算错了”。

5. 解决问题

题目：8人共摘56千克西红柿，平均每人摘多少千克？

选项：56－8，56＋8，56÷8。

学生选择56＋8，问为什么，学生回答因为有“共”字。

教师：你说说什么是加法？

学生：一个一个加。

教师：什么是减法？

学生：一个一个减。

教师：什么是乘法？

学生：一一得一，一二得二。

教师：什么是除法？

学生：除法就是乘法倒过来。

教师：一排七个球，两排多少个球？

学生：2×7＝14。

教师：一共14个球，分两排放，一排几个球？

学生：2÷7。(发现不会除，又改为14÷7＝2。)

教师：我们画一下图？你再看看怎么列式？

学生再次修改为14÷2＝7。

教师：上面那个题的结果单位名称是什么？

学生：个。

教师：买五只玩具狗要花多少钱的单位名称？

学生：钱。

教师：瓶子里有多少支花的单位名称？

学生：花。

(三)问题分析

1. 智力方面

L的韦氏智力测验显示，她在言语理解和加工速度维度的分项测试表现稳定且发挥较好；在工作记忆维度的分项测试表现较弱；在知觉推理维度的分项测试表现差异较大，基于图像信息进行归纳概括和推理分析的能力较为优秀，而空间知觉能力和手眼协调能力较落后。

2. 数学能力方面

虽然 L 智力正常，但使用张树东课题组数学学业成就测验测查，显示其数学测验的总分低于 0.32 个标准差，其中在倒着数数、数点、口头比较、读数、相对数量、数字线、书面应用、口头应用维度均低于平均分。

3. 语文能力方面

在使用舒华课题组的测量工具对 L 进行阅读能力的评估中显示，该生所参加的反映其阅读能力的汉字识别、词表快速朗读、三分钟阅读理解测验的得分分别低于 1.54、1.50、1.43 个标准差，对其进行的与阅读能力相关的认知能力的测试反映，其数字快速命名、语音意识、语素意识分别低于 2.52、1.35、0.01 个标准差，仅正字法意识高于标准差 0.05。

4. 注意力方面

韦氏智力测验显示，L 言语理解和加工速度维度的分项测试表现稳定且发挥较好；在工作记忆维度的分项测试表现较弱，这表示她注意力的稳定性、操作和控制的能力可能存在不足。

5. 整体分析

L 属于学习障碍学生，其中阅读障碍最为突出，同时存在数学困难，并有一定的注意力问题与工作记忆问题，学习数学缺乏自信。

三、干预活动设计及实施

(一)制定依据

1. L 的心理特点

在访谈中，L 表示“最不喜欢上的是数学课”，“也不知怎么，就做错了。”并不愿将考试试卷拿出来给笔者看。因此，笔者设计在设计数学活动时考虑到在激发其学习兴趣的同时帮助其树立自信心。

2. L 的认知及注意力特点

L 的注意力的稳定性以及实行心理操作和控制的能力可能存在不足，因此可以进行注意稳定性方面的训练，培养其使用记忆策略辅助记忆的能力，但是时间不宜超过 15 分钟。

《义务教育阶段数学课程标准》在一至三年级课程内容上安排了“数与代数”“空间图形”“统计与概率”“实践与综合应用”四个学习领域，具体内容如表 3 所示。

表 3 《义务教育阶段数学课程标准》第一学段课程内容

学段	一～三年级
数与代数	数的认识 数的运算 常见的量 探索规律
空间与图形	图形的认识 测量 图形与变换 图形与位置
统计与概率	数据统计活动初步 不确定现象
实践与综合应用	实践活动

(二)干预目标

L 最突出的问题是在完成 20 以内有进退位的加减法时，主要采取手指、数数、放弃和猜测等策略，加、减、乘、除运算反应时间和正确率与同伴存在较明显的差距；面对简单的问题解决时，不能正确表征问题情境。综合前文提到的该生的心理、认知及课程标准三方面的因素，笔者将干预目标确定为：

(1)能够熟练、准确地进行 20 以内的加减运算；

(2)能够熟练、准确地进行表内乘法、除法运算；

(3)理解与加、减、乘、除有关的简单情境，并能够列出相应的算式。

(三)拟定教学内容

依据教学目标设计教学内容。教学内容来源有：

(1)人教版小学二年级数学课本；

(2)北京市西城区学科探究诊断(数学)；

(3)收集、改编的教材外资源。

(四)编拟教学计划

根据 L 的学习需要，编拟教学计划，内容包括设计意图、教学策略、评价方式及标准，如表 4 所示。

表 4　数学干预教学活动设计

活动名称	设计意图	活动设计	评价方式及标准
纸牌游戏	迅速、正确地进行“凑十”是完成 20 以内进位加和退位减的基础，通过扑克活动，让学习者在游戏中练习“凑十”，增加了活动的趣味性。采用计时形式能够维持学习者的注意力水平。在学习中增加使用“复述”“回忆”策略有利于在回忆时增加回忆的信息量，起到训练工作记忆的作用。	教师向学生出示点数在十以内的扑克牌，之后扣住，学生迅速报出与出示点数可凑成 10 的数字，在正确的前提下，越快越好。例如，教师出示的点数为 6，学生回答 4 即为正确。 教师出示扑克牌，学生迅速报出与出示点数可凑为 20 的数字，在正确的前提下越快越好。例如，教师出示点数为 6，学生回答 14 即为正确。若回答错误则提示：“老师手中扑克牌的点数是几？花色是什么？”如还不能正确作答，即将扑克牌再出示一次，直到正确作答为止。	扑克牌游戏以 10 个题为一组，一组记一次时。如果连续回答对 5 个。则提高难度，报出可凑为 20 的数字。
读题训练	补偿语言能力缺陷，提高解决问题能力。学习者在理解一个问题时，需要了解题目中的文字意义，辨别并抽取相关信息，透过已有的知识整合题意，建立适当的问题表征，以形成解题计划，故在理解题意中，学生需要具备相关的语言知识。L 的语文测验总分低于 0.73 个标准差，其中在听写选字、组词维度低于平均分，在观察中也发现，她语速迟缓，读题后在复述题意时表现出	读题训练分为两个部分，资源教师将使用的教材中出现的简单的解决问题分成十一种类型，设计了第一部分的题目，在问题内容上选择学生熟悉的校园情境。题目的运算类型为 20 以内的加减法和表内乘除，不含混合运算。 第一部分计时 5 分钟，要求学生完成尽可能多的题目，列式即可，不用算出结果。考虑到学生在解决文字题时，已经表现出“看见‘共’字就用加法，看见‘差’字就用减法”的倾向，为了避免她形成思维僵化、死套	

续表

活动名称	设计意图	活动设计	评价方式及标准
	不理解题意的情况。在语言方面的缺陷有可能造成她在解决文字性数学题时无法阅读或不了解基本的语言结构，导致出现严重的困难。因此笔者设计了读题训练，在补偿她语言能力的同时，提高她问题解决能力。	例题的习惯，第一部分的题目没有进行刻意的分类，而是十一种类型交替出现。完成第一部分的题目时，要求她出声读题，并将自己的思考过程出声地表达出来。 读题训练第二部分是让学生在正确完成第一部分列式任务的基础上，完成计算任务。	
出题训练	提高元认知能力。1976 年，美国心理学家弗拉维尔(J. H. Flavell)在其出版的《认知发展》一书中提出元认知(Metacognition)的概念。他认为元认知是指“个人关于自己的认知过程及结果或其他相关事情的知识”。数学学习障碍学生在认知和元认知过程中都存在问题，使他们在面对问题时不知所措，不知道从哪着手，解题过程中出现错误，也不知道错在哪，出错的原因是什么。例如，学生在上文所出现的错误“一共 14 个球，分两排放，一排几个球。列式 2÷7，在发现不会除后，又改为 14÷7=2”。这说明在面对问题时，她无法选择适当的解题策略，无法组织信息，不能有效地监控自己的解题过程，不能评估答案的正确性。笔者设计了出题训练，旨在通过提高元认知能力，提升其数学学习的能力与质量。	“出题”训练是让学生扮演老师的角色，让学生通过比较、鉴别题目已知条件后，制定相应解决问题的策略，将题目补充完整并让老师完成题目的训练。包括以下三种类型： (1)划掉题目中的无关信息。 小明有 5 个苹果，小军有 7 个苹果，老师有三个苹果，小明和小军一共有几个苹果？ (2)添上有用条件。 小明有了 5 个苹果，____________________，小军有几个苹果？ A. 小军吃了 3 个苹果 B. 小军比老师多 2 个苹果 C. 小军的苹果数是小明的 2 倍 (3)根据题目条件，选择适当的问题。 小明有 5 个苹果，小军有 8 个苹果，__________________。 A. 老师有几个苹果 B. 小军拿走了几个苹果 C. 小军比小明多几个苹果	在“出题”训练中，师生角色转换，教师根据学生题目的完成情况进行互动，如果她的题目完成正确，教师即顺利作答，并予以肯定。如果填写不正确，如她第(2)题的答案是“小明有了 5 个苹果，小军比老师多 2 个苹果，小军有几个苹果?”老师则与她产生教学互动。老师循序渐进使用“提问”“小结”“澄清”“预测”等策略，促进学生对问题的理解和对解答结果进行监控。

(五)干预过程

本研究设计分为三个阶段。初期，不做任何干预，只对被试进行观察和测量，以掌握个案的基线水平。观察期后，对被试进行相应的数学学习障碍干预，并对每次的干预效果进行评估。在取消干预后，追踪了解干预的维持效果。

干预阶段时长六周，每周实施 2 次，每次 45 分钟，共计 12 次。过程中，通过任课教师及班主任获得持续的学习情况的反馈。教学活动的实施环节及过程如表 5 所示。

表 5　干预教学活动实施环节及过程

教学环节	具体内容	意图
课前游戏	找不同	两个游戏二选一。注意力训练，提高手眼协调能力。
	连线	
扑克游戏	第一组(10 个题)	激发学习兴趣，提高注意力水平，准确、熟练地凑十。
	第二组(10 个题)	
读题训练	列式部分	语言补偿，提高解决问题能力。
	计算部分(四组，每组 20 题，若第一部分算式不足 20 则补齐)	训练 20 以内加减法和表内乘除法。
“出题”训练	5 个题	提高元认知能力，提升问题解决类型题目的解题效果。
总结	访谈本节课的收获和感受	了解被试学习中的感受、需求，调整教学。

(六)干预效果

在干预过程中，L 在完成加法进位运算时手指和数数策略明显减少，但在退位减法时，仍然较多地使用数数和手指策略。如图 1 所示，在干预期，L 完成四种运算的时间都在不同程度地缩短，其中以退位减和表内除法更为明显。

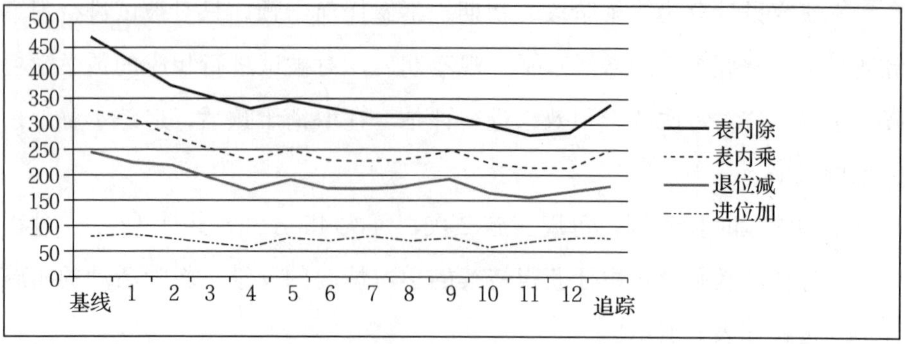

图 1　干预期 L 完成四种运算的时间

L 在该学期的期末考试成绩中达到了优秀。任课教师及班主任反映 L 在参加干预后，学习变得比以前主动，成绩提高后，课堂表现也变得更加积极自信。

四、效果反思

数据显示，在干预期使用扑克牌游戏对提高 L20 以内加减法的运算速度和准确性是有效的。但在后续的追踪测验中，运算速度尽管仍然高于基线水平，但都出现了回落。分析可能有以下原因。

(1)对 L 的问题的成因分析准确。笔者判断 L 存在注意力和工作记忆上的不足，并基于这个判断设计了扑克牌游戏，看似是在进行运算的练习，同时也是对注意力和工作记忆进行针对性训练，效果显著，说明对 L 的问题成因分析是准确的。

(2)干预期短，学习内容的变化。追踪测试与最后一次干预间隔时间长。干预期为期六周，干预结束十二周(包括暑假)后才进行追踪测试，导致追踪测试的成绩有所回落。另外，二年级比较重视口算训练，课堂教学中会有口算测试，课后也有相关作业。L 进入三年级，先后学习了时间问题和长度问题，花在口算练习上的时间比例降低，这也是造成口算成绩回落的一个原因。

(3)支持教师的干预工作尚未能与教师及家长之间形成有效结合。对数学学习障碍儿童的支持是长期的、全方位的，仅靠支持教师六周的干预难以维持效果。同时成绩回落恰恰证明了支持教师个训教学是有效果的。支持教师的工作类似于普通学校的资源教师。在资源教师尚不能成为每个学习障碍儿童的“标配”时，如何更好地形成资源教师、学校的任课教师与家长的相互配合，如何能让学生在资源教师的工作撤出后，依然可以在任课教师及家长的帮助下继续进行相关的训练，是值得我们深思的。

参考文献

[1]张微．学习障碍的评估与矫正[M]．武昌：华中大学出版社．2013：47—55.

[2]黄大庆．数学学习困难的鉴别与辅导[M]．北京：北京交通大学出版社．2015：110—111.

[3]于文，王桂香．个别化教学研究实践[M]．天津：天津教育出版社．2016：2—6.

佳佳变形记

——学习障碍学生融合教育支持环境创设[①]

一、基本资料

佳佳(化名)，女，10岁，四年级学生，推理智力水平优秀，但同时有阅读障碍与数学障碍。她课堂注意力不集中，做事有头无尾，上课时小动作不断，还会干扰他人，有时沉默不语，甚至长时间一言不发。对阅读经常有畏难情绪，非常不喜欢学习，学业表现不佳。

在与人交往时佳佳还表现出心胸狭窄、爱依赖他人和嫉妒他人的特点，有时还很自卑，经常说谎话，当她对同学不满意时会拿走同学的东西来表达自己的不满。在同学的眼中，佳佳属于学困生，对她的评价也很负面，所以在班级里佳佳的形象非常不好。

家庭环境对佳佳的影响非常大，妈妈离开了她，爸爸也不能照顾她，佳佳只能跟奶奶住在一起。家庭的问题一直困扰着佳佳的奶奶，所以奶奶也常常把怨气发泄在佳佳的身上，一直指责她注意力不集中、学习不认真。跟奶奶的访谈中我了解到，佳佳曾说“活着还有什么意思呢”。

我是学校的心理教师，在与佳佳的访谈中发现她表现得比较拘谨，不太爱说话，谈话中佳佳经常出现一些这样的词，如“大便”“傻子”，甚至还有“把学校烧了”等很负面的话，眼神中也透着一种失望和悲观的情绪，跟人没有亲近感，谈到学习时总表现出逃避、不耐烦、不感兴趣的状态。

二、问题分析

良好的家庭环境是一个孩子健康成长的沃土，但佳佳在成长中极度缺

---

① 本文发表于《教育家》2022年第6期，第19页。原题为《佳佳变形记》，内容有改动。作者：方玲，北京市西城区西单小学教师。

少家庭的关爱，所以表现出不自信、没礼貌、叛逆、自我为中心、缺乏集体意识等问题。学习障碍直接影响到佳佳的学习效果，但老师和家长并不了解学习障碍，单单只是认为她不努力、不用功，这些误解带来对她更多的指责。佳佳在这样的指责中选择了怨恨和逃避，这也让她的内心变得越来越坚硬，如果继续下去，她所积聚的将会是具有破坏性的力量，想到她曾对奶奶说"活着还有什么意思呢"，也展现出她内心的痛苦和无奈。家庭问题、学习障碍及渐渐变冷的心成了对她严峻的考验。

一个学生的成长受自身、家庭、学校及社会各方面的影响，佳佳也是。从已经了解到的情况看，父母的爱的缺失给她心理的伤害很大，而这又是他人，甚至即使专业心理咨询师也难以解决的。学习困难遭受的误解又让她长期处在非常负面的环境中，所以自我成长的动力严重不足。帮助佳佳不仅需要心理上的支持，还需要环境上的改善：第一，要为她搭建理解与接纳的支持环境，让她能充分地感受到温暖和安全；第二，要帮助她建立与他人沟通的桥梁，引导她体验和学习如何与他人交往，加深她对自身及他人的认识；第三，要挖掘她自身的力量和潜能，帮助她建立积极的自我形象，从而唤醒及调动她内在的自我成长的动力，这样从外在和内在同时进行干预才能真正帮助佳佳健康地成长。

三、干预过程

(一)创造联结，建立归属感

佳佳的学习动力不足其中一个原因是学校归属感低，佳佳不觉得自己在班级中是重要的，所以她才会总表现出不服管的样子。建立班级归属感、改变佳佳身边重要他人对她的看法就显得特别重要了。

搭建班级的支持环境离不开班主任，于是我多次主动跟佳佳的班主任沟通她的情况，尽可能地让班主任对佳佳有更深入的了解，改变她在班主任及学生眼中的形象，创造彼此间重新认识的机会，进而改善对佳佳不利的环境，带给她积极的影响。班主任因为一件事来资源教室求助，因得知学校女厕所的墙壁出现了大面积的涂鸦，又做了一系列的分析后，班主任怀疑很可能是佳佳做的，想知道该怎么处理好，是否要调取录像与佳佳对峙呢？分析后我们认为佳佳此举可能是内心极度无力、抗拒，甚至愤怒的一种表达，她需要关注与引导。于是我们并没有简单地从班级管理的角度考虑如何追责，而是从心理学的角度对全班进行了不动声色的引导。班主任分配给佳佳一个小任务，希望通过任务帮助她尽可能地建立新的自我形象，让他人能够看到她的优点和进步，提升她的自我价值感。我建议班主任在班里对这次发生的事件进行集体教育，给予学生正确的引导。后来得知佳佳在班里把班主任分配的任务完成得非常好。

语文老师关注到佳佳常常说谎，沟通后语文老师理解了佳佳的说谎与她学习困难以及缺乏安全感有关。语文老师给佳佳安排了带眼保健操的任务，和佳佳的交流语气变得更耐心，而且常常一对一指导佳佳。渐渐地，佳佳会主动拉语文老师的衣角表示对老师的喜欢。四年级换新语文老师后，佳佳一时难以接受。通过交流新语文老师理解了佳佳情况的特殊性，认识到帮助佳佳并非只是在学业上。与学业无关的聊天、关注都是佳佳所需要的，首先要与她建立联结。奶奶在了解佳佳的情况后，也感触地说其实佳佳很懂事，但是她为佳佳的将来担忧，所以很难控制，忍不住把火往佳佳身上发，并表示即使再难也愿意努力改变。

当这些在佳佳身边的重要他人深入了解到她的情况后都对她有了更多的包容和理解，也渐渐降低了焦虑感，当焦虑感得到缓解后佳佳身边的重要他人更能集中在怎么才能更好地帮助到佳佳上，这时再给予他们正确的方法指导就可以给佳佳带来积极的影响。当他们对佳佳有了正确的认识及态度后，佳佳也自然会受益，而且也会带来向良性方向发展的积极改变。当佳佳深切地感受到自己被接纳时，她的脸上开始有了更多的笑容及期待的眼神，一个新的自我形象正在佳佳的心中诞生。

(二)绘画疗心，调整自我

在环境改变的同时，我也给予佳佳适时的帮助与辅导，让她尽可能地在我这里得到积极的关注和认可，使她能对自己有正向的认识。考虑到佳佳爱好画画，又考虑到画画能够跟她有频繁又高效的互动，我找来佳佳一起商量可不可以进行涂鸦交流，没想到她高兴极了。在最开始建立涂鸦分享习惯的时候，我要求她每天抽时间来找我分享，分享的时间可以一到两分钟，最重要的是简单明了，这需要持续两周左右，在分享两周后可以由她来决定每周分享的次数，可以减少也可以增多。

佳佳在分享的过程中画了许多内容，如自画像、心情脸谱、自己的闪光点、喜欢吃的东西、喜欢做的事情及随手画的涂鸦等，她每次都非常主动地来跟我分享，在分享时也特别投入，而且每次我都会给她一个积极的认可。比如，在看到她的自画像时，我回应她说：“佳佳的笑容真的很可爱，我非常喜欢那双真诚的眼睛，画得非常生动，现实中的你也一样可爱。”佳佳有点害羞地点点头，还有在看到她画出自己的闪光点时，我首先会谢谢她告诉我，还鼓励她分享更多的闪光点。

慢慢地从佳佳的涂鸦中我能感受到她很期待与我的沟通和交流，在画心情脸谱时，佳佳最开始只画了一张开心的脸，之后每次涂鸦都会加上更多的内容，依次出现了上半身、胳膊和腿、手和脚，最后直到出现了整个人。随着画中信息量的增长我们也聊得越来越多，佳佳也渐渐地跟我亲近起来，这让我能够更多地了解她，也能够更多地帮助她了解自己的兴趣、爱好、优点及自身的情绪状态。最后佳佳攒下了许多涂鸦作品，我们一起装订成了一个涂鸦日记本，还进行了装饰。佳佳非常喜欢这个本子，不仅对自己有了正向的认识，也积攒了许多美好的回忆。特别让我欣喜的是她还用这个方式跟自己的朋友互动，一起制作了“闺闺证”（见图1）。佳佳解释道这是她们彼此间的朋友认证书，我看到后十分为她高兴。

图1　“闺闺证”

(三)陪伴阅读，探索自我

四周的涂鸦分享活动后我与佳佳开始一起阅读书籍，每周进行一次陪伴阅读，在阅读书籍的过程中帮助她提升对阅读或学习的兴趣。有一次我与佳佳一起阅读时，正好读到有关学校的内容，我问她你能不能说说自己喜欢什么样的学校，佳佳告诉我心目中的学校是让人感到快乐的，可以玩，自由自在的，没有作业，甚至没有学习，就像一个游乐场。听她这样说我突然感受到她内心非常不喜欢上学，我真心想为她营造一个可以让她放松的空间。于是我鼓励她画出理想中的学校，她就画了出来，我称赞她画得很棒，还鼓励她把想法都说出来，而且告诉她我也很喜欢这样的学校，并感谢她能告诉我。佳佳高兴极了，继续分享起来，分享的过程中我没有评判她的想法，只是跟随着她，也认真地倾听，还时不时地与她互动，我会引导她思考学校里可以开设什么样的活动，让学生玩得更有意思，同时还能有收获。她说了好多，我对佳佳说："在咱们的学校里我们也有一个快乐的空间，其实我们已经身在其中。"佳佳听完后非常高兴，她对学校也不再那么充满敌意。画画真是很神奇，能够制造沟通的机会，打开通往彼此的世界，这样的沟通很安全，也很自由，我和佳佳都非常享受这个过程，这个过程对我们来说好像变成了一种奖励，让我们总想一起分享点开心的事。

还有一次我们一起读《大脚丫跳芭蕾》的故事，佳佳告诉我她非常喜欢这个故事，还说虽然故事的主人公贝琳达脚丫很大，但感觉她特别有韧性，我回应她说其实在我们每一个人心中都有贝琳达的影子，有时候我们就像贝琳达一样对自己没有信心，而且还特别在意他人的看法。佳佳看着我并点了点头，然后我提议她和我一起制作幸运物，如幸运手环之类的，以此来提醒她是可以像贝琳达一样有韧性并获得成功。我特地为她准备了一些能够穿起来的小珠子，而且形状各异，佳佳惊讶极了，立刻动起手来。我们一起制作了两个幸运手环，佳佳迫不及待地戴在了手上。我问她想用在哪里，她马上说"用在考试上"，而且很确信地告诉我她会做到的。从她脸上的笑容我能够感受到在她心底里那份对未来美好的盼望，我拍了拍她的肩膀表示对她的鼓励及认可，并祝她成功。我想利用绘本故事抛砖引玉，传达给佳佳一个信念：虽然我不能改变他人和环境，但我可以改变自己。为了让这个故事能够给佳佳带来长远的积极影响，我特地设计了制作幸运手环的手工游戏，向她释放“可能”的信号，在佳佳的内心植入希望的种子，等待转机的出现。

（四）创设平台，激发潜能

为了帮助佳佳突破自己的局限，让她有更大的发挥自我的空间，我邀请她参加广播小组的活动，以此来锻炼她的阅读能力，促使她加倍努力，同时帮助她建立良好的公众形象，挖掘她的自身潜能，鼓励她积极地完善自己。我安排佳佳组建她们班的广播小组，需要她找两个同伴来和她一起广播，还要求她带领小组成员进行广播练习。在这个过程中她有机会来寻找班内的伙伴，她与同伴积极沟通和交往，从而建立和提升自信，在社交中了解、认识及调整自己。佳佳很快找到了小组成员，并积极地投入练习中。我发现佳佳的阅读能力越来越好，而且在广播时非常有自信，会主动介绍自己，读得还非常认真，其他成员也特别配合她，她在组织广播的过程中也越来越主动和自信。

但有一次她们广播读得不太好，过程中有些结巴，还发出了很大的噪声。根据其他成员的反应我能感受到，佳佳表现得并不在意，我想可能是她已经习惯了在别人眼中自己是不好的，所以没做好也是理所应当的；也可能是装作不在乎来进行自我保护，因为她经常受到批评，不想让自己再受伤害了。为此我严肃地找到佳佳谈话，指出她存在的问题。佳佳表现得不服气，甚至有点儿赖皮。我简要地与她沟通，让她认识到并非没有人关注她，有人指出她的问题正是对她的关注。同时，她是有能力做好的，如果努力改变，这次将会成为她日后成功的种子，但如果满不在乎，之后她不太有改进的可能。这种特别的关注没有给她造成压力反而使她想做得更好，通过一次次的练习后，她对故事中的语境更熟悉，并学会了通过语境感受有趣的故事情节，在阅读中更多地注重读“意”而不是读“字”了。她也明白了我对她的严格是为她好，而且也感受到了老师和同学都在关注她，所以就更加努力，想展现出最好的自己。这次经历让我发现佳佳的潜力很大，给她正确的引导和正向的回应是必要的，就像是给予方向，促进她奔向目标，最终使她受益，获得成长。她也从中看到了自己有很大的成长空间。

三、干预效果与反思

(一)干预效果

佳佳在完成任务的过程中充分感受到了被尊重、被理解、被支持，从最开始的羞涩、不自信，转变成一个主动且自信的学生，她的积极性越来越高，也希望获得更多的关注及资源支持来帮助自我成长。佳佳从"活着还有什么意思"变成了"我能做到"就是一个飞跃，佳佳的生活不再那么乏味，而是充满了希望。

最初佳佳与我一起阅读时她非常抗拒，并且拒绝阅读，读的时候也磕磕巴巴，到后来她跟与她一样有阅读障碍的学生一起阅读，看到对方读得慢吞吞时，她说："听得我都着急，让我来读吧。"结果拿过书来读得非常好，让在场的同学和老师都非常惊讶。从这件事可以感受到佳佳的改变是从里到外的。到了五年级，新班主任对佳佳的印象是一个懂事的小女孩，学习上没有什么特殊的困难。

(二)教育反思

1. 创造改变的可能性

不利的家庭环境给学生造成了许多问题，而且这些问题又转移到了学校。有些情况下学校很难影响家庭，只能考虑在学校层面进行干预，而学生问题的根源又在家庭，学校能起到的作用似乎微乎其微。但是哪怕能起到的作用只有一点点，也不妨试试看。抱着这样的目的我开始了对学生的干预，干预后的效果超过了预期。佳佳在学校里树立了自信，人际关系得到改善，各种能力也不断在提升。这些奇迹首先来自于"知其不可为而为之"的"不放弃"信念。

2. 提供成长的资源与机会

我在个人、班级环境及学校环境三个层面同时开始干预，各分配给学生一个含有沟通要素的任务，在设计任务的时候我考虑到了学生的爱好、身边的重要人物，还特别找来一些能够让学生感兴趣的心理自助读物，通过搭建支持环境来扭转学生负面的自我形象。

因为学生在家里感受到的温暖太少，为了让她脱离评价，不给她造成压力，帮助她开放内心，我首先给予学生资源的支持，这些资源包括心理老师、任课教师及心理自助读物，带动并促进学生在认识自我、阅读能力及人际互动方面产生自发的改变。其次，在干预的过程中及时给予学生奖励，即积极地强化，强化物就是心理广播、游戏、读书分享和班级小任务，这些奖励都是学生最喜欢的。最后，引导学生看到自己的成长过程，同时帮助学生梳理积累的有益资源，如涂鸦日记、自助书籍等，目的是调动学生内在的成长动力。

3. 支持体系的建设

佳佳的转变中可见支持体系创设的重要性。这个支持体系中有班主任、科任教师、心理教师、资源教师、支持教师、家长及同学朋友等，支持的环境就像肥沃的土壤一样给佳佳带来滋养。这个体系中最需要的是靠“专业”而非“经验”来帮助学生。比如，老师、家长常常走入的误区是学习困难学生不够努力、不求上进，帮助他们首先就要帮助其学业进步。然而，对一些已经有严重心理问题的学习困难学生来说，周围人对她学业过度的帮助不但不是一种支持，反而成为压力，甚至厌学的根源。

小契约，大能量

——用行为契约减少注意缺陷多动障碍儿童课堂干扰行为①

一、问题的提出

注意缺陷多动障碍(ADHD)是一组以注意力缺损、多动、冲动、唤醒不足、角色管理失控行为为主要表现特征的行为——情绪的综合症候群，是儿童期常见的心理障碍之一。[1]美国精神医学学会出版的《精神疾患诊断与诊断手册第四版(DSM-Ⅳ)》将ADHD分为三种类型：注意缺陷型(predominantly Inattentive type)、多动－冲动型(predominantly hyperactive－impulsive type)和混合型(combined type)。[2]ADHD儿童在普通小学里比较常见，且往往给班级教学和课堂管理带来极大挑战。特殊教育需要往往很迫切。

抑制功能的某些缺陷，导致ADHD儿童行为冲动、情绪不稳定、上课搞小动作、不听讲、写作业分心与拖拉等。[3]这些行为问题的功能，“主要是获得实物和引起注意，少部分的功能是逃避事物和感官刺激”[4]。已有研究表明：从行为的功能分析出发，在环境调整、前事控制、行为训练、后果处理等方面采取正向行为支持，可以有效减少ADHD儿童的课堂干扰行为。

已有文献显示：运用行为契约能有效降低儿童的不专心、拒绝做功课等行为。比如，弗勒德(Flood)和威尔德(Wilder)结合行为契约与功能沟通训练，降低了一位ADHD小学生的不专心行为。[5]又如，威尔金森(Wilkinson)使用行为契约来降低一名一年级学生的干扰行为。这些干扰行为包括不专心、拒绝做功课、不听从指示、与同学打架和发脾气。干预后，威尔金森的报告显示学生的干扰行为大幅度地减少，并且在后续的4个星期持续地维持低干扰状态。[6]

---

① 作者：陈甜天，北京启喑实验学校教师。

本研究借鉴已有研究的成果，旨在运用行为契约，提高 ADHD 儿童延迟反应能力，减少其冲动反应和遗漏反应，提高他们反应的准确率，减少课堂干扰行为，同时改善学习效果。

二、研究方法

1. 学生情况

两位学生来自普通小学，班级人数 40 人左右。之所以被选中参加本研究，是因为据班主任和学科老师反映，两人在普通课堂里都有较多的课堂干扰行为。经医院诊断，两个学生 A、B 都是 ADHD 儿童，均就读于某普通公立小学一年级，在同一所小学的不同班级。

学生 A，6 岁 6 个月，被诊断为注意缺陷型 ADHD。瑞文推理智力测试结果百分等级 31，智力中等。老师反映学生 A 在课堂上经常不经过老师同意大声说话和唱歌，在地上坐着，晃动椅子，敲打桌子，爬暖气管子等，严重影响教学秩序。学生 A 几乎很少写字，从来不交作业，不遵守班级制定的借书规则。学生 A 逸事记录见表 1。

学生 B，7 岁 4 个月，被诊断为混合型 ADHD 并伴随抽动。瑞文推理智力测试结果百分等级 50，智力中等。老师反映学生 B 在课堂上经常不经过老师同意大声说话，把书、本、笔摔到地上，捡起来再扔到地上，发出声音，反复做。学生 B 会不经过老师同意离开座位到处走、抠墙皮，或者挪动椅子。学生 B 座位附近经常乱七八糟。学生 B 逸事记录见表 2。

表 1　学生 A 逸事记录表

前事	行为	结果	功能
家长讲座尾声，主讲人给积极互动的小朋友发奖品鸟巢模型。	学生 A 大声说“我要”。	主讲人和老师不理会。	获得注意，获得实物。
	1 分钟后上前抢，打滚，大声嚷：“我也要一个（模型），给我，给我。”	老师们解释给他听，他仍在地上打滚，不听。	获得实物，逃避厌恶情境。

续表

前事	行为	结果	功能
体育课，学生 A 甩动绳子，绳子碰到其他同学，于是老师没收了绳子，并让学生 A 到旁边站着。	地上打滚，推倒桌子，发脾气，大声说：“我要报复你们!”	老师走过来劝阻，学生 A 叫声更大，抗拒，并推歪了更多的桌子。	获得注意，逃避厌恶情境。
班会课上，老师发小奖品，刚发了两个同学的。学生 A 冲到老师面前，索要奖品，老师说回去等着，没有给他。	学生 A 坐在椅子上不到 1 分钟，大声喊：“老师给我。”老师没有理会，学生 A 随后开始在地上打滚。	老师走过来批评教育，给了小奖品。	获得注意，获得实物。

表 2　学生 B 逸事记录表

前事	行为	结果	功能
语文课，老师讲汉字偏旁部首。	学生 B 低着头，弯着腰，手里拿着彩笔，“哗啦”扔在地上，看一下周围，再捡起来继续扔。	老师继续讲课，没有理会。个别同学看向他，学生 B 对着这位同学笑。	获得注意。
语文课，老师讲拼音。	学生 B 走到靠墙的书架那里，抽出图画书《海底小分队》，自己出声地念起来。	个别同学看了他一眼，嘟囔了一句，老师随后朝他走了过来，学生 B 看到就把图画书合上了。	逃避厌恶情境，获得老师和同伴的注意。
体育课，老师讲体检的注意事项。	闲逛姿态，走出队伍七八米。	老师叫名字，学生 B 回到队伍里，部分同学笑。	逃避厌恶情境，获得注意。

如表 1、表 2 所示，学生 A 在家长讲座、体育课、班会课等情境下，用大声喊、打滚来引起家长、老师的注意，所以可能这些干扰行为的功能是为了获得注意，获得实物，逃避厌恶情境。学生 B 在语文课、体育课上，

通过扔彩笔、念图画书等来引起老师和同学的注意，所以，可能他的干扰行为功能主要是为了获得注意。通过逸事记录分析，综合起来看，两个学生课堂干扰行为的共同功能主要是为了获得老师和同学的注意。

2. 环境设计

本研究是在公立普通小学的资源教室进行的，采用一对一先后干预的方式。干预时间是上午的 8 点和上午的 10 点，资源教室约 12 平方米，学生和干预人员并排坐在桌子旁。

3. 研究设计

本研究设计采用对两位同学分别进行一对一干预的形式。首先对同学 A 的目标行为在干预前进行观察，然后对同学 B 进行干预前的观察。在干预期，先对同学 A 进行介入，然后对同学 B 进行干预。

因变量是课堂干扰行为的数量。课堂干扰行为指的是不专心(如扔/摔东西、敲桌子等)、课堂上随意说话(包括自己大声说话、随意说话等)和离开座位这三种问题行为，具体见表 5 中“目标行为定义”的三个方面 12 个小点。

自变量是运用行为契约。行为契约，也称为后效契约，指的是一份具体说明，陈述下列两者之间的后效关系：(1)完成一个具体行为；(2)取得或提供一种具体奖赏，如自由时间、评分等级或是参与偏好活动的权利。[7] 本研究行为契约如表 3 所示，该契约是参考《应用行为分析第 2 版》(武汉大学出版社)第 589 页编制的。本研究采用正向行为支持干预，在干预期，将因变量“课堂干扰行为”从正向行为的角度进行具体的描述，三个方面(上课专心、遵守发言规则和安坐)共 12 个具体的正向行为表现，并制成行为记录表(见表 4)。本表是参考叶鹏(的《自我记录表》[8] 改编而成的。每次课后，立即由学生打钩，老师在旁监督，履行契约。

表 3　行为契约

行为契约

有效期：从 2017 年 10 月到 2017 年 12 月。

陈老师：(　　　)同学的一对一授课老师。

如果(　　　)同学在课上，达到标准数，就是“优秀”，就可以得到一个笑脸。比标准少 1 个，就是“良好”。少 2 个，就是“要加油”。

上课专心

上课遵守发言规则

上课安坐行为

(具体见表 4 中的 12 个小点)

如果(　　　)同学表现“优秀”，连续两次拿到，陈老师就让(　　　)从“宝盒”里选一个礼物，它们可以是：

3 片薯片

一块软糖

3 分钟的看动画时间

3 分钟自由玩耍时间

奖励：如果(　　　)表现特别完美，连续五次课都能赢得，就能获得 1 个额外的“惊喜奖品”(动物图书或者玩具小汽车或______________)。

惩罚：如果(　　　)表现不专心，连续两次课都不能赢得一个，将需要等待 1 节课后，重新计算赚取“奖励”的机会。

学生：

老师：

日期：

工作记录

日期					
完成情况					
是否得奖					

表 4　行为记录表

行为记录表

学生姓名：________　教师：________

日　　期：________　时间：________

在这节课里我有做到以下行为的，请打“√”。

正向行为	具体表现	请你打“√”
专心听讲行为	上课不玩能发出声响的物品，如反复按笔。	
	上课不扔/摔东西，如文具、书。	
	学习时眼睛看着老师、发言的同学、书或黑板。	
	能按照老师的要求做题、做笔记、写字。	
遵守发言规则行为	老师讲话的时候，不会随意说话。	
	独立完成任务的时候，不讲话。	
	自己有问题，先举手，等老师允许。	
	举手之后老师没有同意说话，能耐心等待。	
安坐行为	经过老师同意才离开座位。	
	上课时不经过老师同意，没有随便站起来。	
	上课时不经过老师同意，没有跑到别的地方。	
	上课时不经过老师同意，没有起身扔垃圾。	
我想说： (例如：我真棒!)		

想一想：这节课我表现得怎么样？

◇ 这节课我一共得到了(　　)个“√”。

◇ 我努力了吗？有(　　)没有(　　)。

◇ 明天我会　加油(　　)不知道(　　)退步(　　)。

◇ 标准：得到 9 个以上的“√”，就表示我达到了目标，得到一个，老师会用笔在上方签字“你真棒!”。如果连续两次得到，将会得到一次抽取“宝盒”的机会。

契约的运作过程共分为三个阶段，具体如下。

第一阶段：确认问题，分析条款，草签契约。讨论契约的要点主要是帮助学生理解自己之前错误的方式，教导学生获得关注、获得实物的正确方法。比如，可以通过举手发言的方式而不是随意说话来获得老师的关注。上课前，老师与学生一起讨论，包括逐条阅读和理解行为表现标准，商定奖励惩罚方式，最后签订契约(草稿)，主要包括如果做到专心上课、遵守发言规则和安坐等三项行为，达到标准，老师将给学生口头社会性赞美、书面赞美以及笑脸。如果同学连续两次达到标准，还可以选择一个强化物(如玩小汽车3分钟、吃一个糖果、看3分钟动画片，以及同学上课当天喜欢的其他项目)。如果同学连续5次达到标准，还可以得到一份"惊喜礼物"。如果连续两次都没有达到标准，就停止一次机会，下次课重新开始。

第二阶段：尝试施行，教授方法，调整约定。一二节课试用契约。学生在老师的指导下像往常一样进行朗读、书写、图形计算、图片观察、走迷宫等内容的学习。课后，老师立即向学生出示行为记录表。老师一条一条读给学生听，提问"你刚才做到了吗"，并由学生先回答，如果回答符合实际情况，老师就让学生给自己画"√"或者"×"。如果学生回答不符合实际情况，老师就描述刚才学生的行为，解释标准的意思，请学生再次判断和勾画。最后统计画"√"的数量，9个"√"为达到标准，学生会得到老师的表扬。试用契约的目的是引导学生理解契约内容，感受履约的整个过程，教授学生如何对契约项目自评。而且，可以根据实际情况和学生商量，一起对契约进行调整完善，直至确定契约。

第三阶段：对照契约，开始干预，监督执行。经过老师的指导，学生学会了对照合同(见表3)完成记录表(见表4)。每次下课，老师立刻拿出行为记录表，请学生自我评价，老师的作用从指导变成监督、更正和鼓励。对于学生正向行为，老师会把"你做到了专心/举手发言/好好坐在座位上。你真棒!"这句话用赞扬的口吻说一遍，并写在表格的下方。其作用是使用非物质进行社会性强化。如果同学没有达到标准，老师就再次给学生阐明没达到标准的后果，告知其今后努力的方向。每节课后，老师都像这样，立即引导学生如实地记录和自评，及时反馈。并且在每堂课一对一个训课前，老师都会提醒学生契约里所订立的条约。

4. 数据收集程序

干预前后依照目标行为的定义，用表5进行数据收集。

基线期：无论在上课前还是上课后，老师都不向学生出示此表。上课后，老师根据上课的录像，根据目标行为的定义做记录。测量主要使用永久资料记录的方法，即老师在课后选取教学录像中随机的 5 分钟进行观察。按照先后对学生的不专心行为、课堂上随意说话行为、离开座位行为出现的次数进行记录。不专心行为采用部分时距记录，每 10 秒为一个时距。课堂随意说话和离开座位行为采用次数方法记录(见表 5)。

干预期：教学内容和基线期一致，包括朗读、书写、图形计算、图片观察、走迷宫等内容的学习，只是附加了课前出示“行为契约”，课后立即对照契约，学生在老师的监督下完成行为记录表，老师给予奖励和社会性强化。干预目标是学生连续两次课都能达到 11 个“√”(91%)，或者一次课能达到 12 个“√”(100%)。

维持期：学生达到干预标准后，撤除行为契约及行为记录表，上课的教学内容依然和基线期一致。

5. 观察者间一致性(IOA)

本研究请另外一位老师与执行老师一起观看干预永久性资料——上课录像。运用表 5 来进行观察者间一致性(IOA)数据收集，旨在确认基线期、干预期、维持期所收集数据的信度和真实程度。IOA 是用一致的次数除以一致的次数与不一致的次数总数，并乘 100%来计算的。分别计算“不专心”“随意说话”“离座”的单项 IOA，相加除以 3，得出平均 IOA。单项 IOA 的数值都须在 80%以上。

表 5　目标行为观察记录表

目标行为观察记录表

学生：____　记录者：____　日期：______

目标行为定义：

(一)不专心行为

1. 上课玩能发出声响的物品，如反复按笔。

2. 上课丢扔/摔东西，如文具、书。

3. 上课，眼睛不看着老师、发言的同学、书或黑板。

4. 不按照老师的要求做题、做笔记、写字。

(二)课堂上随意说话行为

1. 老师讲话的时候，随意说话。

2. 独立完成任务的时候，讲话。

3. 自己有问题，不先举手，不等老师允许就说话。

4. 举手之后老师没有同意说话，不能耐心等待。

(三)离开座位行为

1. 没有经过老师同意离开座位。

2. 上课时不经过老师同意，随便站起来。

3. 上课时不经过老师同意，跑到别的地方。

4. 上课时不经过老师同意，起身扔垃圾。

行为问题	发生次数												合计
不专心（以 10 秒为一个时距进行观察）	10	20	30	40	50	1’	10	20	30	40	50	2’	
	10	20	30	40	50	3’	10	20	30	40	50	4’	
	10	20	30	40	50	5’							
随意说话													
离座													
备注													

学生A的IOA选取了前测的2次(共5次)，占基线期总数的40%；后测的3次(共11次)，占比27%；维持期的1次(共4次)，占比25%，来计算IOA。学生A前后测、维持期的IOA总数为6次，IOA的数值为83%～100%，6次的IOA的平均数为94%。

学生B的IOA选取了前测的2次(共5次)，占基线期总数的40%；后测的3次(共10次)，占比33%；维持期的1次(共4次)，占比25%，来计算IOA。学生B前后测、维持期的IOA总数为6次，IOA的数值为95%～100%，6次的IOA的平均数为98%。

三、研究结果

图1为学生A和学生B干预期间目标行为发生次数折线图。学生A总共进行了11次的干预达到了标准，即连续两节课得到11个以上的“√”，正向行为在90%及以上。干预期随机抽取上课期间的5分钟录像进行数据收集。学生A“不专心”行为平均每节课2.3次(干预前平均5.4/节课)；“随意说话”行为平均每节课1.0次(干预前平均7.6次/节课)；“离座”行为平均每节课1.2次(干预前平均3.6次/节课)。课堂干扰行为明显减少。

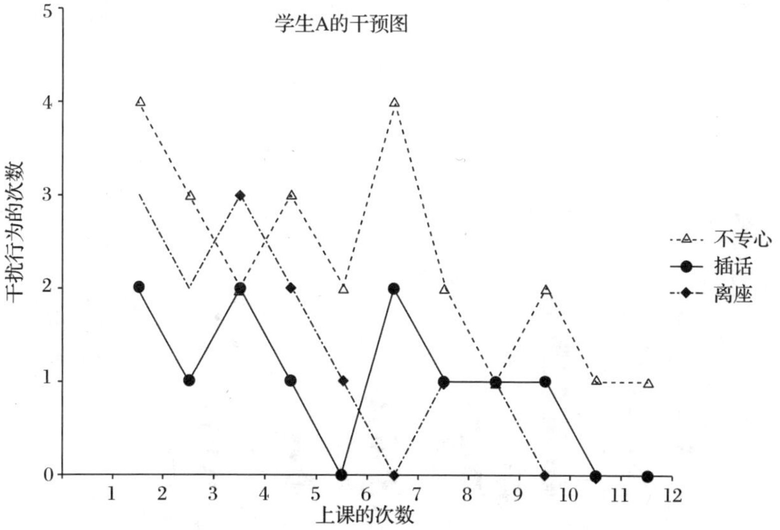

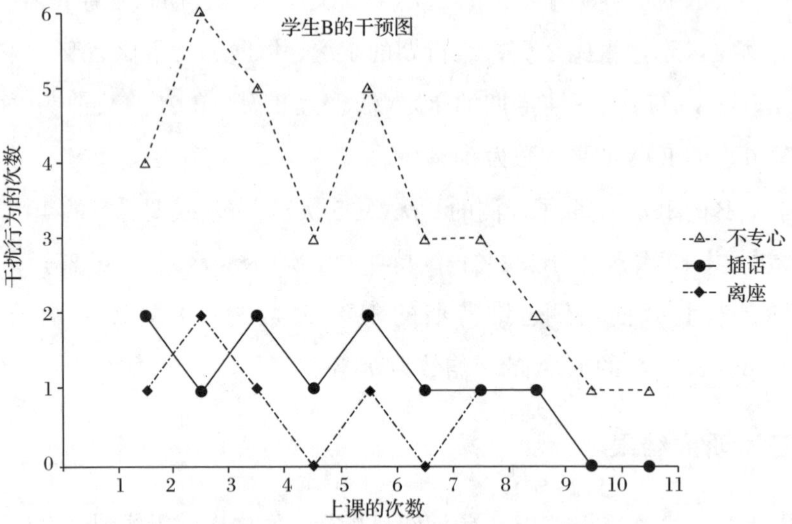

图 1　干预期目标行为发生次数折线图

学生 B 总共进行了 10 次干预达到了标准，即连续两节课得到 11 个以上的“√”，正向行为完成率在 90%及以上。干预期随机抽取上课期间的 5 分钟录像进行数据收集。“不专心”行为平均每节课 3.3 次(干预前平均 3.8 次/节课)；“随意说话”行为平均每节课 1.1 次(干预前平均 6.1 次/节课)；“离座”行为平均每节课 0.7 次(干预前平均 0.9 次/节课)。课堂干扰行为明显减少。

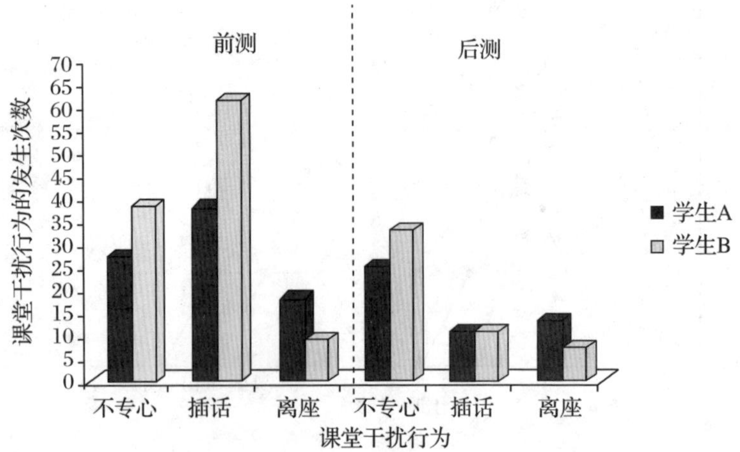

图 2　基线期和维持期目标行为发生总数量

图 2 为柱状图，显示的是学生 A 和学生 B 在前测与后测中目标行为发生的总数量。两周后，学生 A 平均正向行为下降至 58%。学生 B 正向行为下降至 67%，出现了一定的倒退。而随即对他们进行了二次干预。学生 A 再经过了 3 次干预，达到了标准(90%)。学生 B 经过了 2 次干预，达到了标准(90%)。

综合图 1 和图 2，得出如下结论：在一对一教学环境下，运用行为契约能使两位同学迅速地减少课堂干扰行为，并在两周后的维持期，和基线期比，学生 A 和学生 B 维持了一定的干预效果，短期再次干预，可以较快再次达到标准。

四、讨论

在干预中，需要特别注意的是，一旦 ADHD 儿童熟悉了干预的程序，对强化物不再敏感时，教育干预的效果就会大大降低。[9]因此，每次上课教师都会首先询问学生今天最喜欢的事物是什么，来确定今天上课的最有效的强化物。有的时候是契约里的，有的时候是契约外的。例如，学生 A 提出请求，用教师的手机给自己的手表电话拨号三次，以此作为“奖赏”。另外，教师允许学生进行选择，课堂教学的顺序，如先语文还是先数学，这些因素可能进一步提高了同学参与的积极性主动性，从而使干预取得了显著的效果。

同时，本干预也存在一定的缺陷，主要有：干预只在一对一的情境下进行，未进行跨情境的干预研究。由于客观条件所限，干预尚未在融合班级实施。学生 A 在回到融合班级后，班主任和任课老师反映其课堂干扰行为明显减少，可见干预能进行一定程度的泛化。然而，在户外的体育课上，学生 A 四处跑，不听指令的现象比干预前有所增加。学生 B 则出现了在融合班级课堂里，干扰课堂行为比干预前有所增加的现象。这可能与行为对比有关系。行为对比指的是多重计划表中，在成分不变的情况下，一个成分增加或减少，造成另一个成分产生相反方向的改变。[10]

基于以上的分析，教师提出了今后改进的几条建议。

第一，学生方面，首先，建议学生今后坚持用观察记录表(学生版)，来辅助持续监控自我的行为。在干预阶段，能明显看到学生A和学生B在努力地控制着自己，如缓慢而小幅度地扭动身体，又如把自言自语的音量控制在相当低的水平，多数情况挨着他们坐的教师都听不清，基本不会对他人造成干扰。"观察记录表"起到了视觉提示的作用。其次，要向学生强调一点：不是"不许动"，是"合理动"，引导和鼓励学生自己探索出一些不干扰课堂的"动"的策略。深入理解ADHD学生特点，需要配合学业干预。本研究可以看出在行为契约的作用下，学生会为了减少课堂干扰行为做出努力。这可能对学生未来更容易被融合课堂所接纳提供了良好的基础。

第二，家长方面，要尽力获得家长的支持和配合，要试着在跨情境的环境下运用行为契约来减少课堂干扰行为。这与干预最终的目的——回归融合课堂并被接纳——是一致的。而在融合班级和家庭的情境下，监督和提示学生实践行为契约的职责，多数情况可能要落在家长的肩上。辅导家长在家里模仿运用行为契约的方法，引导孩子不仅在学校，而且在家中减少学习中的干扰行为，努力使家庭和学校保持一致。家长扮演类似教师的角色，每次给予孩子代币或其他强化物。一周积累足够的代币来兑换一次孩子喜爱的实物或游戏机会。

第三，教师方面，建议要对学生进行偏好物评量，并结合观察得出的行为功能来设计实施行为契约。从行为的功能分析出发，各方面对学生采取正向行为支持，可以有效减少课堂干扰行为。对于学生A和学生B来说，"获得注意"是主要的行为功能。因此，教师在一对一的干预中，能非常及时地给予学生大量的关注和社会性表扬，一定程度上满足了学生获得注意的需要。建议普通班教师在目前班额比较大的情况下，尽量利用各种手段增强对学生的关注，或者和家长沟通增加对学生的关注，让更多人理解学生的情况和特点，多渠道增加关注。同时这也会在一定程度上减少"行为对比"的产生。

总之，这个干预的结果表明：运用行为契约对于小学低年级ADHD儿童降低课堂干扰行为是有即时效果的。维持期的观察表明，也有一定的延时效果。访谈班主任得知，学生 A 干预后，在普通班级里课堂干扰行为明显减少。同时，两名学生都出现了“行为对比”现象。这提示研究的后续需要将行为契约应用到跨场景中去，包括室内课堂和室外课堂，一对一课堂、融合课堂和家庭，以促进 ADHD 儿童更好地融合。

参考文献

[1][3][9]张微，刘卫卫，刘翔平 . ADHD 的反应抑制与延迟满足特点及教育对策[J]. 中国特殊教育，2006(1)：73－77.

[2]高倩 . 认知行为疗法对 ADHD 儿童的干预效果研究[D]. 乌鲁木齐：新疆师范大学，2014.

[4]慕雯雯 . ADHD 儿童课堂干扰行为处理的个案研究[D]. 重庆：重庆师范大学，2008.

[5][6][7][10] John O. Cooper，Timothy E. Heron，William L. Heward. 应用行为分析(第二版)[M]. 美国展望教育中心，译 . 武汉：武汉大学出版社，2012：358，588－591

[8]叶鹏 . 自我监控策略对改善 ADHD 儿童行为问题的成效研究[D]. 重庆：重庆师范大学，2016.

原来他只是“不会”

——注意缺陷多动障碍儿童社交技巧的培养[①]

一、迷茫——书籍为我指明方向

在校长办公室里，我第一眼看到小学三年级的小 E 时，心里产生一些疑惑：如此乖巧可爱、思维敏捷的孩子，怎么会有刚才老师说的那些问题行为？比如，撒谎、打人、恶作剧、破坏课堂纪律等，以至于学校不得不把他四分之三的呢课都停掉了，剩下的语数课也是由父母轮流陪读。

经过了解，我得知小 E 是注意缺陷多动障碍（ADHD）儿童，他最让人困扰的问题是做事冲动，人际互动上冲突不断。于是，我想帮助他解决这个当下最急迫的问题，但如何具体实施干预，我还是有些迷茫。后来，学术刊物和书籍给了我很大的帮助。我了解到 ADHD 儿童注意力集中困难，常表现出冲动行为和坐立不安，并且他们普遍会在家庭和学校生活里出现社交问题，而社交技能训练能有效提升 ADHD 儿童的社交技巧，改善他们的人际关系。读了后，我的思路逐渐清晰，结合小 E 的特点制订了计划表。

二、醒悟——原来他只是不会

记得第一次见到小 E 时，妈妈拉着他的衣角说：“小 E，跟老师说‘老师好’。”孩子的眼睛看着地面，两手垂于身体两侧，口中发出“老师好”的声音，面无表情。妈妈着急地又拉了一下小 E 说：“看着老师。”小 E 飞快地瞥了我一眼，依旧看着地面问好。显然，家长这样做并不能让小 E 学会打招呼。

第一课是学习问好。“小 E，今天我们先来玩一个游戏好不好？”一听到这里，小 E 的眼睛睁大了，很快地瞥了我一眼，流露出感兴趣的样子。我

---

① 作者：陈甜天，北京启喑实验学校教师。

蹲下来，目光和他齐平。

我说："游戏叫'我是机器人'。你来扮演机器人好吗？机器人今天要完成四个口令。我们来看看你这个机器人能不能顺利完成呢？"他兴趣似乎更浓了，点了点头。

"好，一，看着我的眼睛，保持住。"

话音一落，小 E 纯真明亮的大眼睛立刻定定地看着我，安静地等待着第二个指令。我情不自禁地轻拍他的肩膀，说："你做得太棒啦！"小 E 也露出了开心的笑容。

接下来的三个指令，"嘴角翘起，保持微笑""轻抬右手，挥动""说出'老师，你好/老师，再见'"，以及连贯动作指令，小 E"机器人"都完成得很好。

在校门口，小 E 面带微笑看着我，挥动右手和我道别。来接小 E 的托管班老师流露出惊讶、佩服的表情。我心中一块石头落地了，原来他只是不会，一步一步教给他，他掌握得既快又好！

三、训练——问题情境变为教育契机

在和班主任的交流中，老师说了一件事：课上自由分组，两人一组。小 E 突然从后面冲到了教室前面，从第一排往后，一边依次指着同学，一边重复地喊："和你一组，和你一组……"教室里立刻乱了起来。

我听了以后，心里了然。小 E 因"捣蛋"，常常被老师批评，同学都不愿和他一组，他不确定是否只有自己被剩下，心里不安，一再想引起老师或同学的注意。然而，这不就是我进行社交技巧培养的素材吗？我心里一动，将个训内容设计如下。

情境：课上，同学(B)拒绝和我(A)一组。

A：我可以和你一组吗？

B(A 比较熟悉的同学)：对不起，我已经答应和别人一组了。下次好吗？

A(冷静一下，然后微笑，语气平和)：没关系。下次咱俩一组。

A(冷静一下，微笑，语气平和)：没关系，我问问老师咱们可以三个人一组吗？(举手问老师)

我和小E分别扮演A、B，然后再互换角色。扮演完毕，我看出小E的脸色有一些勉强。我请他说说感受。小E问：“老师，别人是可以拒绝我的吗？我从小到大都没有人拒绝过我。”看着他明亮的眼睛里充满疑惑，我耐心地和他说：“每个人都可能会被别人拒绝或拒绝别人，这是很正常的。”然后，我和小E一起讨论：生活中，当我们被拒绝时，我们可以这样——

• 辨识对方的表情。当朋友拒绝你的要求时，朋友脸上是什么表情？朋友想要什么回应？

• 就事论事。安慰内疚的朋友，然后寻找其他解决方案，如等待老师进行安排。

• 万一情况恶化(B：我早就料到了，没人愿意和你一起，哈哈)，可以用彼此的关系来回应(如：如果你是我的朋友，你不会讲这种话)。

小E在角色扮演中练习这个行为。事后，我和小E父母进行了交谈，希望家长在家里扩展类似“被拒绝”情境的训练。比如，冰箱里只有孩子不喜欢吃的菜了，想吃的菜今晚做不了，引导孩子适应“希望落空/被拒绝”的情境，并从中改善社会认知，加强自我控制，避免因欠缺思考和过快的反应带来的不当行为。和家长合作，让孩子将社交技巧应用在学校、家庭等不同情境中，这对孩子提高社交技巧来说很重要。

四、惊喜——孩子心中有一盏明灯

经过半个学期的个别化教育，小E在社交方面进步很大。最后一节课上，一件事让我印象很深刻。当时小E迫不及待地举着一个红苹果，高兴地让我猜它哪里特别。我猜不出。小E把苹果转过来，上面印着的“福”字出现在我面前。小E红着脸说：“陈老师，我从没见过上面有字的苹果呀！这是我送给您的礼物！您喜欢不？”他嘴角上扬，灵动的眼睛望着我，双手托着苹果给我。

遇事要“转一下”，才能看到全貌。可爱的小E，你也是一个特别的“苹果”呢！45％的 ADHD 儿童都伴随着和你一样的社交困扰。但当你有了社交技巧后，你已逐渐走出了社交的笨拙，你的创造力与活力渐渐凸显。谢谢你，小 E！你让我感受到了作为支持教师的幸福！

让孤独症学生融入普校全班教学

——以《纪昌学射》一课为例①

孤独症主要症状表现为社会交往障碍、交流障碍、兴趣狭窄及刻板重复的行为方式等。[1]除了阿斯伯格综合征之外，孤独症谱系的其他成员一般都具有语言缺陷，并构成他们的核心发展问题之一。[2]这些特点导致孤独症学生语文阅读学习存在较大的困难。随着融合教育的推进，越来越多的孤独症学生，尤其是轻度孤独症学生进入普通学校就读。孤独症学生如何融入普校课堂成为普校教师日益关注的问题。本文以一名普通小学四年级轻度孤独症学生为研究对象，以《纪昌学射》一课为例，说明如何基于教育评估与学情调查，制订并调整个别化教育计划，为孤独症学生提供个性化教学支持，以及如何基于共性需求调整全班课堂教学。

一、进行个案分析，明确教学调整的起点

(一)个案情况分析

小O，10岁，男，北京市某普通小学四年级学生，轻度孤独症，韦氏智力总智商临界(分数74，百分等级4%)，其中言语理解中等水平(分数92，百分等级30%)，社会适应行为非常落后(69分，百分等级2%)。采用VARK学习风格量表(The Visual，Aural，Read/ Write，Kinesthetic questionnaire)测试，结果显示：小O学习优势通道从高到低依次为视觉、动觉、听觉、读写，属于单一视觉型学习风格，强度为“一般”。小O性格温和，家长教育非常用心，属于老师们眼里比较乖、比较听话的孤独症学生。

但即便如此“乖”的孤独症学生，在全班课堂学习中也表现出明显不适应的状态。并且随着年级增高、学业任务加重，他的学习适应状态逐渐降

---

① 本文发表于《现代特殊教育》2019年第3期，内容有改动。作者：陈甜天、王玉玲、毕颖男、王莉萍、潘镭。陈甜天，北京启喑实验学校教师。

低。以语文课为例，全班学习时小O的专注时间仅为开始的5分钟和感兴趣的几分钟，其余时间游离于课堂教学之外，自我沉浸，趴在桌子上东张西望、抖手、自言自语、注视天花板，甚至蹦跳、出声，干扰课堂。他能参与字词学习、内容初读等环节，但难以参与问题研讨、评价、创造性学习等环节。他在家长帮助下能够完成作业，没有辅助的情况下则难以完成，知识迁移困难，新技能需反复多次练习才能巩固。

(二)《纪昌学射》学情调查

《纪昌学射》是人教版四年级下学期第八单元的一则寓言故事，单元目标之一是通过阅读故事体悟道理。寓言讲述了纪昌拜飞卫为师，严遵师教、苦练眼力的故事。体现了纪昌不怕吃苦、持之以恒的精神，阐明了基本功的重要性。

教师先让小O自读《纪昌学射》，询问是否喜欢这个故事，得知本课不是他喜欢的内容(他偏好的是军事类、动物类的故事)。教师通过观察、访谈、调查等方式对小O进行阅读非正式评量，具体表现如下。(1)朗读课文方面，能独立读完，但语调平直，缺乏感情。不认识的词语有“纪昌”“妻子”“穿梭”“梭子”“虱子”“聚精会神”“百发百中”等。朗读错误11处，主要问题为：不恰当的停顿，如“飞(停顿1秒)卫”；漏读后重读，如“要(想)学会射箭”。(2)内容概括方面，对抽象词语“过程”“寓意”等理解不全面，概括不完整或不到位。例如，问他：“纪昌练眼力的‘过程’是怎么样的?”只能回答起因(纪昌找飞卫学射箭)，追问下依然回答不出经过和结果。“寓意”只能用描述性的语言(“纪昌学会了射箭”)表达。(3)信息提取方面，存在张冠李戴、脱离文本的情况。例如，问：“纪昌是‘怎么’练习眼力的?”答案为“练习的结果”(“有人用针刺他的眼皮，他的眼睛也不会眨一下”)。问纪昌练习了“多长时间”，回答“很长时间”，追问下随意回答“四年”(应为三年，文中没有四年的字样)。(4)人物分析方面，理解基本正确但用词与同龄学生有差距，且概括不全面。例如，问他：“纪昌是一个什么样的人？请根据文本内容回答。”回答：“纪昌是一个专心、好好学习的人。”教师追问：“从哪句话能看出来?”补充：“就是有人用针刺他的眼皮，他的眼睛也不会眨一下。”再追问则没有任何补充。

得出以下结论：小O抽象词语理解不足(如“聚精会神”“过程”“寓意”等)，句子理解存在一定的困难(如停顿不当等)，根据情境灵活判断的能力不足(如不知道“纪昌”“飞卫”是人名)，感知觉与同龄学生有差距(朗读缺乏感情、用形容词概括人物有差距等)，阅读范围与方法存在一定的限制(兴趣狭窄，难以根据文本回答问题)。

二、进行教学调整，提供个性化教学支持

(一)针对共性做教学调整

孤独症学生看似与普通学生差别很大，但分析其学习困难可以发现，他对课堂教学有所需求，这些需求有一些是孤独症学生独有的，有一些则是与其他学生共有的。为实现课堂教学调整效益最大化，教师应首先着眼于学生的共同需求，做虽然方式简单但收益巨大的全班教学调整。调整必须基于科学的评量，包括观察、访谈等非正式评量，也包括正式评量。

课堂观察可见，小O在上课开始的前几分钟和朗读课文环节能够参与，进入分析课文和小组讨论环节则游离于全班之外。小O情绪稳定，也愿意配合教师，其游离行为属于孤独症学生固有特点，并非有意如此。孤独症的优势之一是视觉搜索能力，即在复杂的视觉背景中快速找到目标物体的能力[3]，而听觉则相对落后。采用VARK学习风格量表测试全班40名学生，结果显示视觉优势及多重学习风格中以视觉为主的学生共16人，占全班40%。他们与孤独症学生小O有着共同的对视觉信息的需求。而普通学校课堂教学全程以教师口语交流为主，视觉信息很少。

据此，教师在课上增加了图片、视频、手势等直观视觉信息。纪昌坚持不懈把虱子看成车轮那么大、盯着织布机看梭子一眨不眨，练就了超强的眼力，这是本课关键性情节。学前测试可知全班最不熟悉、最好奇的恰恰就是虱子、梭子。一般的口语简单讲解难以给学生留下深刻印象。调整后的教学配上虱子的图片，告知学生虱子甚至比蚂蚁还要小，而纪昌就是把这么小的虱子看成车轮那么大(辅以手势：拇指小指相捏，而后左右手掌

相对往两边扩张)；配上梭子织布的视频，请学生盯着梭子看几秒之后谈感受。学生纷纷感慨："我只盯着几秒钟就感觉眼睛很酸了，纪昌却足足练了两年！可见他毅力有多强!"这些直观视觉信息不但牢牢吸引了小O的视线，还直接促进了全班学生(包括小O)对纪昌练眼力过程的体验，成为解决教学重点的重要手段。

此外，表格既能满足学生视觉需要，又利于将阅读内容结构化。比如，调整前围绕"纪昌如何练眼力"教师提出两组共计8个问题，用时25分钟。调整后将这8个问题以表格形式呈现(见表1)，既便于学生自主研读与课后复习，又提高了学习效率(用时缩至12分钟)。对孤独症学生来说，这看似简单的改变意义重大。表格法最初在另外一课试用时，教师技术不够娴熟，表格字体过小，而小O却表现出异常的兴致，无需任何督促几乎不眨眼地盯着表格看。之后任何一次课(包括本节课)只要呈现表格，小O注意力均高度集中。

表1　纪昌练习眼力过程

默读2、3自然段，画出相关语句，尝试填空

飞卫 要求什么?	纪昌 怎么学?	纪昌 练了多长时间?	结果
盯住目标	注视梭子	2年	针刺不眨
小看大	注视虱子	?	大如车轮

(二)基于个性需求制订及调整个别化教育计划

根据小O的特殊需要以及教师、家长诉求，自四年级上学期为小O配备每周2次的个训课程，由资源教师负责，主要干预内容为情绪社交。经过一个学期的干预，师生和家长反映学生情绪较为稳定，极少有社交冲突，而课堂常规遵守和学习困难问题相对凸显。采用孤独症教育评估系统[4]对其进行全面教育评量，结果显示其"情绪管理"(未通过率为9.26%)、"社会交往"(未通过率为0.9%)已经不成其为主要问题，而"感知觉"(未通过率60%)与"兴趣行为"(未通过率57.5%)问题则相对凸显。并且，感知觉

问题及兴趣狭窄对语文学业影响较大。于是，四年级下学期将个别化教育计划目标调整为课堂常规遵守与学业支持。

课堂常规遵守主要采用自我管理策略。资源教师通过观察记录小O课堂问题行为比率与类型，与任课教师共同分析并确定干预目标的顺序。之后与小O协商选定计划减少的问题行为，签订行为契约。行为契约由小O进行自我监控，由任课教师和小O同桌监督提醒，由资源教师抽查。

学业支持主要体现为朗读训练和学业补救两点。朗读训练在资源教室进行，每周2次，每次40分钟，持续一个学期。教材选择从学生偏好的课外书(如动物类)到不偏好的(如历史类)逐渐过渡。采用教师示范、学生朗读、行为强化的方式进行教学。选择朗读作为长期训练内容，是为了从学生相对擅长的学科(语文)和相对擅长的能力(朗读)开始以提升其自我效能感。

(三)基于学情的个性化支持(学业补救)

跟随全班教学进度，资源教师根据课文和语文教师教案提前对小O进行学情调查，进行课前预习、课上协同、课后复习等支持。例如，《纪昌学射》学情调查显示本课小O主要困难为词句理解和阅读，因此集中支持两点：(1)教材或教学中的词句理解教学以排除语言理解障碍；(2)调整教材与作业以逐步提高阅读能力。具体包括理解、练习与迁移三步。

《纪昌学射》一课找出纪昌练眼力的过程是一个重要问题，但小O并不理解“过程”指的是什么，难以真正参与其中。课前，资源老师会结合小O的实际生活经验进行讲解：“小O想在运动会上获得好名次，于是每天坚持跑步，最终得到了运动会长跑的好名次。‘每天坚持跑步’就是练习的‘过程’。”

一些对其他学生来说很容易完成的学习任务对孤独症学生小O来说可能存在障碍，需要有针对性地调整，循序渐进教学。比如，小O看到“纪昌练习眼力过程”学习单(见表1)茫然不知所措。按照最小支持原则，资源教师提前准备不同层级的支持，第一层级是将课文相应段落按照问题分段，让小O从中划出相应内容。如果依然有难度，提供第二层级支持，将这些段落与相应的问题并置，让小O连线。

第一层支持：分段的教材

开始练习的时候，飞卫对纪昌说："你要想学会射箭，首先应该下功夫练眼力。眼睛要牢牢地盯住一个目标，不能一眨一眨！"

纪昌回家之后，就开始练习起来。妻子织布的时候，他躺在织布机下面，睁大眼睛，注视着梭子来回穿梭。

两年以后，纪昌的本领练得相当到家了——有人用针刺他的眼皮，他的眼睛也不会眨一下。

第二层支持：请将问题与答案连线

纪昌怎么练习的？	开始练习的时候，飞卫对纪昌说："你要想学会射箭，首先应该下功夫练眼力。眼睛要牢牢地盯住一个目标，不能一眨一眨！"
飞卫说了什么？	纪昌回家之后，就开始练习起来。妻(qī)子织布的时候，他躺在织布机下面，睁大眼睛，注视着梭子来回穿梭。
结果怎么样？	两年以后。
纪昌练了多长时间？	纪昌的本领练得相当到家了——有人用针刺他的眼皮，他的眼睛也不会眨一下。

课前，无论是词句教学还是教材支持，都要注意处理好个训课与全班教学的关系，不能过度辅导。课中，由资源教师按照最小支持原则协同教学。资源教师提前将本课主要问题打印出来，当小O走神，或者没听清的时候，资源教师将书面问题给小O看。表格填写环节，个训课上提供第一级支持依然有困难的情况下，追加了第二级支持；在课堂学习中，资源

教师尝试撤掉支持，小O表现出茫然，于是提供第一级支持，小O全部顺利作答。课后，资源教师设计个性化作业，通过拓展练习提升其迁移能力。例如，对《亡羊补牢》《守株待兔》《拔苗助长》《滥竽充数》《南辕北辙》等成语故事进行过程概括及信息提取的练习。

三、教学效果及反思

(一)教学效果

经过一学期的朗读个训，小O正确朗读句数百分比从60%提高到90%。小O在全班举手自荐朗读的次数大大增加，并且朗读正确率也非常高，甚至有时能够及时指出其他同学朗读中的错误，自信心得到了提升。

不做调整的情况下，小O语文课堂教学参与率仅有20%，绝大多数情况下不举手，或者只在字词和朗读等环节举手。经过一个月的自我管理指导，其课堂参与率提升到91%，发言积极性和质量均有较大提高。以《纪昌学射》为例，本节课他举手频繁，且敢于回答人物分析和寓意概括等抽象问题。给他5次回答机会的情况下，回答正确率在90%以上。不做调整的情况下，他无法独立完成阅读理解类作业，作业本上大片空白，本节课则在独立完成全班作业的基础上(正确率100%)，额外独立完成提取信息和概括寓意的拓展作业，在第一层级支持下正确率89%。

全班课堂教学效果也有大幅度提升。调整前在其他班级几轮授课均发现，学生讨论“纪昌是什么样的人”这个重点问题时，存在水平不一、缺乏根据的问题，有的学生不用老师点拨就已经总结得非常到位，但回答缺少根据和体验；有的学生有模模糊糊的感受但不知如何表述清楚。基于孤独症学生与全班共性需求，教师增加图片、视频，并带学生体验感受，这些环节不但提高了学生的学习兴趣和注意力，而且为深入理解课文提供了鲜活丰富的内容支撑，提升了全班研讨质量。

(二)教学反思

科学评量是切实支持孤独症学生随班就读的前提。评量乃是教育学历程的核心部分，评量在特殊教育上的目标之一是调整历程以符合个别学生的需求。[5]孤独症学生既有共性也有个性，在医院的专业鉴定之外，更需要持续的教育评量以帮助制订并调整个别化教育计划，为学生提供适切的支持。包括对孤独症学生全面的教育评估、每一课的学情调查等。

各级教学调整是支持孤独症学生阅读学习的关键。华国栋教授主张差异教学以兼顾个体与全体：第一步是针对全班学生的共性进行整体设计；第二步是针对少数学生的情况和不同的学习需要，对共性的教学目标、内容、教学措施等进行适当调整；第三步是协调教学计划中两部分的内容，通过教学设计，使共性与个性和谐统一。[6]本课的探索可见，在有资源教师支持的情况下，差异教学能够实现。

惠及全班能激发普校教师探索融合教育的动力。如果仅仅有利于一名学生，融合教师的压力确实很大，教学调整动力不足。但实践表明，原本基于孤独症学生的课堂教学调整，不但没有给普校教师过多压力，反而促进了普校教师对学生、对教学的理解，极大激发了普校教师探索融合教育课堂教学的热情，促进了全班课堂教学质量的提升。

参考文献

[1]关宏会子．结构化教育(TEACCH)在自闭症儿童康复训练中的应用研究[J]．吉林省教育学院学报，2014，30(2)：73.

[2]曹漱芹．汉语自闭症儿童视觉性语义理解机制的探索及应用研究[D]．长春：东北师范大学，2009.

[3]彭晓玲，黄丹．任务难度对自闭症儿童视觉搜索优势显现的影响[J]．心理科学，2018，41(2)：498.

[4]胡晓毅，刘艳虹．学龄孤独症儿童教育评估指南[M]．北京：北京师范大学出版社，2017.

[5]张世慧，蓝玮琛．特殊教育学生评量[M]．台北：心理出版社，2003：6—7.

[6]华国栋．差异教学策略[M]．北京：北京师范大学出版社，2016：71—72.

她真的一无是处吗?

——多动障碍学习困难学生的教育支持[①]

一、“一无是处”的她

婷婷(化名)是一名四年级的女生，医院诊断婷婷智商在边缘状态，她的语文、数学和英语几乎每科每次考试成绩都是二三十分，她自己学习很努力，作业也很认真地尽力完成，家长也很支持配合学校工作，各科任课教师和资源教师都对她进行过单独辅导。然而，即使如此，婷婷好像根本听不明白，而平时跟学习无关的事情，她又显得很正常。

婷婷生活在单亲家庭，平时妈妈工作忙，生活上姥姥、姥爷照顾更多。爸爸只有周末陪婷婷一起吃顿饭，带她上一次画画课，几乎不会过问婷婷的学习生活。妈妈除了上班工作就是回家辅导婷婷学习，但很有挫败感，感觉花很多时间陪着她学习，不管讲多少次她都记不住，稍微严厉一些她就会闹脾气哭闹不止。姥姥明确表示婷婷“不是学习的料”，多次劝说她妈妈“别白费精力辅导了”。爸爸和姥姥都曾表示婷婷身上毫无优点，任由她自己发展吧。妈妈虽然心有不甘，但也不得不放弃。

家长、老师和学校都拿婷婷没办法，不知如何是好。

二、看到“一无是处”的深处

婷婷真的像家长所说身上毫无优点、一无是处吗？我在收集整理婷婷的资料时发现，大家都知道她整天像个没心没肺的小孩，行为表现显得比同龄人小三四岁，但很少有人知道她是早产儿，生下来只有三斤八两。从出生开始她就在不断地努力追赶着同龄人，别人 8 个月会爬的时候，她在

---

① 作者：李艳杰，北京市西城区培智中心学校教师。

练坐；别人会跑的时候，她在努力地控制自己走稳；别人上学开始练习写字的时候，她还在尝试努力鼓起勇气向老师表达自己想上厕所的需求。九年来婷婷一直在顽强努力地追赶着同龄人，她努力地和同龄人去交往，用各种好看的文具吸引其他同学的关注。她努力地完成作业，哪怕一道题都做不对，也要把练习册和单元试卷写满。

大家都知道她上课总是左顾右盼，老师讲什么都听不明白，从一年级入学以来语文、数学、英语成绩就不及格，但是很少有人了解她被医院明确诊断有重度注意力障碍。她的注意力只能维持10～15分钟，因为药物控制她才不会课上随便下座位或盘腿坐在椅子上。没有人帮助婷婷了解自己的特点，只能靠她自己慢慢探索应对注意力障碍。我在连续进班观察时发现，婷婷每节课上到20分钟左右，都会从书包里拿出一个小本子，反复在上面写一些词语，有时是与上课相关的词语，有时是与上课无关的词语。给人感觉是不管老师讲什么她都不愿意听了，再经过几次观察、询问我才发现，即便她因注意力障碍服药也很难保持一节课不走神，课上注意力维持20分钟左右就开始犯困，她为了自己不至于每节课都睡觉就翻出小本子，通过写些东西来让自己保持清醒的状态。

大家都知道婷婷手上、衣服上经常涂抹各种墨迹，总是显得脏兮兮的，还往别人身上蹭，但很少有人理解这是受感觉统合严重失调的影响。离异家庭的婷婷特别渴望母亲的关爱，同时她寻求触觉刺激，常常向母亲索求拥抱，而母亲恰恰触觉过于敏感逃避拥抱，把她推开。婷婷歇斯底里地哭闹摔东西不想写作业的时候，其实是她手部力量不足，长时间书写实在疲劳造成的。很少有人理解学习同样的内容她需要比别人多付出五到十倍的辛苦。但是，她又那么的懂事。当她取得进步爸爸提出奖励她时，婷婷首先想到的是给妈妈一个惊喜，买一部手机当作妈妈的生日礼物。

在专家组来学校会诊评估时，婷婷计算18－12需要使用竖式，将结果写成10后自己发现不对，划掉重新列竖式计算出18－12＝6。除了计算问题，她在理解事物之间的关系方面也显得思维凌乱。12颗珠子比8颗珠子多几颗？婷婷直接用12＋4＝16。一个四年级的学生出现这些匪夷所思的错误，真让人难以理解。经过后期专门的数学成就测试，我们发现婷婷存在较为严重的数学学习障碍。当时在场的所有人都能感受到婷婷虽然很紧张，但她在尽最大努力控制自己的焦虑，想要证明自己也很棒，越是想要证明，越是让她情绪紧张焦虑。

虽然婷婷感觉统合失调，注意障碍容易分心、多动和冲动，情绪上焦虑紧张而退缩，而且还存在学习障碍，但她懂事、努力，一直在想办法应对如此众多集中在她小小身躯上的沉重障碍，极力调整状态与别的学生一样自如应付生活和学习。她不笨，她懂事，她努力，然而她如同困在种种障碍之笼，任凭怎样挣扎也难以展现她真正的实力。

看到她“一无是处”的原因，我为她深深痛心。我深信，她不是一无是处，她是有潜力的学生。只是帮助她发挥潜能，需要更多的专业技巧，需要付出更多的心血。

三、营造宽松的接纳环境

在理解了婷婷的特点后，家长和教师都做了很多调整，为她营造一个宽容接纳、宽松自由的环境。在课上，任课教师都会在婷婷犯困之前尽量让她站起来回答一个简单问题。出现分心走神时让她下座位帮老师取个物品，或帮助其他同学分发学习材料。通过课上活动调整保证她注意力维持和大脑的唤醒状态。婷婷上课的参与感发生明显改观，再也不像从前那样整节课都自顾自地玩耍，连班级齐读都不参与。

在家里，妈妈也不像从前那样与婷婷母女俩剑拔弩张、针锋相对、只谈学习。妈妈尽量抽时间陪伴婷婷练跳绳、拍篮球，在一起做饭、做家务的过程中跟她聊天，引导她解决一些生活情境中的数学问题，丰富她的生活经验和情感体验。

四、满足多种需求的个训

在婷婷的个别辅导过程中，我设计了大量的游戏活动，将婷婷感统训练、学科知识、语言沟通和情绪管理等需求的满足有机地整合在一起。

她最喜欢沙盘游戏，不仅仅是因为沙盘游戏有舒缓焦虑情绪的作用，还因为细沙在她手中流淌充分满足她的触觉需求。我们拿着沙具边摆边交流，从最基本的10以内的数数开始：8把椅子，2张桌子，3只狗，1只老虎……让她能够在愉悦放松的情绪中，在喜欢的聚餐过家家情境中理解数和数量关系。

各种串珠游戏经常让婷婷开怀大笑。1分钟串珠比赛，猜珠子数量，用珠子串手链，把珠子当作计数工具，用珠子做各种造型做手工……她在与我的竞争中体验获得成功的快乐，她在游戏操作中锻炼了手部精细协调能力，在认真创作过程中感受到如何保持高度专注状态。并且，放慢数珠子的过程也巧妙地培养了她的数感，拉近她与数字的心理距离。

我们一起用橡皮泥捏骰子，然后玩儿掷骰子的游戏，加减骰子上的点数。我们一起用橡皮泥捏各种餐具和食物，然后玩开餐馆的游戏，扮演服务员和顾客点餐结账。注意缺陷学生需要一定的活动保持唤醒状态，捏橡皮泥正满足了这种需求。同时，捏橡皮泥也能改善婷婷的感觉统合能力。我们一起用橡皮泥做教具，既帮助婷婷理解抽象的数位概念，又融入了感觉统合训练，同时又巧妙地集中注意力，一举多得。

更重要的是，这些游戏让原本畏惧的数学显得不再可怕。游戏的愉悦感调动了婷婷的积极情绪体验，对婷婷的数学焦虑情绪起到了很好的缓解作用。情绪对学习的影响具有两面性，紧张焦虑的情绪阻碍学习活动进行，而放松愉快的情绪增强学习动力，提高学习效果。

五、效果反思

婷婷的变化很快燃起了妈妈的希望，妈妈尝试转变了以前批评、指责式的陪伴，用理解和接纳的态度和婷婷一起学习。遇到错误妈妈也学会停下来，问问婷婷为什么这样写，想想婷婷为什么反复错。婷婷跟妈妈的交流多了，发脾气的次数少了。老师在课堂上对婷婷的提问和个性化关注增多了，她有了更多的合理化活动的机会、更多的足够胜任的活动参与的机会，课上走神和写无关词语的次数少了。婷婷单元测验的口算只错了两道题；婷婷的语文看拼音写词语都对了；婷婷的英语测验及格了。婷婷带给我一个又一个惊喜。

最初，婷婷的学习成绩很糟糕，上课不认真听讲，不明白老师和家长的话，情绪失控发脾气，这些都是外在的行为表现。真正的原因是她在生理和心理发展层面出现的问题。所以遇到像婷婷这样的学生，一定要追溯他们的发育成长史，细致观察分析每个行为产生的背后原因，这样才能帮助他们一起应对出现的问题。

像婷婷这样的学龄儿童，家长和教师可能更多关注的就是学习，把所有注意力集中在学习成绩上。而婷婷又在学习上存在较为严重而复杂的障碍，如此，婷婷总是处在紧张焦虑的状态，她所有精力都用在处理各种情绪上，很难再把精力分配给大脑皮层去加工处理各种信息。对待像婷婷这样各种问题集于一身的学生，一定要先调整他们的情绪。在一种愉悦放松的身心状态下，他们才能进入学习任务情境中，有效完成学习活动。

家长和教师的所有帮助和支持都基于对婷婷特点的了解，在理解和接纳基础上共同探索应对困难的策略。别人用 1 秒就能正确辨别出 19 和 91，但婷婷因为注意力、数学障碍等影响需要 8 秒甚至 10 秒，还不能肯定是否正确。她需要加强对数位的理解，需要对数字特殊标注，需要计算前的提示。这种表现不是因为粗心、马虎，也不是他们不用心，而是他们需要找到适合自己的办法，需要更多的时间思考辨别，以形成自己的学习策略。

其实在普通学校的普通教室里有很多个“婷婷”，他们都像婷婷一样被误解为“一无是处”，可能老师在写评语时都很难找到他们身上的优点。但他们和我们千千万万人一样很努力、很认真地经历着生命的历程，他们可能在这个过程中比我们有着更艰辛和痛苦的挣扎。因为生理、心理或环境等原因引发的各种障碍，他们受困其中，原本具备的潜能一点也发挥不出来。然而，当我们给予他们理解和接纳，为他们营造一个安全的学习环境，给予适合他们的学习方式后，他们也能逐渐找寻到自己的方法，展现属于自己的独特的光彩。

点燃生命之灯

——重度多重残疾学生的融合之路①

就读于普通学校的学习特殊需要学生中还有一些是残疾学生。2015 年北京市西城区融合教育中心成立时，认定特殊教育学校为融合教育实践基地，于是，西城区特殊教育学校部分业务优秀的教师成为了西城区首批融合教育支持教师，为西城区的随班就读学生提供旨在满足需求的支持服务。相比普通的学习困难学生，残疾学生的情况更为复杂，尤其是重度多重残疾学生学习难度更大，需要综合考虑学生的各方面情况给予有针对性的支持。

一、关注生理需求

阿明(化名)曾是某普通中学的初中生，小学三年级前，他不仅学习成绩优异，小提琴也拉得很好。遗憾的是，因为一种罕见的遗传病，他 9 岁时出现了智力、听力逐渐衰退的症状。虽然他就读于普通学校，但因为听力及语言问题，再加上手抖得厉害，拿笔困难，很多在健全学生看来很容易完成的学习任务，对他来讲却非常困难(见图 1)。他每天除了学校的学习外，作业都要写到很晚。

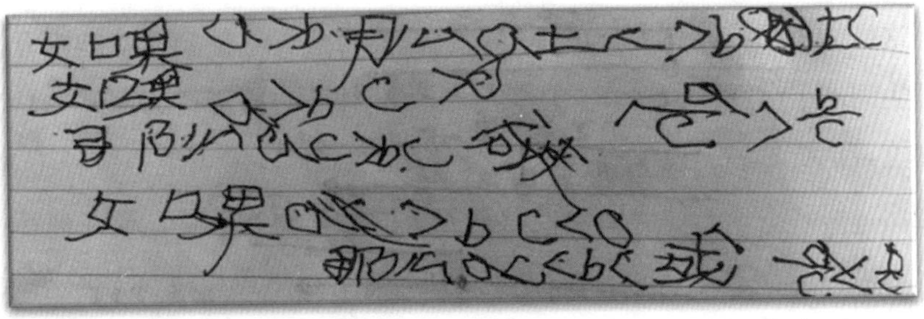

图 1　阿明的书写

① 本文发表于《中国残疾人》2019 年第 7 期，内容有改动。作者：李若南、刘洋，北京启喑学校教师。

为了使阿明在普通学校取得最大化的康复和学习成果，区域融合教育资源中心安排了一名来自特殊教育学校的支持教师，来帮助他进行日常学习。支持教师到校后，首先根据阿明的特殊情况，对他日常使用的学习用具进行了改良。例如，阿明书写困难，普通本册的间距对他而言有些窄小，因此支持教师为他提供了专门的间距更大的练习卷以方便他书写(见图 2)。针对阿明在听说方面的困难，支持教师还与学校沟通，采用了笔谈、手机打字、电脑打字等方式与他进行过沟通交流。

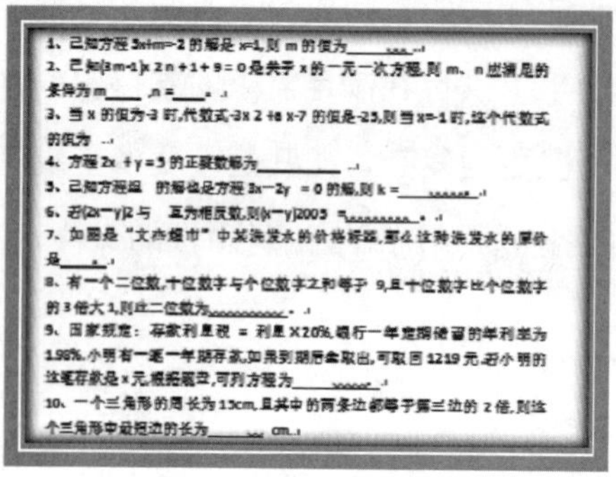

1、已知方程 3x+m=-2 的解是 x=1,则 m 的值为________。

2、已知(3m-1)x 2n+1+9=0 是关于 x 的一元一次方程,则 m、n 应满足的条件为 m_____ ,n =_____。

3、当 x 的值为-3 时,代数式-3x 2 +a x-7 的值是-25,则当 x=-1 时,这个代数式的值为 。

4、方程 2x +y=5 的正整数解为__________。

5、已知方程组 的解也是方程 3x—2y =0 的解,则 k =________。

6、若(2x—y)2 与 互为相反数,则(x—y)2005 =________。

7、如图是“文杰超市”中某洗发水的价格标签,那么这种洗发水的原价是_____。

8、有一个二位数,十位数字与个位数字之和等于 9,且十位数字比个位数字的 3 倍大 1,则此二位数为________。

9、国家规定：存款利息税 = 利息 ×20%,银行一年定期储蓄的年利率为 1.98%,小明有一笔一年期存款,如果到期后全取出,可取回 1219 元,若小明的这笔存款是 x 元,根据题意,可列方程为________。

10、一个三角形的周长为 13cm,且其中的两条边都等于第三边的 2 倍,则这个三角形中最短边的长为______ cm。

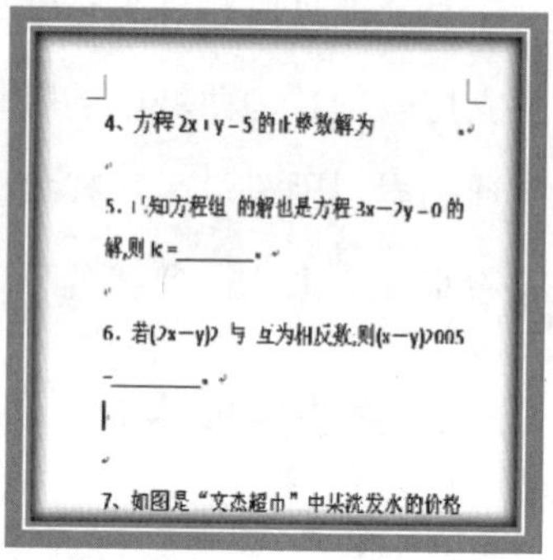

4、方程 2x+y=5 的正整数解为　　。

5、已知方程组 的解也是方程 3x—2y=0 的解,则 k =________。

6、若(2x—y)2 与 互为相反数,则(x—y)2005 =________。

7、如图是“文杰超市”中某洗发水的价格

图 2　普通练习卷与阿明的练习卷

二、解开情绪密码

最初接触阿明，他的一些行为让支持教师感觉难以接受。比如，每次上课前他都会重重地把书摔在桌子上，再比如他手抖得厉害，拿笔、拧开水杯这样的事都难以完成，可是每次教师要帮他，他都会冷冷地推开。随着师生间的了解逐步深入，支持教师反思了自己的教育行为，站在学生的角度上，他听不见、说不清，“重重地摔书”在我们看来可能是一种不尊重，于他而言何尝不是一种要证明自己有力量的举动呢？于是，现在他摔一下书，教师也摔一下，“砰砰”的声音之后，师生居然可以默契地哈哈大笑。久而久之，这种摔书的形式就成了阿明和支持教师之间一种特殊的问候方式。而情绪得到疏解与理解的阿明，却渐渐减少了摔书的次数，最后没有了摔书的行为。

因为身体的不协调，阿明的手抖得厉害，不光写字很费力，拿笔、拧水杯盖这些在常人看来很简单的事情，他都要用很长时间，费很大气力才能完成。然而，每次同学想要帮助他时，他都会怒视对方，并强硬地把要帮助他的人推开。在旁人看来，这是一种很不礼貌的行为，但是因为阿明的残疾是9岁以后才出现的，曾经是班里“学霸”的经历，在给他造成了极大心理落差的同时，也让他有了极强的自尊心和防护心。这种在健全人看来理所当然的帮助，对他而言，却是一种莫大的伤害。考虑到阿明的特殊情况，支持教师在班会上给全班同学讲述了阿明的故事，并告诉大家应当换位思考，希望大家能够在学习和生活中给阿明留出一定的空间，平常只要阿明不主动求助，同学们就不要主动施以援手，尽量让他靠自己的力量去完成。很快，令人意外的情况出现了，因为这种“漠视”，阿明和同学们的关系不但没有疏远，反而变得愈加融洽了。

一次期中考试前，为了帮助阿明取得好成绩，支持教师为阿明做了数学的个别辅导。对自己有着很高要求的阿明，希望老师能够给他详细讲解一下模拟考试中的加分附加题，但支持教师却从实际情况考虑，希望他能够从基础题入手，先把基础分数拿到手。或许是因为教师没有满足他的要求，阿明有了抵触情绪，又或者是那次模拟考试的基础题也很难，支持教师虽然费尽心力为阿明讲解，结果却不甚理想。在教师看来并不是很困难的基础题，阿明却做得错误百出。面对这种情况，阿明的情绪失去了控制，他猛地起身离开课堂，完全无视教师的劝说，像个小野兽一样在楼道里大喊大叫，四处冲撞。

然而，同样也是补课，在支持教师给阿明讲解不等式的过程中，为了把一道并不容易的不等式应用题讲解清楚，支持教师采用了表演、画图等情境教学的方式。整个学习过程大约持续了一小时，其间，阿明表现得非常兴奋，他不仅主动提出问题、表达想法，学习之后，他还会经常翻回那个题目，兴高采烈地向教师比画个不停。在这次学习中，阿明所表现出的求知欲是之前从未出现过的，支持教师可以清晰地感受到他对于学习新知识的渴望与热情。

三、提供适切的教学支持

阿明这两种反差极大的表现引发了我们深深的思考：他到底需要什么样的支持教学？他经历了人生的重大变故，整个身体不受控制地衰退，在这种情况下，他的自尊要求他和别的学生一样，但是他的身体却不受操控，他该积聚了多大的压力！他其实和同龄孩子一样，爱玩、喜欢有趣的事情。他曾智力、学业均优，他喜欢探索，喜欢做附加题，喜欢智力冒险。那么，学习应该给他什么？——应该是快乐！不要给他无法承受的压力，而要给予他与他兴趣相匹配的探索的乐趣。

针对阿明这种情况，支持教师首先以数学作为突破口，调整了数学教学的目标和内容，并结合阿明的兴趣和课内知识，专门制定了一套学习方案。在学习中，支持教师和他一起探究“杨辉三角”，阅读数学冒险故事，共同观看“上帝的指纹——斐波那契数列”“毕达哥拉斯装置”等科普类视频。在这些有着极强针对性的教学措施下，阿明不仅拓展了眼界，还体验了探索数学的乐趣，不但学习成绩有了很大的进步，性格也开朗了许多，曾经那种自信的目光又开始在他的眼神中逐渐显露出来。

对于残疾儿童而言，他们在普通学校所需要的帮助应该是涉及生活及学习方方面面的，他们不仅需要家长的疼爱、老师的照顾和同学的友谊，更需要的是为他们找到一种适合的学习模式。阿明的情况可以说是一个个例，但其中也体现出很多残疾学生在普通学校接受融合教育的一些共性。从残疾学生家长的角度看，他们希望孩子能够在普通学校接受更高层次的教育，但对一些身体、智力都存在严重残疾的学生而言，盲目用学习成绩去要求他们，往往会起到拔苗助长、适得其反的作用。阿明作为一名随班就读的残疾学生，虽然本人有努力学习的意愿，但由于身体、智力的原因，他完全无法跟上普通学校的学习进度。2018 年在支持教师的劝说下，阿明的父母将他送到了特殊教育学校，十个人的小班教学，极具针对性的课程设置，再加上专业的帮扶小组，这让阿明无论是在学习上还是精神面貌上，都发生了巨大的改变。

融合教育和特殊教育应该是一种体系下的两种模式，通过融合教育，残疾学生能够更加顺畅地融入社会的体系，而特殊教育可以为他们提供更加有针对性的教育策略，支持教师应该在这两种模式中起到黏合剂和催化剂的作用。他们不仅要把特殊教育的理念带到普通学校，帮助普通学校教师改变观念，为残疾学生营造一个和谐的学习环境，还要对残疾学生进行全面和深入的了解，为他们提供更具针对性的教育，并且要与残疾学生家长进行深入沟通，为他们提供专业的心理指导与培训，以此来帮助他们为残疾学生选择一条更适合未来发展的道路。

第五部分　学生与教师，生命成长共同体[1]

——教师的专业成长

文集中的每一篇案例与教育故事都来自北京市西城区学习特殊需要教研组成员。起初，入组教师的本心在于帮助身边学习特殊需要学生。然而，某一天，蓦然回首，他们惊喜地发现，在了解与支持学习特殊需要学生的过程中，教师本人也获得了巨大的专业成长，无一例外。

在教研组学习、了解学习特殊需要的过程中，有的教师自责，学生就在眼前，所有的线索就在眼前，但是因为缺乏必要的新知，他看到了这些明显的线索却没能正确理解；有的教师悔恨，出于对学生的爱与高度的责任感，他牺牲休息时间加班加点却适得其反，他恨没有更细致地观察，没能换个角度思考。

然而，更多的是惊喜与庆幸。经历种种曲折，他们终于“看见”了学生，看懂了学生，真正帮助到了学生。这个过程如同神探断案，探寻蛛丝马迹，巧妙地抽丝拔茧，最终发现真相。在帮助学生的同时，教师自己也经历了一场脱胎换骨的成长。在这个过程中，最初，教师或多或少都有一种震惊之感——传说中的“视而不见”竟然就真实地发生在自己身上；而后，体验到不断接近真相的兴奋感——真相竟然就潜伏在大量的日常中；最终，收获发现真相之后的豁然开朗——原来在真正懂得学生之后，本以为遥不可及的策略能够自然而然地生长出来。

这个过程里，成长的不仅仅是学生，更是教师本人。教师并不是知识

---

① 作者：王玉玲，北京市西城区教育学院教师。

的搬运工，也不是被使用的工具，所有策略和方法都追随教师的智慧与成长而来。教师是孕育学生成长的园地，是学生成长的创造者，而这一切都源于教师自身持续的专业成长。

当教师正确理解特殊需要，不再忽视、排斥，甚至歧视它时；当教师把关注点放在学生身上，而不是自己的做法上时；当教师自己能主动探求真相，而不是依赖外在的知识给养时，他们会发现，无论遇到怎样的困难，都不再恐慌，不再焦虑，反而时常拥有一种发现与成长的快乐。

这一过程中，身为教师独特的职业幸福感油然而生，那是一种与问题共生的从容，与学生共长的快乐，与求知共在的兴奋，与成长同行的自信。

在本部分中，您将读到这样一些文章——

《生命成长的共同体》《一次相遇》《让我们共同成长》从支持教师和学科教师的角度展现了教师与阅读障碍学生共同成长的历程。

《每个学生都有潜力》《那些迟开的花儿》分别从小学与高中两个学段、数学与语文两个学科、轻度智力障碍学生与疑似阿斯伯格两类学生的视角，阐述了教师与学生相遇的故事与感悟。

《我的寻找个案之旅》展现了一位资源教师持续追问下的专业成长。这位教师面对的是一名初中学生，初中学生的情况更为复杂，判断分析难度更大。将这篇文章作为本册书的结尾，也寓意着对学习特殊需要的探索永远在路上，需要在持续追问下获得专业的成长。

在本部分中，请您关注这样一些关键词——

潜力，成长

感谢，自醒，自励

生命成长的共同体

——我与阅读障碍儿童共成长①

一、知道，充满好奇

这世上还有学习障碍？我只见过听障生、视障生、孤独症，但学习障碍是什么？通过参加西城区学习特殊需要教研组，我知道了学习障碍不是学习态度不端正、学习习惯不良造成的，而是由于神经生理层面存在问题，这些问题影响学习者的听、说、读、写、推理或计算。我们根据自身体验，会认为识字、读书、算数挺容易的，可对一些学习障碍儿童来说，这些却是难以逾越的鸿沟，就如同让听障生流畅朗读一样困难。

二、接触，初战告捷

学习障碍儿童到底是什么样的？我没有感性认识，于是教研组带领我们走进普校课堂听课观察学生，由语文兼班主任老师推荐、由专家现场示范观察分析哪个学生可能存在阅读困难，最后还从智力、阅读能力、数学学业成就、视知觉、听知觉、注意力、感觉统合等方面进行评估。

记得我接触的第一个学习阅障儿童小聪（化名），他是语音意识缺陷型阅读障碍，阅读带拼音短诗时“s”和“sh”不分，给汉字注音时“p”和“q”混淆。当时我想，既然语音意识有问题就应该从拼音训练开始，没想到这让我和他都产生了强烈的挫败感。歌谣中的“一会儿”他总读成“一会——儿”，这口语化极强的“一会儿”我俩纠缠了很久，对话时他能准确说出“一会儿”了，一回到书面歌谣朗读就又读成“一会——儿”了！反复叫停、不断纠错使他情绪低落，他时对时错的发音让我对自己的教学能力产生了质疑。

---

① 作者：卢雪飞，北京启喑实验学校教师。

我以往的教学经验一点儿都用不上。我焦虑、痛苦、睡不着觉，甚至打电话找同事哭诉。干预原则我都知道，但面对小聪具体该怎么做，我不清楚！面对从未接触过的阅读障碍学生，近20年的语文教学经验帮不了我，新的阅读障碍儿童教学思维又没有形成，我该怎么办？恰在此时，教研组下校巡回指导，在专家的示范下，我们找到了正确的方法。原来，我只想着补偿弱势，却忘记了体察学生的心理感受：一读就错，别人教过还错，这些都让学生产生强烈的挫败感，而且拼音教学并不等同于语音意识训练。

于是我们先从学生优势出发，发挥他想象力强、擅长表演的优势，探索适合他的识字策略和阅读方式。同时，师、生、家长配合，每天微信音频朗读课文，朗读能力增强后妈妈给他在听书网上开电台，他当起了主播，朗读了所有课文。小聪的动机被调动起来，再采用GG拼音游戏软件(芬兰于韦斯屈莱大学Agora研究中心研发)进行语音意识训练。后来他爱上了朗读，爱上了写日记。家长发来感谢信息，说："孩子第一次听写全对，第一次被语文老师点名表扬，语文期末考试成绩从及格提高到优秀水平。"那一刻，我作为教师的价值感、成就感无法形容！

三、再战，柳暗花明

初战告捷，我踌躇满志，此时，我遇到了凡凡(化名)。课上他逃避朗读，不写作业。到班里接他时有男孩大喊："老师，凡凡是我们班最笨的！"他默默背起书包，面无表情、步履沉重地跟着我。选课文他用了好久，朗读时双手不停挠桌面："植——物——妈妈——有……嗯"。我挨着他侧耳才听到模模糊糊的发音。他多么惧怕朗读啊，即使独自和我一起，他仍那么紧张。他和小聪的性格完全相反，我一时难以接近他，更谈不上支持。

怎么办呢？我静下心来对凡凡的作业进行错误类型分析，以期更深入地了解他的困难所在。作业大面积空白，汉字部件左右颠倒，如将"如"写成"口女"。听写和自发书写中存在较多字序颠倒，如将"温暖"写"暖温"，"翅膀"写"膀翅"。12月3日"邮局"写"局邮"；12月5日"邮局"的"邮"出现了镜像写，写成“阝由”；12 月 13 日“邮局”终于写对了！为了全对，他要反复提醒自己抑制错误的信息，按照不同于镜像习惯的方式来写，这样才能正确。看着听写本我流下心疼的泪水，我终于理解了他，看到了他听写出错行为背后所无法控制的生理因素，更看到了他不懈的努力。感受到才能理解，理解才能宽容，但宽容不是纵容，而是更有同理心地对待他，更专业地支持他。

但怎么支持他呢？实践发现照搬小聪的支持策略效果不好，凡凡微信朗读时奶奶伴读声远大于他，且奶奶眼花常串行，他跟读也错行；识字他总用加减笔画法，没有对整体的字形观察、思考，记字效果差。而且他自信心严重不足，对读写充满畏惧。这困境该怎么突破？我苦苦思索着……20 年的语文教学经验让我根深蒂固地认为课堂就得有课堂的样子，时间都用在学习上才不叫浪费，弥补不足的办法就是加倍练习，不能减量。然而，凡凡更新了我的认知。

个训课上我想陪凡凡读绘本，但他一坐下就滔滔不绝讲自己的经历，我插不上话很焦虑，一个字没学 40 分钟就要过去了！终于，我得到机会见缝插针地问：“凡凡，今天怎么这么能聊啊？奶奶、爷爷不和你聊天吗？”刚刚还神采飞扬的小脸儿黯淡了，他默默垂下头小声说：“老师，我很孤独！”“老师，我们不读书，一起玩可以吗？”8 岁的孩子，用这么沧桑口气说出这句话，我很震惊。后来了解到，凡凡敏感、内向，和爷爷奶奶挤住在十几平方米的平房里，父母不在身边，周末才来看他，最近妈妈还怀了二胎。他因为读写困难，每天作业写到半夜都写不完，放学后爷爷奶奶从未让他出去玩。

我才意识到，我忽略了整体性原则，教育首要的就是孩子的整体性！我没看到他这个活生生的孩子，满脑子里只想着我要怎么做，却没走进他的心灵，看到他内心真正的渴望与需要。孩子最需要的不是被教育，而是被“看见”！但是，我依然纠结了很久陪他玩对还是不对。在专家的指导下，我想通了：孩子是一个整体，不能将情绪从学业拔除，而且情绪与学习密切相关，只有情绪平稳甚至兴奋，有效学习才可能发生。

既然凡凡说孤独，需要玩伴，那就让他放心、踏实地玩吧。起初他自己用小棍挖水沟玩儿，后来他提出要和小聪一起玩，再后来他俩和老师的孩子们在操场上奔跑、追逐、嬉戏……他终于像个孩子一样笑着、跑着、闹着了。玩着玩着，凡凡和小聪就学在了一起。虽然两个人薄弱处不同，但学习共同体有很强的激励作用，他俩争着看谁一次就能记住整个字，比着看谁组的词多，把自己识字、朗读的小妙招教给对方，小聪经常鼓励凡凡大声读……越辅导越轻松、顺畅，孩子们自动前进，我只需在他们受阻时提供必要的帮助。

渐渐地凡凡朗读声音大了，手指绞衣服动作没了；曾经奶奶说，“哎哟，看带字的书费劲着呢”，后来他主动拿走《要是你给老鼠吃饼干》，奶奶说，“到家后一直读啊读，可爱读了”。他开始在语文书上圈词了；他现在比较活泼了……一年半后，语文老师说他竟主动跟老师打招呼了，期末语文成绩从十几分提高到50多分。从畏惧、退缩到主动招呼，这小小行为改变的背后是凡凡心理负担的逐渐放下、慢慢轻松！

四、反思，生命成长共同体

我本是一名特教教师，2017年到2019年成为一名西城区入驻普通学校的融合教育支持教师。从此，学习障碍在我眼中不再是文献中的客观描述，而是一个个参差多样的小生命。我发现阅读障碍儿童虽然读写有困难，但大多想象力丰富、绘画能力较强……两年中，孩子们在家校营造的支持环境中，随着读写能力提高，身心也健康成长，而我也掌握了一些具体干预方法。我和学生一样，在西城区融合教育中心学习特殊需要教研组营造的理解、支持、滋养的氛围中成长了起来。学生是我最好的老师，学生和我成了成长共同体！

如今，我已重回特教学校教学，我身边将不再是学习障碍学生。返回前我万般不舍，我以为这两年我的成长将白白浪费。没想到，回到特教学校，我的成长仍在继续，在普通学校的学习经历，让我的特教教学生涯焕发了生机。

以前我较多关注自己怎么教孩子才能学会，现在更关注孩子怎么学才能理解；以前我自己常被感动得泪流满面，现在我更关注孩子如何在我的引导下，唤起自身经验，让他们也被触动。可以说在持续更新的教学理念指导下，我的教学行为慢慢改善，孩子们的课堂参与日益增多。我真切地理解了：教育所要做的不是传递知识，而是激发孩子们的自身潜力，支持他们生命的成长。虽然离开了支持教师的工作岗位，但在两年的工作中所形成的理念，正不断促使我在听障生教育教学实践中持续成长。

与学生同在，与学生共同成长、共同被滋养，不分普通学校还是特教学校，不分学习障碍学生还是听力障碍学生。我发觉，我收获的不仅是一时的成长，而是拥有了持续成长的能力，更有了然教育真谛后深深的职业幸福感。

一次相遇

——我与阅读障碍儿童共成长[①]

我是一名小学老师，工作5年，教语文学科，一直承担班主任工作。我所教的班里有一名小男生，他今年10岁，四年级，是一名普通的小学生，不算调皮，不惹事，看起来没有特别之处。他做起事来有些随意，好像从不用心做到最高的水平。比如——

他的红领巾歪歪扭扭地系在胸前，或是随便地揉成一团塞在裤子口袋里，饭兜、书包、笔袋经常扔在地上，桌洞里的资料袋、课本、练习册、作业本凌乱地堆着。

他上课听讲时走神，课堂发言次数比较少。当老师点到他的名字时，他才会回过神来抬头听讲，抓起笔来记笔记。一下课，他就立即下座位与其他同学聊天。虽然作业能够及时完成并上交给老师，但是书写不够工整，会出现多处错误，看起来不那么用心。

在做操时，他能跟着音乐节奏做操，但是动作不到位，从眼神能够看出他在想别的事情。立正站好，应该脚跟并拢、脚尖开立时，他的左脚总是随意地踩在右脚上……

这就是老师眼中的CC同学(化名)，让老师们感到有些无奈的CC同学。可是当老师们跟我聊起CC的课堂表现和作业时，作为班主任，我会告诉他们CC同学的曾经。如果你认识当初的CC，你会明白，现在的他已经能够融入群体、自信开朗，脱离特殊帮助，自我助力飞行，在用心地、努力地做好每一件事情！

一、初识

故事的开始需要追溯到一年级新生入学培训那天。入学培训是为了让

---

① 作者：赵莉莉，北京市西城区奋斗小学教师。

孩子们熟悉校园环境，养成基本的日常行为习惯，如坐姿、站姿、队列、听讲习惯等。CC 留给我的第一印象是坐不住，听不懂老师说的话。喊他名字时毫无反应，需要反复多次，甚至走到他跟前，他才意识到老师在喊他的名字。即使有回应，也是一副茫然的表情。集合站队时总是紧贴着前面的同学，不会隔开半臂距离；当队列散开，老师下达一臂距离的指令时，他要么站着不动，要么伸出半臂距离。因此，我格外关注他，生怕他惹麻烦。全校一年级新生的迎新会上，当全班学生依次走到台上合影时，他没听指挥，一脚跨上了最高的台阶，没站稳，差点推倒前两排的同学。这对于当时的我来说，真是一场灾难。

二、斗争与无奈

而我慢慢发现，“灾难”才刚刚开始。学习拼音时，全班同学都能拿到 95 分以上的拼音试卷，CC 只能得 40 分。学习汉字后，做看拼音写词语练习时，他全部画上了“口”“日”。这严重拉低了全班水平，让我十分恼火。因此，他成了我的重点。在课堂上，我会随时关注他的一举一动，一有走神情况，我就会敏锐地觉察到，大声提醒他注意。我还匀出时间单独辅导他，握起他的手一遍遍地教他书写，一遍遍地教他拼读，教他一个字一个字地反复读课文。我的内心充满怒气，他怎么就是不用心学习？同时，我也有一点疑惑，我讲得非常仔细，辅导了很多遍，他为什么学不会？

课下的 CC 更让人生气。一下课，他就在楼道里到处乱跑，躲厕所里打闹，趴在栏杆上做出一些危险动作。于是，我又化身“黑猫警长”。下课时，一有时间就查看走廊、厕所门口情况，厕所门里的动静。看见他违反纪律一次，我就教育一次，同时告知他的父母一次。然而，让人恼火的是，每次教育都不起作用。他好像总是左耳朵进，右耳朵出。因此，我开始想办法，把他限制在教室里，我的视线范围内。即使这样，他也不写作业，而是画小人，拿铅笔、橡皮、尺子比划打打杀杀的事情。

CC 跟其他同学之间更是摩擦不断。例如，他伸腿想从坐着休息的同学头顶迈过。他的饭兜差点甩到别人脸上，要知道饭兜里装的可是铁制汤碗。

有一次，他居然拿剪刀剪到了同桌的手。我在双方家长之间斡旋、安抚。过了一段时间，事情才慢慢平复下来。

每天早上，当我看到 CC 走进教室时，总是强压自己的怒气，告诉自己要做一名平心静气的老师，要公平对待、接纳每一位学生。我花费了很多时间，尝试了各种方法，在学业成绩、行为习惯养成等方面仍然收效甚微。对于这样的他，我的内心充满了无奈。

三、发现

当接触到融合教育这个领域时，我开始慢慢对自己的教学、学生的学习过程有所反思。例如，抄写一个汉字对于我们来说非常简单，但这个极其简单的动作背后，却有一个极其复杂的加工过程。它需要眼睛的视觉加工，大脑抑制其他无关信息，保持注意状态，利用工作记忆保持汉字的字形，大脑调动肌肉精细动作，手眼协调进行书写等一系列活动。这个过程中任何一个环节出问题都会导致最终结果的失败。看来，对于学生表现出来的学习行为，不能只看行为本身，而应该去探究导致行为出现问题的复杂因素。

因此，我开始重新思考，难道我被 CC 的一系列行为本身所蒙蔽了？难道我只看到了结果，却没有关注到过程？这些行为究竟是怎么引起的？带着疑问，我开始渐渐抛弃对 CC 的固有看法，尝试用探究的眼光去仔细观察他的每一个行为。这时，支持教师也参与进来，帮助观察记录 CC 的课堂真实情况。

原来真实情况是这样的——

每节课开始时，CC 都在努力地跟随老师的节奏。例如，一次课上，我带领同学们学习认读字。接下来，我打乱顺序念出认读字，同学们标序号，这是检测识记情况的小游戏。听到前两个字时，他还能勉强跟上标序号，接下来，他拿着笔左指右看，好像一个字也认不出来了。等到学生核对答案时，他拿起笔费力地写序号，写着写着连抄序号也跟不上节奏了。

这时的他，内心该是多么挫败、无助！如果我是他，一定也想跟上同学们的进度，像同学们一样完成作业，得到老师夸奖。可能老师的一句夸奖，是他一天中最大的期盼。当老师表扬成绩优秀的同学时，他也意识到了与同学之间巨大的差距吧。而作为老师，我以前只看到了他空白的课本，上课时走神的表情，画满“口”的试卷，却忽略了过程中他的认真、努力、挫败、放弃。

带着这样的推断，我再去观察CC的日常行为表现。原来，换个角度真的会有不同发现。“不识庐山真面目，只缘身在此山中”，古人诚不欺我。只要老师喊到他的名字，他都会浑身一激灵，马上挺直上身，垂下眼睛，双手扣在两侧紧贴衣服。原来，他跟老师相处时非常紧张、胆小。上课时，更不敢主动举手回答问题，没有自信心。他的肢体动作不协调，握笔非常用力，自己不能完全控制力度大小。我突然明白，这一困难反映在他与同学相处时，他也无法调控力度大小，才会造成这么多不必要的摩擦冲突。

因此，我察觉到CC同学的情况需要进一步的专业判断和支持。

CC的瑞文推理测验百分等级90，智力水平良好。采用北京师范大学舒华教授课题组研发的《小学生汉语阅读能力测验》评估CC的阅读能力，结果显示：CC汉字识别测验、词表快速朗读、三分钟阅读理解均低于标准分；相关认知能力中数字快速命名和语音意识低于标准分，后者低1.13个标准(见表1)。根据“智力正常、识字量低于同龄人且存在至少一个认知缺陷的儿童才能被诊断为阅读障碍”的标准，初步判断CC为语音意识缺陷型阅读障碍。

表1　CC汉语阅读能力测验结果

测试能力	测验任务	标准分
阅读能力	汉字识别测验	−0.89
	词表快速朗读	−1.63
	三分钟阅读理解	−0.81
阅读相关认知能力	数字快速命名	−0.98
	语音意识测验	−1.13
	语素意识测验	0.98
	正字法意识测试	0.80

采用北京师范大学张树东教授研发的视知觉能力测验评估其视知觉，结果显示：CC的视知觉总分、手眼协调、图形描摹都低于常模1个标准差以上，空间方位、视觉填充得分也较低(见表2)。这些对CC的阅读、书写造成了较大的影响。

表2　CC视知觉能力测验结果

测试项目	手眼协调	空间方位	图形描摹	视觉辨别	空间关系	视觉填充	视动整合	图形恒常性	总分
标准分	−1.02	−0.32	−3.90	2.46	0.53	−0.69	−0.08	0.73	−1.30

经过进一步学习得知，原来有的儿童没有明显的神经或生理上的损伤，却在语音意识、视觉空间认知、执行功能、工作记忆等方面存在或多或少的不足与缺陷。对于他们来说，学习文字这一具有明显视空间特征的符号是一大难关。同时，这一难关对他们的认知、情感、自我概念以及社会性发展都会产生重大影响。在日常教学中，这些学生很容易被误认为智力发展水平落后或者学习态度不端正，从而导致他们学习、行为及情绪等多方面的问题，引起老师、同学的误解和漠视。

原来，我对CC有这么多的错误解读。

四、支持

基于上述发现，我开始尽可能地为CC同学提供帮助。支持教师也对CC进行了一对一的个训辅导。为了保证效果的持续性，我们也请家长进行配合辅导。看到CC的一次次进步，家长也由最初的怀疑、排斥，到逐渐支持、配合，甚至主动寻求帮助。

作为CC的语文老师和班主任，我开始进行支持性教育环境的调整。首先，我想到的是自信心、学习积极性。其次，才是帮助他识记汉字，流畅阅读。接下来，我是这么做的。

(1)减少压力，制定“秘密协议”。跟班级其他学生相比，CC的基础非常薄弱。我给全班同学布置的作业，大家都能轻松完成。而对他来说，就是一项根本不能完成的任务。因此，他出现了不写作业、上交空作业本的情况。我与CC私下交流，达成了“秘密协议”。在给全班同学布置作业时，我们一起悄悄商量他的作业内容、作业量，减少他的学业压力。他的脸上开始有了笑容，写作业的积极性明显提高，写完作业后会及时交给我批改，用期待的眼神看着我落笔批改。

(2)课堂上给予适度关注，保持他的注意力，增强信心。在CC注意力分散时，我会轻轻走到他桌前，小声地提醒或者用肢体语言告诉他。在讲解课文时，有时会需要提取文中信息，我会不经意地走到他跟前进行指点。在课堂提问时，我会关注他的表情状态，如果看到他眼睛看我，仿佛跃跃欲试，我会提问他。回答对了，他自己很自豪，很高兴地坐下。哪怕回答错了，我也会告诉他：“今天你回答问题的声音变大了，真棒。”

(3)学业个别辅导计划。在课堂上，他很难跟上全班的学习节奏与水平，因此，针对他的知识掌握水平，我与家长协商探讨，一起为CC制订了个别辅导计划。

课前辅导。我会抽出时间与他一起共读课文，发现CC的薄弱环节，进行个性化指导，哪个字不认识、不理解，我先讲给他听。例如，“礼”这个字，我会利用汉字字形字义关联密切的特点，告诉他“礼”左边是“示”，像一张桌子，右边像一个跪着的人。所以，“礼”最开始指人们向祖先行礼、跪拜。讲完之后，我会手把手地教他如何写正确、写规范。有了课前辅导，他在课堂中的学习难度降低了，并且还可以“未讲先知”，展示给其他同学。

课后检测。我会及时询问他知识掌握情况，进行口头或者书面小测试，及时发现他的薄弱环节。例如，一年级上学期，虽然在课堂上讲解过，但是我发现他容易镜像书写。我会握着他的手，边说边比画，加强在字音、字形方面的联结，提高识字效率。

“小老师”助力。在班级中，我会找一位有耐心、书写漂亮、正确率高的学生作为CC的“小老师”。与同学相处时，他有说有笑，相处起来没有压力，学习效果较好。“小老师”会一笔一画地教，并用孩子之间的语言告诉他该怎么写。

(4)及时、正向反馈。即使 CC 的成绩落后很多，我选择用积极的眼光、正向的视角去看待他，看待和自己相比一天天的进步。看到他的进步点，我会及时表扬。例如，“这么难写的字，你都能写对，太了不起了!”“这一课的练习，你做对了这么多!”哪怕听写 15 个词语，他只写对了几个词，我也会表扬他写对的词语。“今天听写的这些词语，你能写对 6 个呢，特别是这个字写得非常漂亮!”每天，我都会积极寻找、发现他每一个微弱的闪光点，去表扬、去鼓励，让闪光点继续发亮。

五、飞跃

事实证明，经过这些调整，再加上支持教师、家长的辅导，一学期以后，CC 取得了巨大飞跃。

写字方面，有了字的部件意识。图 1 左侧是 CC 学期初的书写，能明显看出书写时缺笔少画；图 1 右侧是 CC 学期末的听写，能够写出字的一部分。虽然，他把“的”写成“白寸”，娃娃(哇)，信封(圭)，水彩(彡)笔。但是从这些错误中可以看出，他已经对字的部件、偏旁有了基本把握。同时，他能做到抄写时基本不出错。哪怕是抄写比较复杂的合体字，CC 也能根据字的结构、部件进行抄写，很少遗漏笔画。

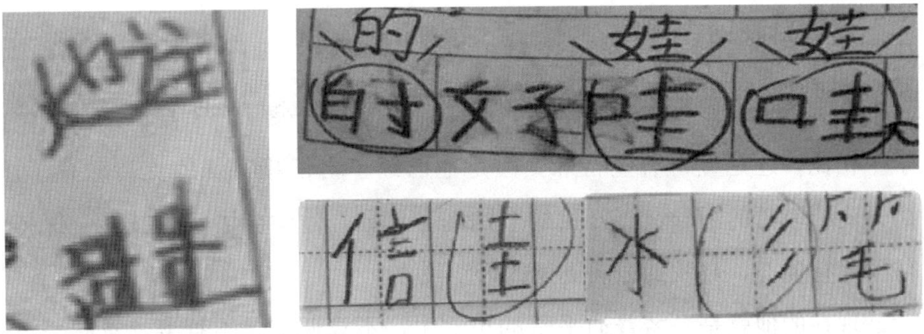

图 1　CC 学期初与学期末的作业对比

词语储备在增加。每日听写词语，CC 总是找不到听写本，或者呆呆地坐着，在听写本上画几笔。慢慢地，虽然错误很多，他也能写出几个字。最近几次的听写，他能写对很多词语。后来一次听写中，所有的听写词语，他仅仅漏掉一个字，错了一个笔画(见图 2)。

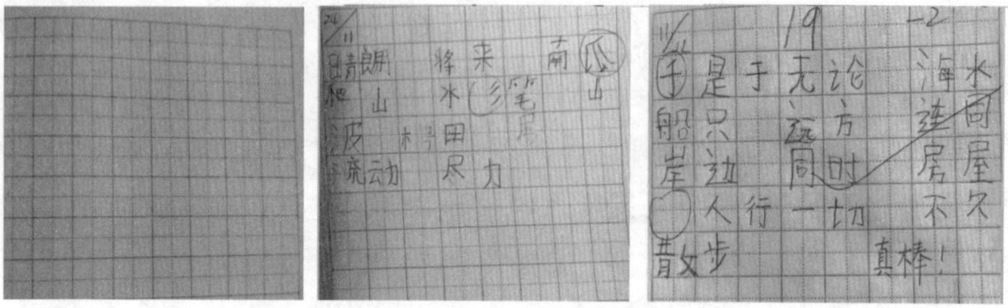

图 2　CC 听写情况前后对比

(注：图 2 中的第一张是他听写时根本没动笔，上交的空本；第二张是他开始跟着全班同学一起听写时的作业，他已经能写出一些词语；第三张是他听写时仅错了两个，词语储备大大增加)

注意力集中、自信心增强。现在的课堂上，CC 会主动跟着老师的讲解学习。在讲生字时，他会主动在书上描红、书写。在一次区级公开课上，他大胆主动地举起了手，大声流畅地读出了一段课文。全班同学惊讶于他的进步，都不自觉地为他鼓起掌来。掌声响起时，我的内心有种按捺不住的喜悦、激动，仿佛一位老母亲看见自己的孩子站在了世界的最高峰。此刻的他，也是那么激动、自豪，甚至有点不好意思。

六、自我助力飞行

在文章最开始，大家所看到的 CC，“泯然众人矣”的 CC，虽然与同龄学生相比，还是显得有些特殊，但是他已经不再依赖特殊的支持教育了。离开支持教师的辅导，离开我的个别辅导计划，他学会了飞行技能、保持住了飞行姿态，自我助力向更远的天空飞去。

现在的他就是一名普通平常的小学生，不算调皮、不惹事，看起来没有特别之处的小学生。现在的他，不再对着同学们伸手伸脚、比比画画，而是遇到不平之事，主动寻求老师帮助。现在的他认识很多很多字，经常沉浸在书的海洋中，探寻故事的奥秘。现在的他，从不拖欠每一项作业，会积极上交作业、及时改错，遇到不懂的地方，主动问老师。现在的他，被同学们评为“月度求知好少年”，获得全班一致通过。现在的他，会主动参与竞选班级的小小讲解员，在讲台上讲出自己的所见所闻。

七、回顾

时隔三年，如今，CC 上四年级了。我和他的相遇仍在继续。当我再次翻出他在一年级时的作业、朗读视频时，仍然心酸不已，仍然能深深地感受到一个孩子的努力和无助。现在的我，依然清晰地记得当初的情景：那个不满 7 岁的孩子，瞪大眼睛想认出拼音字母，想拼读出一个个字母组合，可是一次又一次失败了。但是他不愿意试卷空着，想写满每一个括号，他握起笔，用力地写出一笔一画，写出他熟悉的“口”“日”“目”“田”。

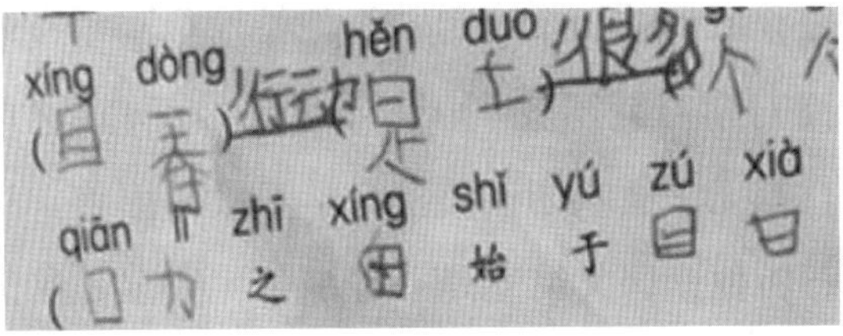

图 3　CC **练习题**

（注：画横线书写的“行动”“很多”是后期修正的改错内容，非当时书写）

朋友们，当你碰到类似的情景，遇见这样的孩子时，请你相信，接下来会是一次难忘的相遇。他将教会你，如何去寻找丛林背后隐藏的秘密花园，带你走进一个美丽、纯粹的世界。

让我们共同成长
——从懂得阅读障碍开始[①]

相信每一位老师都会发现班级中有一些怎么学都学不会的学生，老师们用了各种方法，效果都不显著。对这样的学生，老师们会做出这样的判断：要么是太笨，要么是太懒，要么是习惯不好。原本我也是这么想的，直到遇到了他。

一、我的热情被无数次浇灭

小亮(化名)是我班里的一个小男孩，他情商很高，喜欢劳动，喜欢帮老师做事。然而面对学习就不灵了：识字量小，不管是初次接触的课文，还是读过的课文，都无法通顺朗读；拼音学习极其困难，阅读题好像不知道从哪儿找答案；听他读课文简直是一种痛苦，完全是乱读的状态；看他书写，家长和教师反映都很崩溃，他本人的抵触情绪也非常严重。

一年级单元测试，同班同学基本都是90分以上，而小亮却不及格，令人难以置信。我认为他既懒惰又不聪明，而且家长太不配合，以身体不好和孩子有情绪为由，对孩子出现的问题不是妥协，就是置之不理。我经常牺牲自己的休息时间给他讲解学习内容，教他学习方法，鼓励他，可是无论我怎么付出，却一点效果都没有。这样的孩子，让我很急躁、欲哭无泪，甚至开始怀疑自己的能力有问题。

这让我束手无策，心灰意冷。

二、原来是我误解了你

直到进入了学习特殊需要教研组，我才知道，原来有些孩子学习不好，

---

① 作者：李璐，北京市西城区师范学校附属小学教师。

不是因为笨，不是因为懒，不是因为习惯不好，而是生理原因导致的，这些孩子可能有学习障碍。学习障碍儿童的比例在10%左右，但他们多潜伏在我们身边而不被发现——因为不仅是教师、家长，甚至他们自己都不了解"差"的真实原因。"差"并非笨，也并非懒，而是源自"障碍"。学习障碍刷新了我对学生的认识，我突然意识到自己以前误会了很多孩子。我也被深深震撼：长期被误解，自信被摧残，他们处境多么艰难！

听着学习障碍的种种表现，我的眼前逐渐有一个形象渐渐清晰——他就是小亮。我突然发现之前丰富的经验、笃定的自信瓦解了，越是了解学习障碍，越是想重新了解这个孩子，越是想知道他出现这些状况的原因是什么，越是想找到适合他的方法。

此时的我如梦初醒，眼前展现希望之光。

三、让我一步步了解你

于是，我按照教研组的指导搜集了资料，对小亮进行学业表现分析。这个过程拉近了我和小亮的距离，也让我静下心来观察他出错的原因。

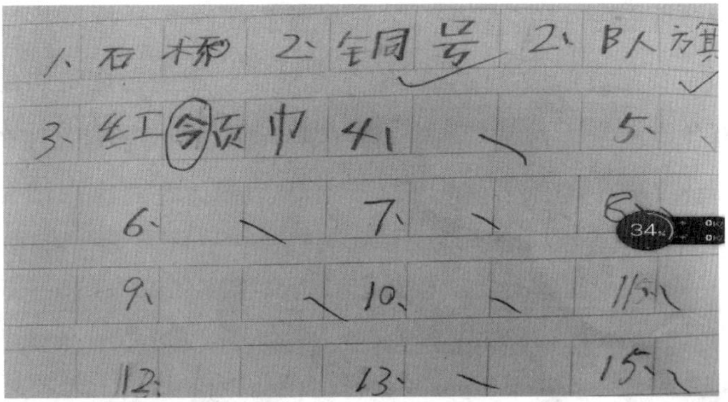

图1　小亮的听写情况

我发现小亮书写时，即使是一个同龄学生感觉很熟悉的高频字，他也会思索好久，而且容易写错。我看到他因为写不出来而着急的样子，揪着自己的头发，眉头紧锁，我能听到他内心的声音："这个字怎么就想不起来呢！"他和我说："这些字昨天在家全都写正确了，可是隔了一个晚上就是记不起来了。”以前我可能会认为他是在说谎，在家 100 分的听写怎么可能在一个晚上的时间就忘得一干二净呢？了解之后，我才明白他不是说谎，是汉字很难进入他的长时记忆中，他提取的过程异常艰难。

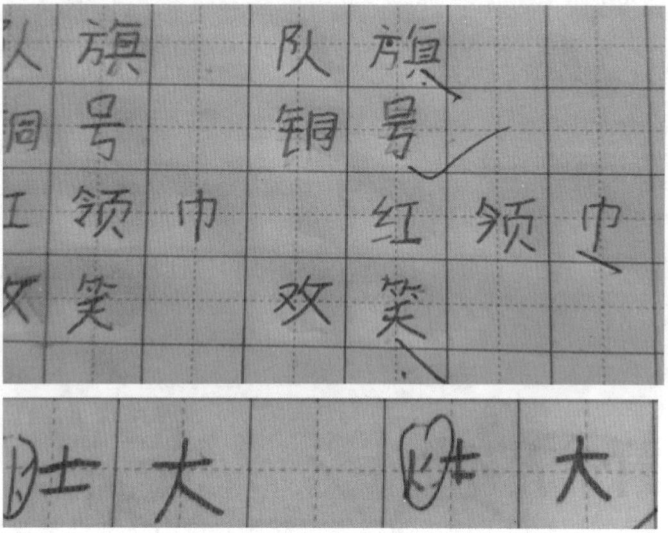

图 2　小亮的语文抄词情况

我发现他在词语抄写方面，一个字要观察好久，看一眼写一笔，写一个完整的字要花费很长时间，但依然有错误。让他再次对照他写的字与书中的字有什么差别，他盯着两个字良久，却回答：“它们有什么区别吗？”以前的我应该又要批评他不认真了，现在才知道他在对字形细节的视觉加工上出现了问题，他写的就是他眼中所看到的，并非是不认真导致的。

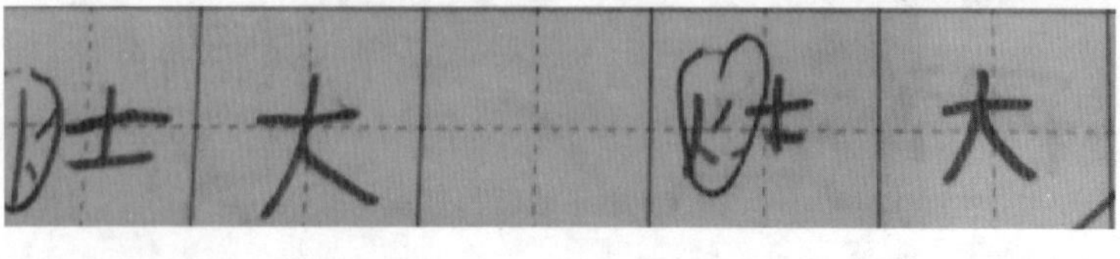

图 3　小亮的看音写词情况

看音写词是他最讨厌的一部分，他写的答案经常是左右颠倒，同音字替代，字形细节出问题……一个字要“折腾”好久可能还搞不定，有时甚至是空白状态。我找他聊天了解到，他并不是都不会，而是存在特殊的困难，他根本分不清 b、p、d 有什么不同，也不认识 o、i 等韵母的读音，声调也不知是几声，每次拼读都在猜。在他看来这些东西就像是不可解锁的奇形符号，它们可能当时入驻了他的脑海，可转瞬即逝，也可能从一开始他就无法区分它们。难怪每次书写他都情绪失控，总以各种借口逃避写作业。

我又开始关注小亮的朗读。一次请他读《乌鸦吃食》，全文共计 92 个字，内容是“贝蒂是美国牛津大学实验室里养的一只乌鸦。一天贝蒂饿了，它看见一根试管里有食物。可是试管很长，口又小，吃不着，怎么办呢？它发现屋子里有段铁丝，于是它把铁丝叼来，一头弯成钩子状，伸进试管里勾住食物，美美地吃起来。”文章非常简单，但是他却足足读了 2 分 50 秒。这还是在老师的陪伴下，如果老师不在旁边，他会用更长的时间，甚至干脆就不会耐着性子读。通过读书的状态，我看得出来他非常痛苦，其实，作为听者，我已经强烈感受到了那种痛苦，下面请跟我一起感受一下。

乌鸦(停顿)吃食(粮，师：你再看看，生纠正)

贝(停顿)蒂(不会，师直接告诉读音)是美国牛(停顿)津(不认识，师让联系地名天津)大学(停顿 3 秒)实(停顿，不会)验室里(里面，师：没有面)养的一只乌(停顿)鸦。一天贝(停顿 3 秒)蒂(读成带，老师再次纠正读音，生：一天贝带，一天贝蒂)饿了，它看(先读为贝看，自己纠正它看)见(停顿)一根(一很，老师纠正一根，后停顿 3 秒)试(不认识，老师告知读音)管里(里面，师：重新读，里)有食物(先读为粮食物，自己纠正食物)。可是(停顿 4 秒，不认识这个字，老师再次告知)试管很长(太小，老师纠正很长)，口(停顿)又(停顿，口又，口儿又)小，吃不着(吃不到，师纠正吃不着)，怎(停顿)么办(怎么，怎么，怎么办)呢？它发现(停顿)屋子(石子里，师：屋子里)里有(停顿)段(不认识，师告诉读音)铁(停顿)丝(极其小声读丝，经老师肯定后，自己嘀咕：那念丝)，于是(读成：然后于是)它(停顿)把(停顿)铁丝(段铁丝，师：他把铁丝)叼(不会，师告诉读音)来，一头(石头，师：一头)弯(停顿 4 秒)成(直，师：弯成。生：一边弯成，一头弯成)钩(不会，师告诉读音)子状，伸(停顿)进(停顿)试管里勾住食物，美美地吃起(读成：吃超起来，师纠正)来。

好不容易读完，问他文章写了什么，他什么都说不出来。访谈他得知，他感觉这些字放在一起好像是在跳跃的，无法让他静下心来阅读，他也无法阅读，因为这些字凑在一起让他觉得厌恶。我们又做了一篇阅读，这次我来读，这种情况下他能迅速做出准确的回答。这时我才明白他的阅读题总是空着的原因，不是他笨，不是他贪玩，不是他做题慢，不是他不想考好。他理解并没有问题，他的问题出在阅读上，出在字词解码上。这么多他无法解读的汉字，他又怎么能做题呢，更何谈做题技巧呢！

现在我懂得了小亮在阅读和书写上的困难，这次，我不但相信，而且深深地同情他。

看到他种种表现，我想明白了其背后的原因，才痛悟，我以前只是一味地说“再读题、多练习”，不但没有效果，反而在强化他痛苦的失败体验。我也明白了为什么家长对他的表现是冷漠的，我想他们之前不知跟小亮进行了多少次的教育和帮助都无果，才如此的无奈。我彻底明白了为什么他学习上会有各种困难，这并不是他自已想努力学就能学好的，他也许比别人付出了更多的努力，但却很少能得到哪怕一点点效果。此刻，我深深感到自责，如果我早点了解他，那该有多好！

这时的我心中重燃热情之火。

四、让我来帮助你

了解了小亮的困难，结合专业知识，我为小亮设计了一些干预小办法。

1. 调整环境减少干扰

针对小亮容易分心的问题，调整环境，尽量减少学习上的干扰。例如，桌面尽量保持干净，只留主要的学习用具，不相关的学习用具收起来。

2. 阅读材料调整

针对小亮阅读困难，对阅读材料进行调整，分段成行，加大字号与行间距。让他能够看得更清晰，降低他的阅读抵触情绪。在允许的情况下，把长句子变成短句子，帮助他阅读理解。

3. 调整作业本

针对小亮视知觉加工与书写困难，允许他在更大的格子中书写汉字，降低书写难度以及抵触情绪。同时，书写的目标放大更利于观察汉字笔画与结构，让他看清楚笔画与结构后再书写。教师检验其是否认真观察，给予肯定，让他感受集中注意力学习的成就感。

4. 简化，减量，个性要求

针对小亮汉字识别与书写困难，采用简化、减量以及个性化作业的方法。简化方面，增加重复记忆高频词的时间，来帮助他巩固更急需的词语，低频词语尽量减少或不出现，以免对他已掌握的词语进行干扰。减量与个性调整方面，不局限于学校要求完成的任务量，根据他的情况进行减量，但并非仅仅单纯减量，而是在减量的同时，根据其特点提出个性化要求。例如，要求所有学生每个生字写 3 遍并组词，对于他只需要每个生字写 2 遍组词即可，在词语里的字比单独出现的字更容易让他接受并记住，而且他的任务量也精减了。再比如，听写出错，班级改错要求写 3 遍，直接让他在不看书的情况下改对就行，改不对的让他想办法记再听写，不做机械性抄写。三年级开始，学校要求的抄写类作业都不让他写了，每天我单独给他留 10 分钟的任务，如以自己喜欢的方式复习一课词语，再用看音写词的方式检查。

5. 给予自主选择权

做题时，让小亮自主选择先做哪道题，做哪几道。对看音写词题，根据题量让他分几次完成，不一气呵成，这样降低难度，让他能集中注意力很快完成任务。休息一段时间后，再完成其他部分内容，这样分批完成，提高他的注意力。只有注意力时间长了，才能慢慢提高学习效率，才能增强自信心。

6. 家校协同，助力成长

只有我一个人理解小亮是远远不够的，我与小亮的所有任课老师沟通了他的情况，希望他们也能理解他，站在不同学科的角度帮助小亮。并与小亮的父母联系，告知情况，形成合力，共同帮助小亮成长。

五、让我们共同成长

成长从懂得开始——无论是学生的成长，还是教师的成长。现在回想最初，在没有充分了解的情况下，热心急切的干预可能反而加剧了某些学生的负担。《分心不是我的错》这本书说道："自古以来，许多伟大的人物都曾有过各种学习障碍，最后仍然成功了。可惜的是，有更多的人因为学习障碍没有被诊断出来、没有得到支持，而导致成年后一败涂地，他们的潜力始终无法发挥。"所以正确认识就是成功干预的一半。

一名称职的教师在面对学生时，与其说"让我帮助你"，不如说"让我们共同成长"。而今，小亮开始有了成长：看音写词方面，畏难情绪减少了一些；上课回答问题比以前多了一些，注意力集中时间由原来的几分钟，达到现在的10分钟；但也还是存在一节课一点也不听，一笔也不写的现象；书写方面，字写得比以前也规范一点；学习态度比以前端正一些，正面情绪比以前多一些，不会因为让写作业，马上表现出不耐烦，而是能有信心完成，虽然有时口头答应很好，但完成效果欠佳；总体上课堂作业60％能跟上，有一些会拿回家完成，第二天上交率也比之前高；阅读方面在老师指导陪同下，能读部分内容。

成长的不仅有小亮，还有小亮的所有任课教师，尤其是受读写影响比较大的学科教师。他们开始理解并接纳小亮的"特殊"。小亮的父母也开始重新认识他。虽然目前小亮的进步还只是一点点，但他周围的环境正在变得友好，我相信这会支持小亮鼓起勇气继续探索。这是一个美好的希望——是小亮成功探索应对障碍策略的希望，也是教师们通过"障碍"了解学生个性特点的希望。作为语文教师，同时也是班主任，我更切身感受到理解一名特殊学生的重要性，如果我们试着去理解他、帮助他、引导他，跟学生一起逐步破除障碍，就会点亮家庭的希望、祖国的未来。

每个学生都有潜力

——感谢你陪我成长[①]

又是一年毕业季，毕业联欢会上学生们欢快地笑着跳着。最后一个环节，所有老师走上讲台，每人对学生们说一句话。每句话都是那么的语重心长，伴随的是台下学生和家长们一阵一阵的呜咽声。我站在最后，不知该说什么好，于是对着长大了的学生们唱了一首《朋友》。当我环顾四周，看着学生们一双双红了的眼睛时，我看到了一双有些害羞，但是直直地盯着我的眼睛——他是青木(化名)。

一、我初认识的青木

(一)印象、行为

我们是在青木三年级的时候认识的。还记得我们的第一次交流，他呆呆地看着我问："老师，8+5 等于几?"当时我心里一颤，猜想他肯定是在引起我的注意。想让我认识他，就随意找了这么个问题问我。不过，从那开始我就对他特别关注。

青木成长在一个单亲家庭里，是妈妈、姥姥、姥爷带大的。家里经济条件比较差，没有上过幼儿园，但是家人一直很娇惯他。接触后发现，青木和同龄孩子差别比较大，平时的伙伴都是比他年龄小很多的孩子，在班里几乎没有朋友。他的韦氏智力测试 64，接受新知识的速度特别慢，而遗忘的速度又很快。由于以上种种原因，在学习上，他几乎无法获得别人对他的认同感。不能通过学习获得关注，他就会寻找其他的方式。用故意招惹别人的方法来吸引注意，或是用从家里"拿"来的钱，硬塞给班中的"捣乱分子"组成捣乱团伙，攻击同学，引起公愤等。

---

① 作者：王小磊，北京市第二实验小学教师。

(二)感受、能力

青木在学习方面的能力很弱，尤其是数学能力更弱于其他学科。基本计算通过辅导和练习之后，再对他进行口算 40 题测试，正确率大约 75%。他解决问题的能力一直比较弱，不愿意读题。语文阅读的能力也比较差，因此我在想：是否是他的各方面能力都比较弱，从而导致了他整体学习效果差呢？

他不愿意主动地记忆和思考，而且独立审题能力也比较差。在和家长的沟通中我了解到：青木在家里都是姥姥、姥爷给读题，而在学校里他时常会因为需要读题，自己解决不了，就直接和老师说“我不会做”。在老师看来，他没有一个端正的学习态度，对学习并不重视。年级越高知识的难度越大，他学习的主动性就越来越差了。在老师的鼓励下，他有时也会有举手发言的冲动，不过几乎听不懂同学们的发言。

二、再认识的青木

(一)脑子里的图形

那是在“认识圆”的课上。

我问学生们：如果距离我右脚 3 米的位置有宝藏，他可能在哪里呢？随着学生们的描述逐渐形成了一个近似的圆。这时我看到青木也在认真地听着同学们的发言，于是我问他：“圆是什么样子的？”他用手指在空中画了一下，“圆”。当然这样画出的圆并不严谨，不过已经可见“圆”在他头脑中是有一个样子的。这个环节的目的就是让学生观察后逐渐建立对圆的初步感受，而青木是可以做到初步感知的，只不过他的表达是手势。之所以可以达到这个目标，是因为青木看到了课件的一步步演示以及同学们对图形的描述。

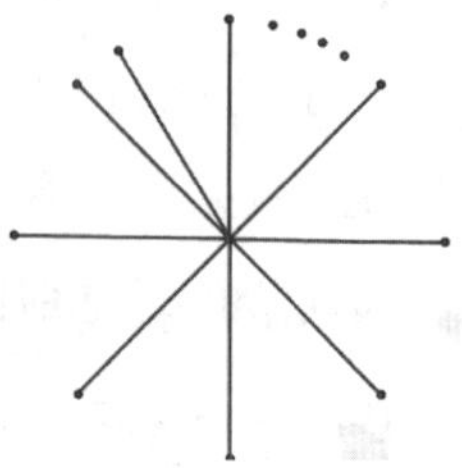

图 1

(二)手势表达图形

感受之后，我提出中国古人对圆的描述“一中同长”，让学生们说说他们是怎么理解这句话的。

学生们有的说："中就是中心。"

还有人说："中心就是圆心。"

"同长就是距离老师 3 米位置的每一个点。"

…………

这时青木也畏怯地举着手，在自己胸前晃来晃去，像是怕被别人看到似的。我看到了他，用诚恳和肯定的眼神望着他，叫他发言，他慢慢地站了起来，回答："这个圆，有一个中心，然后就是这个圆(用手指在投影上画圆)它们都是一样长的。"

听了他的发言，当时我的心里又是一颤。可是班里的学生们好像并没有太听懂他的话。我想，青木的回答其实已经关注到了"中"和"同长"，我要让大家都知道，他的想法是对的。

于是我引导大家说："刚刚青木说的中心在哪?"

同学们指圆心。

"那他说的'它们都是一样长的'什么意思?"

同学们回答说："就是圆心到圆的线段一样长。"

我马上叫青木："你能来给大家指一指吗"？他指着半径的位置，点了几下。

我认真地看着青木，他对我满意、天真地点了点头。这时我的心就像突然被海浪拍打的礁石，有一股力量撞击着我。这是许久以来，我和青木这么强烈地拥有共同的感受——他是有自己思考的，只不过他很难用口语严谨地阐释，但他能够借助手势、体态来表达。

对于不自信的学生，老师们总想通过自己的鼓励来激发和筑建他们的自信心。可是像刚刚我描述的这种机会真的是个偶然。如果不是最初在课堂上用课件演示圆形成的动态过程，如果不是青木胆怯地举手，如果不是我正好向他的方向看了一眼，如果不是同学们对青木想法的善意理解，如果不是青木能借助手势和体态的表达，我真的很难想象会有这个故事的出现。所以我想能设计适合多层次学生学习的课堂教学，能在每个环节的关键点多观察学生们的反应，能用善意去分析每个学生的发言和动作，能尽力去发现每一处闪光点，是否就会让偶然出现得更频繁一些呢？

(三)他需要理解和保护

这次肯定和关注，使青木产生了更强烈的参与感。后面我又借助对不同图形的分析，来帮助学生们理解“一中同长”(见图 2)。

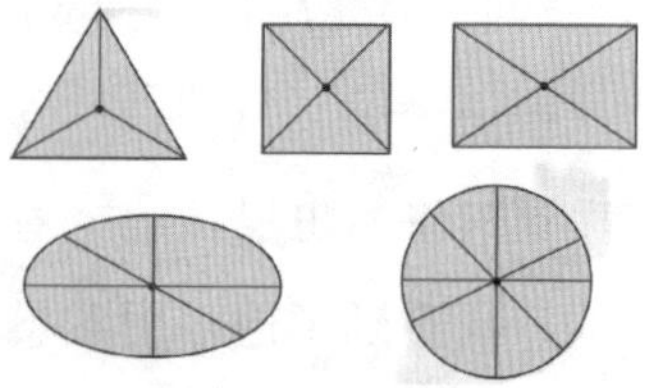

图 2

我指着其中的三角形问：“这个图形符合‘一中同长’吗？”

青木也举手了，不过他指了指三角形中点到顶点的三条线段。同学们质疑他的回答说：“不只是这三条线，还有连接每条边的线呢。”

同学们指给他看，听完同学的想法之后，我看到青木的眼神不像刚才那样充满坚定了，一种怯懦表现了出来。我并没有再进一步给他解释，问他听懂了吗？他点点头，就让他回到座位上了。

从这次的课堂上，我发现对于这样能通过观察、操作、想象来学习的比较直观的知识来说，青木是有一定学习能力的，并且他也期盼得到别人的认可。但是问题在于，仅仅在一堂课上的表现看来，我对青木的能力到底能达到什么层次，并不能全面了解，还需要更细致地去收集他的相关信息，再逐渐分析，进一步了解他。

而从上述环节看来，青木的理解能力和空间想象能力，还是存在问题的。他虽然能感受到圆的形成，感受“一中同长”，但是脱离圆这个图形后，再去想象其他图形边上的点是否符合“一中同长”就比较困难了。所以在激励他主动参与到学习中来的同时，更要关注他是否能有效地参与其中，并及时保护他的积极性。

三、这才是青木

我开始认识青木时，觉得他学习能力就是比较差，甚至认为他学不懂的就是学不懂了。后来，当我看到他对“圆”的认识时，再抱着认真倾听的心态，去慢慢体会他的想法之后，我发现，他并没有我想象得那么差。在这节课主动学习的基础上，我对他的主动举手发言和认真动手画图提出了表扬。

在之后的几节课上，他一直表现很积极。学习周长公式的时候，他也使用了绕线法，测量了圆的周长，但语言很简单，基本靠动作演示。在我们复习五年级的分数乘除法时，我发现他竟然掌握了计算方法，虽然是计算法则的直接应用，但是看到他学习态度的转变和学习能力的提升，我甚是欣慰。能慢慢建立他主动参与课堂的自信才是更重要的。青木的转变可能是因为那一堂课上老师的鼓励和同学们的肯定。但回头想想，是不是成绩落后的他一直抱有要好好学知识，要考好成绩的期盼呢！

课下我们的关系也变得越来越亲近，每次走廊中的偶遇，他都会向我微笑或是跟我说妈妈带他去哪里玩了。一次在操场上，他还非拉着一个好朋友要和我玩自拍，那真是一张带着欢乐回忆的照片。渐渐地，那个捣乱团伙不见了，他们转换了其他阵地，有时会帮老师抱抱作业、争着帮课代表发本、去科学教室帮老师拿用具……他们似乎又找到了能得到别人关注的方法，不过这个关注之后并不是别人的嗤之以鼻，而是一句"谢谢！"

四、因青木而思考

(一)每个学生都有潜力

我的认识曾经被青木的学业表现和智商分数所局限，认为他完全没有学习能力。因为智商70以下已经属于"非常落后"了，也就是智力障碍的范畴。然而青木的表现让我看到：智商测试的分数不能代表学生的全部，分数只是静态的结果，很多因素可能造成分数低于学生的实际水平，如青木的严重的注意力问题、自信心的不足等。而且，智力包括言语理解、知觉推理、工作记忆和加工速度多个方面，一个简单的分数可能掩盖了丰富的内容。我们应针对个体，具体分析其优劣势，即使测试结果上显示智力水平非常落后的学生，也还是具有一定学习能力的。而由于我们前期对这些学生"学习无能"的刻板印象，导致我们并不容易发现他们的学习潜力。因此多观察、收集材料，然后分析，才是作为一线教师的我们帮助学习困难学生，同时也促进我们自身专业成长的法宝。

(二)表现中隐藏着特点的奥秘

通过教研组的学习，我才注意到青木的表现并不只是“我不能”，而是看似“不能”中有他自身的特点：虽然他不善于语言的表达，但他可以借助身体的动作；虽然他不能完全理解你在讲什么，但你可不可以边画边说；他想和你交流，但请给他一点时间。

借助眼神、动作等肢体语言帮助表达，是人类经常使用的一种交流方式。当你去到一个语言不通的地方，想和当地人交流时，你也一定会手舞足蹈起来，并会借助一些直观的图形或是实物来帮助表达，这是否说明，直观是我们最容易接受的方式。像青木一样，擅长直观交流，所以“心里明白”通常是他的一般状态。更重要的是教师是否对此也“心里明白”。能做到这一点对于我来说并不是件简单的事，需要投入更多的时间和关注。教师需要修炼看到学生“脑中图形”的能力。如果不能通过学生笨拙的表达看到学生的理解，学生自己也看不到自己的潜力，越来越沮丧，就会转而衍生情绪行为问题。

直观理解是能帮助青木学习和理解知识的，这一点对于我在之后的教学中设计适合该生理解的方案是十分有帮助的：将知识的学习设计得更贴近学生，或让学生通过多种感官感受每一类数、感受计算方法等。如果青木还没有理解，那么就证明我的设计还是不够具体、直观。因此，在后面教授学生圆面积、扇形、组合图形面积、扇形统计图等知识时，我都考虑了如何更多地使用直观的图形、数据的对比，来讲解知识点。当然在课堂上，学生们可能还会有除直观表述以外的很多方式方法，这和青木的直观并不冲突，正所谓条条大路通罗马，我们期盼的是每个学生都有自己的一条或几条路。这种调整并不是简单地去掉某个不容易理解的知识，而是尽力使用更符合学生学习特点的方法帮助其理解。这种感悟不但能帮助到青木，还有助于我对学生学习的全面、深刻的理解。对青木的关注，并没有拉低整个班级的教学水平，而是促进了班中一些也善于直观表述学生对知识的理解，对于班级整体教学效果是有提升作用的。

针对具体问题的个体，分析影响他的实质性问题，逐层剖析，实施个性化的指导。所谓个性化就是要让指导符合学生的认知，不同学生的认知水平和层次都有不同，要针对学生课上和课下的表现，给予他鼓励和引导，这样的评价才是有效的。在这个过程中，让学生自己发现学习中被认可的乐趣，激励他主动去学习，去获得肯定。

今天，在青木和同学们即将告别小学，走进中学的这一刻，我的心里有些颤抖。我有些担心，担心青木进入中学之后，会不会延续这小小的自信，担心他是不是能被人关注……真想能早些认识他，能够帮他把自信筑造得更充足一些，把自己的学习策略探寻得更多一些。希望他能健康快乐地成长！感谢他促进了我的成长！

那些迟开的花儿

——一位高中语文老师的自省与自励[①]

前言

作为一名“资深”高中语文老师，我一直坚信每个高三孩子的语文学习能力都不应太差，除非他真不想学、真不学。一年又一年，我看见的，大致是这样的情况。

直到遇到小格(化名)，他刷新了我的认知，引起了我的自省与自励：我以为的语文基础教育的收官，对他和有些孩子来说，还为时太早。有些花儿，甚至到了高三也不曾真正开放。

缘起：从自信到怀疑

接手新高三前，一位同事专门找到我，说她原来的英语课代表小格理科好，语文特别差，特别懒，请我多多关照。我笑着说：“懒病可不好治，我不一定有方法。”以我的经验，高三因为有着高考的压力，孩子多少都会动起来，无论是兴趣不高还是基础不好，包括犯懒的，都会有所改进的。而且，我认为一个理科思维好的孩子，他可以不擅长语文学习，但语文达标应该没问题，因为语文学习的感性里面有着大量的理性思维。更何况，还有我呀，怕什么!

见到小格，他身高一米八五，比较结实，但走起路来老有点晃，给人左右不定的感觉。对老师彬彬有礼，会弯下腰认真听你说话。上课从不睡觉，眼睛会跟着你动，只要会的问题，一定张嘴回答，这在高三，已经很少有了。他从不缺交作业，即便请假，事后也一定补上。字写得周正、工整，极好认，卷面效果也不错。理科优势明显，尤其是物理。英语不强，

---

① 作者：罗勤芳，北京市第十四中学教师。

但是比语文好太多。他是高二语文合格考中唯一没过的同学。

如此种种合到一起，我并未觉得他是个“老大难”的问题。从目前的情况来看，他以前老师的判断好像不大对，这个孩子并不懒呀。慢慢地，我知道他一直请着语文家教，从高一一直到现在，每周补 2 小时语文。从开学起，我就叮嘱他要经常找我答疑。他基本听从，一周能找我 4 次左右。我想，有这样的学习态度，语文及格或考到 100 分以上(150 满分)，不会太难吧。

然而，十月初月考，他语文班上倒数第一。散文阅读的主观题全空着，作文只写了 200 字。但他选择题却全对。分析试卷时，小格说自己常态性地答不完题，不过一般只空阅读题，这是第一次作文没写完。他考前有些紧张，答不完是因为每道题都拿不定主意，得想好半天……

那么，我们先提高答题速度，无论如何要保证写完作文、答完题。每次语文考试，我都刻意盯着他答题，还好，测试题渐渐都能答完，得分虽不太理想，也不至于在班上倒数。我想，十一月期中考试应该有进步吧，我们定的目标是 95 分左右，他也表示有信心。

然而，期中考试他依然倒数!

我开始整理并总结他所有的试卷，逐渐发现他不是我想的那样……我不由地怀疑起自己的判断，进而怀疑到自己的能力。

外援：理论和行动的指引

机缘巧合，我有机会参加西城区融合教育中心学习特需教研组。入组前，教研员坦言说，目前教研组案例主要是小学生，还没有高中生。但好奇心驱使我坚持入组，我想那些小学语文学习有困难的孩子到了高中怎么样了？他们难道突然开窍了，或者突然消失了？随着教研组学习的深入，某天我突然怀疑：小格是不是也有某种学习特殊需要没有被发现呢？

我去跟小格聊，果然如此，他语文从来就没好过。我搜集了他几张语文试卷上交，没想到教研员仅凭这么一点点资料就找到了小格的核心问题。教研员问：“他是否逻辑推理能力很强，像数学、物理这样的理科不错，但语文阅读理解却很困难？语文考试是否机械记忆题目回答得很好，但主观题表现不佳？他与人交往方面是否与其他同学有差异？他的阅读兴趣是否偏向某一类？”

他的确是擅长理科，其中物理一直在年级前列。他课上所回答的问题的确是关乎记忆的，并且他的默写基本上不丢分。他和同学相处也还好，但多少有些怪，除了走路，说话也比较“愣”，但人品不错。他喜欢读书，高考要求的名著他都读了，整体上喜欢科普类，文学作品最喜欢《三国演义》。

教研员告诉我这个学生有可能是阿斯伯格综合征。阿斯伯格综合征学生智力正常甚至超常，但存在心智解读能力弱、社交困难、兴趣狭窄等问题。表现在学业上经常是理科相对更好，文科较差，语文最差。语文中机械记忆类没有问题，但阅读理解和作文等较弱。这让我明白了为什么小格写作文很少选择记叙文，更喜欢选择议论文。有的阿斯伯格综合征患者动作笨拙不协调或者有奇怪的姿势，这让我明白了为什么感觉小格走路左右不定。虽然阿斯伯格综合征学生机械记忆能力可能较强，但未必理解，有时给人以“古怪”的印象。这让我想到每次上课我大脑短路时，都是他最快最准地提醒我，但是基础知识扎实的小格却很难融会贯通地加以运用。

帮助他们的方法可以扬长避短，借助他们擅长的推理能力来学习，将情感类的问题以推理的方式让他理解与感知，如通过思维导图、逻辑推理、对不同的题型进行归类与练习等。同类型题目要以不同角度不同形式呈现，让他在反复练习中总结归纳，但需要量足够多。

当时距离高考仅有不到两个月的时间了，我和他的时间都非常紧张，我不确定能帮他多少。但我了解到他的特殊情况后，对他的行为更为留心，希望能够最大程度地帮助他。

践行：在能与不能之间徘徊

期末语文他考得也不理想，虽然及格了，但没到年级均分，然而他还是很高兴的，雄赳赳气昂昂地说：“老师，你看，我离 100 分越来越近了。”

我也为他目前的状况感到高兴，但我心里更多的是担心。因为我讲什么他都明白，但是一到他独立运用，那就不得而知了，刚刚说的一切他都忘了，能考多少分好像要看运气。

但是他的目光还那么亮，左右摇摆的身形中却也有着坚定的重心。他偶有懈怠不来找我，我叮嘱一句他又来了。孩子的精气神也感染着我，教学从来都是相长的，面对一个不放弃自己的孩子，老师应该更多自责和反思才对：你是老师，你怎样才能给孩子指出一条更正确的路，让他少走或不走弯路，收获更多的成功，享受更多的乐趣呢?

渐渐地，我对他的理解越来越多：他只能“看见”他想要的东西，而不是文本要求他的东西。可能这是他很难从别人的角度考虑问题的一个原因。所以作文和阅读有时候他能审对题，但更多的时候他会跑偏。如果带着他读题目，带着他画关键词，他能懂，但是独立作答却没办法全面审题。

他兴趣狭窄，那么多作品中，他最喜欢《三国演义》，因为他比较喜欢军事。其他的则兴趣不大，《红楼梦》只能说读了。他也会很认真地完成教师布置的任务，认真阅读，能记住其中的情节，但是他的阅读是碎片化的，他并不能达到“整本书阅读”的要求……

明白他这些特点之后，我决定帮助他从找准关键词、读懂题目入手，这基本上是按照我对他的了解“量身定做”的：怎样抓文本的题目，怎样根据文本题目梳理文本信息，怎样汇总信息得出文本主旨，怎样读懂考题的要求，怎样将考题和文本一一对应……我怀疑他的眼睛是一把筛子，因为他只能看见自己喜欢的内容。我希望他除了能看到自己印象深刻的内容，也能看见该看见的信息。

一模是我教他以来他考的最高分：101 分。高三一模之后，他妈妈来找我，只为感谢。我在心里苦笑：我不敢保证他能一直这样啊，除非他真的能按要求阅读，而不是按照自己的喜好阅读。

告别：遗憾与祝福

临近高考，在我的要求下，他开始系统整理题型，并强化作文的审题练习。东城二模作文考的是“人生两问”，他选这题写了一篇作文，6 月 1 日单独来找我批阅。在讨论作文之前，我们一起分析了题目要求。

作文题如下：1936 年，浙江大学校长竺可桢在与新生的谈话会上，这样问学生：“诸位在校，有两个问题应该自己问问，第一，到浙大来做什么？第二，将来毕业后要做什么样的人？”八十五年后的今天，这两个问题依然值得每一位即将升入大学的高三同学认真思考。请以“人生两问”为题，写一篇议论文。

他交给我的这一稿，中心论点偏题，“人生两问”彼此隔离，二者没有什么关系。论证力度一般，关键之处，如“求实”和“责任感”缺少论证过程。整体评分三类上，得分 30～32 分。然而他对自己的作文却是很满意的，他觉得自己用了很多事例，还有名句，是很不错的文章。

我们一起分析题目。竺可桢校长的两问，我们简称为 A 和 B。提到这里，他马上明白，这是个关系型话题，只写 A 或 B 是不行的，应该涉及 A 与 B 之间是什么关系。但是他还是不明白，这两者能有什么关系。我提示说，比如，大学四年的态度决定人生的方向，或者人生的方向引领大学四年的行动。他说自己明白了。

然后，我们聊到了论证的力度问题。一个事例，用它来说理的前提是，它的事实中包含有论证这个道理的可能性，即事实和道理应该相符合、相一致。他说他明白。我说，如果你要用华罗庚来证明“求实”，你应该知道什么叫“求实”，你要界定这个概念，并且举出华罗庚的实际行动如何符合你所界定的内容。他又点头说他明白，理必须由事出，这样才有论证力度。

然后我表扬他有积累，人物事例、名言、感动中国颁奖词、《论语》的引用比较好，文章显得比较饱满，字数是充足的(944 字)。其实我想说，他的废话有一点多，完全可以删，但想了想，这话对他说不太合适，就只夸他了。

我反复叮嘱他要把题目吃透，把题目要求审清楚，这样按照他的能力写一篇完整的文，能守住二类中上的分数(38 分左右)。我建议他考前去找几个作文题练练审题，将中心和分论点列出来，我们再一起商量。

综合来看，他还是符合先前的判断：记忆力不错，但不太会融会贯通，老师怎么说他就怎么做；议论文写作不太会论证，先摆事例，然后直接得出结论；他需要真正地、实实在在地“手把手地教”，手把手之外的东西，他好像出不来。

很遗憾，我不忍心告诉各位他高考的分数：85 分。我觉得很对不起他，他也将终生不能忘记高考语文只考了这么多了。对他说声抱歉！真心希望我能早一点遇见他，能够多帮他一些！

每一个孩子都有他的独有之处，就像一把锁，总有一把钥匙能打开它吧？在遇到小格之前，我一直是自信的。遇到他后，我发觉自己的能力十分有限。那些教育的智慧，那些 56 号教室里发生的故事，离我又近又远。每一个鲜活的生命，都有他最独特的一面，尤其是那些有学习特殊需要的孩子，他们应该也渴望如常人一样，拥有最基础的学习能力和学习快乐。我多希望我是万能的锁匠，能为每一个孩子配备一把独属于他们的钥匙，从而开启他们的心灵，为他们的成功贡献自己应有的力量。

多年来，在我看似游刃有余的教育教学之中，多少有些麻木和教条，我自此醒悟：万不可忽略个例学生背后繁杂的归因分析，万不可因为自己的无知而轻易忽略学生的困难；至少要做到敏锐地发现学生的问题，然后尽可能地去改变、改进一点他们存在的困难。人生岂只是“活到老，学到老”，也当是“教到老，学到老”！读多少书、拥有多少理论都不足以解决每个学生的独有情况，何况我所读所知有限。我真的该当努力不已！

尾声

本学期我又遇到了一个类似的男生，品行良好，爱学、勤学，综合成绩也不错，但语文成绩是所有科目中明显的弱科。在我刚刚接班、还未和学生见面的时候，他就第一时间加了我微信，说：“老师好，我语文不好，特着急。请老师帮助我，我也会努力，全力以赴这一年。谢谢老师，辛苦老师。”

我的警惕心一下子上来了，有强烈的主动学习愿望的孩子，本来就不应该被忽略：这会不会又是一朵努力想绽放却还未绽放的花儿呢？他的确如此，从小学到高中，他的语文之花从未绽放过。三个月来，我小心谨慎而又全方面地跟进他的语文学习，希望有更多一点的能力、更多一点的机会帮助他过好语文这一关。虽然，时间有些晚，节奏有些快，进步有些慢，但令人欣慰的是，目前，这个孩子语文课上的状态很放松，再不像从前那样紧绷着一颗心、面色凝重了。

我真心知道长路漫漫，未知太多。但我会珍惜我的经历所教给我的一切，多一些敏感，尽早“看见”那些迟开的花朵；多一些变通，克服困难理解那些难以理解的世界，就像小格历尽艰难来理解周围的世界一样。

我庆幸遇到了小格，他让我看到了生命的多样，看到教学本来该有的样子——理解、发现与探索。

我的寻找个案之旅

——持续追问下的专业成长[①]

一、背景：新工作——资源教师

资源教师，就是在普通学校中承担融合教育工作的教师。而融合教育可以理解为普通学校中的特殊教育工作。和所有人一样，我带着一份好奇，开始从事这份新工作。很快，我认识了“阅读障碍”这个新名词，也知道了我国中小学生中有5％～12％的学生存在阅读障碍。

阅读障碍是指智力正常的儿童在发展过程中没有明显的器质性损伤，而阅读水平却显著落后于其相应智力水平或生理年龄的现象。一般表现在识字和阅读理解方面存在缺陷，数学学习也可能受阅读影响出现困难。

回忆曾经教过的学生，有不少表现出学习困难，但我从未想过可能是因为自身障碍影响到他们的学习。一种内疚感从心中升起，我迫切地想要弥补上这遗憾。怎样才能帮助这些存在阅读障碍的学生？这时，西城区教研组恰好以个案研究的方式开展了阅读障碍的教师培训，一下子给我指明了方向。同时，也拉开了我寻找个案之旅的序幕。

二、过程：寻找个案之旅一波三折

(一)寻寻觅觅，我要找到你

从未接触过个案研究的我，本能地想到先要确定一名个案学生。可是，学校一共几千名学生，总不能一个一个去找吧？没错，必须缩小范围，我决定从初一年级开始寻找。当时我想，导致中学生学习成绩不佳的因素很多，年级越高情况越复杂，越不容易辨识阅读障碍。因此，在初一年级找

---

① 作者：史天慧，北京师范大学附属中学教师。

到个案学生的几率应该比其他年级更高些。

不过，初一年级的学生人数也不少，该从哪里入手呢？我自然而然想到，先去问问最熟悉学生的班主任吧，还有更了解语文学习情况的语文老师。但是询问一圈无果，因为老师们通常认为学生成绩不好主要是不努力的结果，无法提供有效信息。

没办法，我只好转向年级组长，希望通过语文和数学成绩差别较大这一特征来搜寻个案。年级组长果然经验丰富，又对各班学生情况比较了解，不久就给我推荐了一名男生，说他可能是我要找的学生。

真的是他吗？虽然还没见到这个叫小驰(化名)的学生，但我的内心充满期待。

(二)终于找到你，我却满腹狐疑

接下来，是不是要做个评估来确认呢？阅读障碍评估工具目前主要针对小学生使用，没有中学生常模。而且，即使可以做正式评估，仍然需要通过大量的观察分析排除态度不良、习惯不好、练习不足等因素。于是，我决定采用观察、访谈、错误类型分析等教师能做的非正式评量方式来确认。

1. 访谈教师

首先，我向小驰的老师询问情况，并请他们分别填写了《学习问题诊断量表》。

班主任老师对小驰的评价很不错，认为他单纯善良、关心集体、热心助人，就是做事动作比较慢，心理年龄偏小。语文成绩的确低于数学成绩，经常被语文老师批评。

语文老师的评定显示，小驰在阅读和写作方面比较困难，朗读和书写方面问题不大。小驰的语文考试阅读题错误率很高，刚入学时作文连一个字都写不出来。

数学老师表示，小驰的数学成绩处于中等偏下水平，计算方面没有什么问题，解答应用题有困难，有时不能理解老师讲课的意思，会提出一些奇怪的问题。

其他老师还反映小驰测试时答题速度比较慢，所以成绩不高。

结合老师们的反馈，我开始着手搜集小驰的各方面资料，找任课老师查看他的作业、试卷等。就像语文老师说的那样，我发现小驰在书写方面没有太大问题，但碰到阅读就出现困难了。

2. 访谈家长

了解在校情况之后，我又通过班主任老师联系到小驰的家长。向家长了解完情况，我对小驰的认识更加全面了。小驰主要由妈妈带大，小时候爬行时间比较短，到现在运动方面的协调性也稍差些。妈妈从小就给小驰讲故事，他三四年级时喜欢阅读，小学成绩挺好的，只是作文写得慢。上中学后，学习难度增大了，原本没有什么影响的阅读、写作问题凸显出来。小驰本来就比较磨蹭，现在又喜欢玩手机，占用了大量学习时间，慢慢地感到学习有点跟不上了，家长也很着急。交流之后，家长也意识到小驰在语文学习方面确实存在困难，希望能够尽快帮他提高语文成绩。

由此我初步判断，小驰的确是疑似阅读障碍的学生。看来，我真的找到他了！

3. 接触学生

碰巧这时我要给小驰的班级代课，真是一个难得的机会。那天，我终于见到了小驰，一个个子不高、满脸天真的男孩。小驰在课堂上的表现并不算好，听讲不够专心，注意力容易转移，在后来的听课中我也观察到这些问题。

课后，我借机把小驰带到资源教室，请他朗读文章。出乎意料的是，小驰的朗读十分流畅，也很有语气，可以称得上声情并茂。不过，他也会出些小错误，但能很快改正。还有几次，小驰读完课文后告诉我，当时有个词语读错了。我发现，他读错词语的原因是朗读中没有理解词语的意思。我在教研组里学习到，阅读障碍的困难主要在字词解码方面，而他在字词解码上的困难不大，反而是阅读理解上存在困难。这也是阅读障碍的表现吗？我有点疑惑。

妈妈曾说小驰喜欢阅读，而且他的朗读水平不低，不像阅读障碍的表现。他到底是不是我要寻找的个案呢？

（三）百转千回，原来是你

正在质疑时，一次专家讲座帮我打开了思路。原来阅读中有两个基本过程，字词识别和意义建构。可以说，阅读理解＝字词识别×言语理解。由此分为四种情况（见图 1），第四种是理解缺陷，即字词识别良好，言语理解落后。这与小驰的表现十分相似。那么，他是不是属于理解障碍呢？

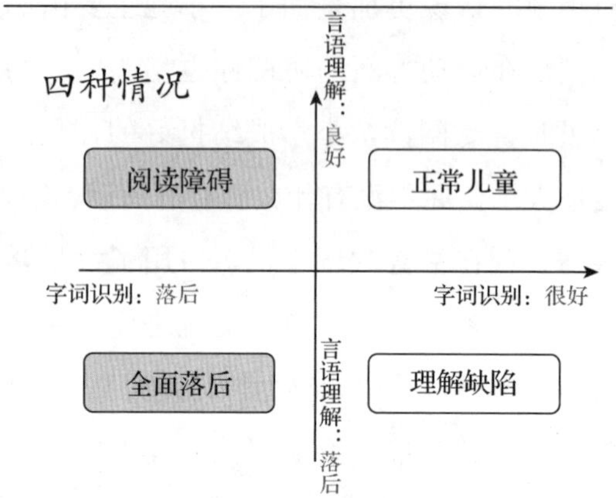

图 1　阅读理解的四种情况

摘自北京师范大学李虹教授讲座课件内容

随后，我又向教研员请教，表示小驰似乎不是阅读障碍，想放弃这个个案。教研员耐心解答后特别强调：不用考虑学生是不是阅读障碍，只要他学习上存在困难，存在特殊需要，都是需要帮助的对象。重要的是找到学生的困难所在，以便更好地帮助他；而不是找到符合阅读障碍标准的学生，给他贴标签。

听了这些话，我又坚定了继续探究的信心。我再次找到小驰朗读文章，并与他沟通。我这才知道，其实小驰朗读时很紧张，只是机械地读出字音，没有去理解文章内容。所以，听起来读得不错，实际上，他的大脑中一片空白，根本不知道自己读了什么。而他默读时不会出现这种情况。

了解到这些，我心中暗喜，距离真相更近了一步。我感觉自己渐渐步入正轨，正一点一点揭开问题的神秘面纱。

为了获得更加科学客观的信息，我们请专业人员为小驰做了韦氏智力测试，结果又一次让我吃惊：总智商 128 分，百分等级 97。而智商 130 分以上就可以被认定为超常学生了。各科成绩平平的小驰智力竟然这么高！同时，我惊讶地注意到，他的言语理解水平不但不低，反而处于非常优秀的水平(言语理解指数 142，百分等级 99.7)。

后来我了解到，智力超常同时伴有学习障碍的学生是双重特殊学生。这恰恰可以解释为什么小驰朗读表现比较流畅，而且并不排斥阅读。小驰因智力超常，尤其言语理解能力、推理能力很强，而自发形成了一系列个人学习策略。这在一定程度上掩盖了他在阅读方面的困难，朗读方面也没有表现出明显困难。但朗读时因字词解码占用了大量注意力，难以做到同时理解朗读内容；而默读时情况就会好很多。正因如此，小驰在小学阶段成绩尚可，但是升入中学后，各科阅读量骤然加大，他的阅读障碍越来越凸显，以至于他超常的智力也难以应对。

然而，这就是最终的真相吗？我又想起，任课老师曾经反映小驰有时听不懂问题，要想一想才明白。会不会除了字词解码困难，他还存在理解障碍？又或者是听知觉的问题？看来想找到真相，还需要更多时间去进一步分析和求证。

但不管怎样，我现在更加理解小驰了。而此刻，我也突然发现，好像不再纠结“到底是不是”的问题。因为，我已经有所领悟：个案研究的重点不在于做判断、贴标签，而是做评估找特点、做分析找原因，根据原因提供支持。原来，我最在乎的是这个需要帮助的孩子。

三、反思：追问下——专业成长

初次探寻个案之旅演绎着持续追问、不断学习、寻找答案的过程，让我最终领悟到寻找个案的意义，也实现了专业成长。在以后的融合教育工作中，我会谨记潜移默化中形成的专业理念：重要的不是评估结果如何，而是在评估的过程中，不断追问、学习、探究，从而找到问题所在，发现真相，最终有效帮助每一位有学习特殊需要的学生，让他们尽快融合到普通人群中。这也许才是融合教育的真谛！

后　记

2015年10月，北京市西城区融合教育中心成立。成立大会上宣布西城区融合教育中心下设于普通学校教育研修教研部门，而不是特殊教育学校，这在全国可能属于首例。同时宣布，西城区融合教育中心支持与服务的对象，不仅包括特殊教育学校学生和随班就读的残疾学生，还包括普通学校非残疾的特殊需要学生，如情绪行为问题学生和学习特殊需要学生。

2016年3月，西城区融合教育中心学习问题教研组(现更名为学习特殊需要教研组)成立。这可能是全国第一个也是目前唯一一个专门以学习上有教育特殊需要学生为研究对象的区级教研组。学习特殊需要教研组不分学科、学段，对“学生”“学习”进行分类与分析。在各领域专业协作下，教研组开展着对学习障碍、超常、边缘智力、注意缺陷多动障碍、残疾学生，以及暂时不明原因的所有学习特殊需要学生的师资培训与实践研究。

“学习特殊需要”这个视角的师资培训与“以学生为本”的理念相契合，并为“师德”提供了专业技术支撑。“学习特殊需要”这个视角，能够帮助一线教师看到“正常”之外还有“障碍”，“普通”之外还有“特殊”，教学之前需懂得学生学习的规律与特点，如此才能真正做到以学生为本，基于学生的需求与个性特点因材施教；如此才能给予学生积极有效的教育。因为师爱的效果是以专业为支撑的，否则可能回报与付出不成比例，甚至南辕北辙。在研究学生学习的过程中，教师也收获得着巨大的专业成长，感受到身为教师特有的职业幸福感。可以说，“学习特殊需要”教研帮助到的不仅是学习特殊需要学生本人，还有教师本人，并通过教师普惠所有学生。

“学习障碍”是西城区学习特殊教研组特色师资培训项目。学习障碍是指智力正常，甚至超常，但学习落后于同龄学生或与自身智力水平不符，排除教学环境不良、家庭教育失当、习惯不良、练习不足、动机不足、态度不良等因素，具有神经生理基础的特异性学习困难。体现在阅读、书写、数学等多个方面，学生人数占比保守估计为10%。学习障碍学生在欧美、中国港台等一些发达国家或地区已成为立法保护的特殊教育服务对象，且占所有特殊教育服务对象的一半左右。然而，国内学习障碍的研究与实践还不充足，教师与家长缺少学习障碍的概念，常将其归因为智力不足、态度不好、习惯不良。学习障碍学生在长期误解甚至指责中，不但难以获得学业进步，还常衍生出情绪、行为、心理、社交等一系列问题。2017年，西城区融合教育中心抽样西城区一南一北两所小学，对近4000名学生进行学习障碍筛查，并借助高校、医院、机构各方资源，陆续对其中高度疑似学习障碍学生进行各类专业评估与干预训练。获得学生进步、家长认可的同时，培养了一批西城区学习障碍专家型教师，取得了具有推广价值的研究成果，并通过发表、讲座等方式惠及更多教师。

本文集内容几乎覆盖各类普通学校中常见的学习特殊需要学生及教师面对的难点问题，有些文章研究内容是国内稀缺的，如基于学校情境的学习障碍学生的识别、评量与干预，超常学生的课堂干扰行为的功能分析与干预，等等。文集强调基于学校情境，既综合高校、医院、机构各方的专业方法，又基于一线教师自身的需求与优势，从班主任、学科教师、资源教师等各个角度探索如何在学校情境中予以落实。

文集形式上以教学案例和教育故事为主体，但它又有与一般案例集不同之处。每一篇案例并非仅仅是教师个人或某几个人的经验总结，而是从筛查、评量到干预聚集了各领域宝贵资源与专业智慧的教育案例，其中尤其展现出一线教师独特的智慧与担当。这些案例通过教师视角的生动描述与真切感悟，向读者娓娓道来：如何在真实的复杂情境中识别、发现各类学习上有特殊需要的学生；如何以教师最擅长的观察、访谈、错误类型分析等为专业工具进行非正式评量；如何应对学习特殊需要学生情绪心理，行为问题，以及阅读、书写、数学等各方面的问题。同时还生动展现了在探索过程中教师专业成长的心路历程。

西城区融合教育中心学习特殊需要教研组能够得以迅速成长，离不开多方面的大力支持。感谢北京教育科学院特殊教育教导中心给予我们的专业指导，感谢北京市西城区教育两委高瞻远瞩的顶层设计，让西城区融合教育中心有机会尝试全国第一个以“学生”“学习”为视角的师资培训实践。感谢高校、医院、机构、海外专家等各方力量的无私支持，感谢每一位授课专家，尤其感谢持续为教研组提供专业指导的三位专家：北京联合大学特殊教育学院张旭副教授、北京师范大学特殊教育学院张树东教授、北京师范大学心理学院李虹教授。感谢北京市西城区西单小学、北京市西城区奋斗小学、北京小学广内分校给予教研组的巨大支持。感谢北京市西城区教育学院提供平台，让融合教育有机会将“特殊”的课程与“普通”课程充分融合，发挥更大的作用。还要感谢每一位热爱学生、乐于钻研的教研组成员，感谢为西城区学习特殊需要学生提供支持服务的中坚力量——西城区支持教师们(教委从特殊教育学校选派的到普通学校进行融合教育驻点支持服务工作的优秀教师)。感谢我们可爱的学生和可敬的家长。感谢上海市教育科学研究院教师发展中心研究员周卫为本书取名。感谢案例集的伯乐——沈英伦编辑和关雪菁编辑，是他们对教师讲自己的故事满怀期待，他们的智慧与辛劳赋予本书别样的生命力。

爱因斯坦曾引用芝诺的话说：“我们的知识就像一个圆，圆内的空间是我们的已知领域，而圆外的空间是我们的未知领域。因此，圆越大，我们所不理解的东西就越多。”这句话正是我们此刻的感受。这一部文集是西城区学习特殊需要教研组成长道路上留下的第一个脚印，它记录了“特殊”视角带给教师们的所思所感，以及研究型教师的成长之路。在我们感受到成长的同时，更强烈地感受未知还有很多，所学依然不足。谨以此文集纪念学习特殊需要教研组成员们艰难而美好的成长岁月，更以此与广大的教育同仁深入交流，敬请您的批评指正，帮助我们进一步成长，为学生提供更为精准、精良的教育服务。

王玉玲

2019年10月11日初稿

2022年8月17日修改